Schwarzes Meer
THRAKIEN
Hebros
Doriskos
dera
Propo
amothrake
Sestos
Abydos
Imbros
Sigeion
emnos
Phrygien
Mysien
Lesbos
Aiolis
PERSERREICH
gäisches
Meer
Kyme
Lydien
IONIEN
Sardeis
Smyrna
Chios
Kolophon
Mäander
Ephesos
Magnesia
dros
Samos
Mykale
479
494
Lade
Milet
Karien
Tenos
Mykonos
Delos
Patmos
Naxos
Paros
Halikarnassos
ykladen
Amorgos
Kos
Rhodos
Kretisches Meer
Kreta
0
50
100
150 km

Die Perserkriege

Die Perserkriege

Von Aischylos bis Strabon in Quellen

ausgewählt, eingeleitet und kommentiert von
Wolfgang Will

marix verlag

Inhalt

Vorwort

Die Feindseligkeiten zwischen Persern und Griechen währten über zwei Jahrhunderte. Sie begannen um 547/46 v. Chr., als Kyros der Große das Lyderreich des Kroisos eroberte und die Griechen an der kleinasiatischen Küste zu seinen Untertanen machte, und sie endeten 330, als Alexander der Große den Königspalast in Persepolis als Rache für die Zerstörung griechischer Tempel in Flammen aufgehen ließ. Die Bezeichnung »Perserkriege« beschreibt dabei nur die kurze, sozusagen heiße Phase der Auseinandersetzungen vom Ionischen Aufstand im Jahre 500/499 bis zu den Schlachten von Plataiai und Mykale im Jahre 479. Die Perser griffen auch danach noch in griechische Belange ein, nur schickten sie keine Soldaten mehr, sondern – weitaus wirkungsvoller – Geld und Gesandte. Im Begriff der »Perserkriege« versteckt sich ein *Genitivus Obiectivus:* der Krieg gegen die Perser, er impliziert die griechische Sicht auf die Vorgänge. Die persische Sichtweise bleibt dagegen weitestgehend im Dunkeln. Es gibt keine Quellen aus dem Iran, die sich direkt auf den Krieg beziehen. Die großen Inschriften des persischen Königshauses der Achaimeniden geben aber zumindest einen Einblick in das Selbstverständnis der Großkönige.

Für die Griechen waren die Perserkriege das erste Ereignis ihrer Geschichte, das in einem historiographischen Werk überlebte. Ohne diesen Stoff wäre Herodot nicht zum *pater historiae*, zum Vater der Geschichtsschreibung, geworden. Herodot schrieb gegen die »januskÖpfige« Zeit an, die nach einem Wort des Tragikers Sophokles alles hervorgehen lässt, was verhüllt ist, und wieder ins Verborgene versenkt, was in Erscheinung getreten ist. Der Historiker versteht sich, wie er im Vorwort sagt, als Archivar der Geschehnisse *(Genómena)*, die mit der fortschreitenden Zeit in Vergessenheit zu geraten drohen. Freilich war Herodot kein Zeitgenosse. Er schrieb nicht, »wie es eigentlich gewesen war«, sondern er formulierte, was die Griechen in der Mitte des 5. Jahrhunderts über den Krieg dachten. In jeder der siegreichen Städte hatte sich eine selbständige Überlieferung gebildet, welche die eigenen Taten in den Vordergrund rückte und die der (ehemaligen) Verbündeten kleinredete. Mit diesen Widersprüchen musste sich der Geschichtsschreiber auseinandersetzen, und oft blieb ihm nur, sie zu ignorieren. Es fehlte nicht an Augenzeugen, doch ihr Wissen schlug sich, soweit es sich verschriftlichte, wie das des Dramatikers Aischylos nur in dichterischer Form nieder.

Schon Herodot sah die Kriege aus der Perspektive des großen Konfliktes zwischen Sparta und Athen, der in der Stunde des Sieges über die Perser seinen Anfang nahm. Die Erinnerungen drifteten immer weiter auseinander. Die Athener reklamierten Marathon und Salamis für sich, die Spartaner die Schlacht bei den Thermopylen und die von Plataiai.

Jede Polis besaß ihre eigene groß Vergangenheit. Nach der Mitte des 4. Jahrhunderts, als im Norden der Ägäis Makedonien zur Großmacht aufstieg, diente das Beispiel der Perserkriege namentlich in Athen auch als Aufruf zum Kampf gegen die »neuen« Barbaren, deren imperiale Politik als Bedrohung der griechischen Autonomie empfunden wurde. Die Legende vom Freiheitskampf gegen einen übermächtigen Aggressor begann mit der Ankunft der *Marathonomáchai*, der Marathonkämpfer, in der Heimat und nahm in der Rückschau der Kriegsteilnehmer vielgestaltige Formen an, bevor sie Herodot in seinen *Historien* verarbeitete. Daneben hielten in den verschiedenen Städten Feste, Totenfeiern, Kulte, Fackelläufe, Gemälde, Weihegaben oder Siegesmale das Gedenken wach. Der Mythos vom Freiheitskampf war mit Herodot nicht abgeschlossen, er entwickelte sich, wie die späte Mär vom Marathonläufer zeigt, in nachklassischer Zeit weiter und ist ein Produkt der gesamten antiken Rezeption.

Die vorliegende Auswahl verfolgt daher einen doppelten Zweck. Sie beinhaltet die wichtigsten Passagen aus Herodot, ergänzt um persische und griechische Inschriften sowie die zeitgenössische Dichtung, und sie stellt das ganze Spektrum von Reminiszenzen in der Literatur vor, angefangen bei griechischen Komödiendichtern, Rednern, Publizisten und Lyrikern bis hin zu römischen Biographen, Fachschriftstellern, Lexikographen oder Universalhistorikern. Diese Zeugnisse bildeten die Grundlage, um die Legende im 20. Jahrhundert in neuen Medien und mit neuen politischen Inhalten fortzuspinnen.[1]

---

1 Hinweise zu den Übersetzungen: Der Begriff *Bárbaroi* brachte seit Homer vor allem die Anderssprachigkeit nicht-griechischer Völker zum Ausdruck. Mit dem Erlebnis der Perserkriege entwickelte sich dann die Vorstellung eines Gegensatzes von Freiheit (Griechen) und Despotie (Perser). Sie prägte auch Herodot, doch verwendet der Historiker das Wort »Barbaren« in der Regel ohne Herabsetzung des Gegners in der Bedeutung von »Nicht-Griechen«. Oft ist es ein bloßes Synonym für Perser. Bei den attischen Rednern des 4. Jh. v. Chr. wird der Begriff dann deutlich pejorativ gebraucht.
Perser und Meder sind zwei verschiedene, wenn auch ethnologisch und sprachlich verwandte iranische Völker. Dessen ungeachtet verwenden die griechischen Quellen häufig das Ethnikon Meder für Perser. Die persische Geschichte firmiert auch unter der Bezeichnung *Mediká*, *Medismós* steht für perserfreundliche Gesinnung.
Mit *Týrannos* bezeichneten die Aristokraten einen Standesgenossen, der sich über sie hinweg zum Alleinherrscher *(Mónarchos)* aufgeschwungen hatte. In den Verfassungsschemata des 4. Jh.s wird der (ungesetzlich regierende) Tyrann zum negativen Gegenstück des (gesetzlich legitimierten) Königs. Der Tyrann in den hier vorliegenden Quellen ist in der Regel nicht der sprichwörtlich gewordene Gewaltherrscher, sondern der gegen den Willen der Aristokraten an die Macht gelangte und oft vom Demos (Volk) unterstützte Alleinherrscher.

Die Quellen

Herodot

Die Griechen besaßen Homer, und sein Epos von der Eroberung Trojas war für sie Geschichte. Seitdem gab es keinen gemeinsamen Feldzug der Griechen mehr, die einzelnen griechischen Städte hatten genug damit zu tun, einander zu bekriegen. Das aber war Stoff für Lokalchroniken, nicht für einen großen geschichtlichen Entwurf. Nach einem solchen bestand kein Bedürfnis, als Herodot, der Historiker der Perserkriege, 484 v. Chr. oder später im kleinasiatischen Halikarnassos (heute: Bodrum) als Untertan des Großkönigs geboren wurde. Er bereiste weite Teile der damals bekannten Welt, nach eigenen Bekundungen kam er in Vorderasien bis Babylon, in Ägypten bis Elephantine, im Osten Nordafrikas bis Kyrene, des Weiteren befuhr er das Schwarze Meer bis zu seiner Nordküste und besuchte Thrakien und Makedonien. Neuerdings kamen Zweifel daran auf, da er insbesondere zu Ägypten verschiedene falsche Angaben u. a. zu Entfernungen macht, die ihm, so die Annahme, nicht unterlaufen wären, wäre er wirklich vor Ort gewesen. Inwieweit irrige Entfernungsangaben wirklich auf fehlender Eigenerfahrung (Autopsie) beruhen, ist freilich eine andere Frage. Wir finden krasse Fehleinschätzungen auch bei Thukydides, dem bedeutendsten abendländischen Historiker.

Als Herodot etwa Mitte der Vierzigerjahre ins griechische Mutterland kam, bildeten in jedem Fall die Reisen, die tatsächlichen wie die fiktiven, die Basis für seine Lesungen, die er vor allem in Athen hielt. Für das Jahr 445 vermeldet die Chronik des Eusebios, Herodot sei für seine Lesungen geehrt worden, und ein Fragment des Historikers Diyllos ergänzt, er habe eine Ehrengabe von zehn Talenten (60 000 Drachmen) erhalten. Was die Athener fesselte, waren sicherlich die Berichte über das Reich der Perser, den Gegner, den sie – Höhepunkt ihrer Geschichte – in großen Land- und Seeschlachten geschlagen hatten.

Da er unter der Herrschaft der Perser aufgewachsen war, bot Herodot jenseits seiner Reisen Informationen aus erster Hand. In der Nachfolge seines Landsmanns, des Logographen Hekataios von Milet, den er mit und ohne Angabe des Namens zitiert, war er zunächst noch ganz der Ethnograph, dessen länderkundliches Wissen sich vor allem in den ersten fünf Büchern seines Werkes niederschlug. Erst der Besuch Griechenlands, speziell Athens, ließ die Idee in ihm reifen, die Geschichte des jüngsten Krieges zwischen Griechen und Barbaren aufzuzeichnen. Der Augenblick, in dem Herodot diesen Plan fasste, ist nicht der Moment, in dem er vom Ethnographen zum Historiker wurde. Das ist eine lange Entwicklung, aber die Entdeckung eines geeigneten Stoffes ist ein großer Schritt

Porträtbüste des Herodot

dorthin. Der Plan, die Perserkriege zu beschreiben, ist ganz offenkundig spät entstanden, nicht vor der Mitte der Vierzigerjahre.

Was Herodot von den Perserkriegen wusste, beruhte in allererster Linie auf Hörensagen. An schriftlichen Quellen besaß er Orakelsammlungen, Werke von Dichtern wie Simonides und Pindar, dazu Dramen mit historischer Thematik wie *Die Einnahme von Milet* des Tragikers Phrynichos und vor allem *Die Perser* des Aischylos. Dazu kamen Genealogien sowie Archonten- und Feldherrnlisten. Das Verzeichnis der persischen Satrapien (Verwaltungsbezirke), der persische Schiffskatalog und die Aufzählung der persischen Heerführer bzw. Truppen müssen auf amtlichen Aufzeichnungen beruhen. Wichtig war die *Autopsía*, das Mit-eigenen-Augen-Sehen. Herodot besuchte die Schlachtfelder bei Marathon und an den Thermopylen oder Delphi, das nationale Heiligtum der Griechen, und schrieb die dortigen Inschriften ab. Er befragte Augenzeugen *(Parόntes)*, die freilich, wie es Thukydides später formuliert, »je nach Gunst und Gedächtnis« berichteten, und sich in fast allem widersprachen. Die wichtigste Quelle aber waren kollektive Erinnerungen, die sich als lokale Traditionen in den einzelnen Städten, die am Krieg teilgenommen hatten, herausgebildet hatten. In diese floss ein, was ein jeder als eigene Heldentat erlebt zu haben glaubte, und so unterschieden sich diese Überlieferungen stark voneinander. Einig waren sich die Beteiligten nur darin, dass jeweils sie es waren, die am meisten zum Sieg beigetragen hatten. Als die Feldherren von Salamis denjenigen wählten sollten, der sich am meisten ausgezeichnet hatte, erkannte jeder sich selbst den ersten Preis zu, weil er, so berichtet Herodot ohne Augenzwinkern, »sich selber das Hauptverdienst am Sieg zuschrieb« (8.123).

Der Historiker suchte sich aus dem Gezänk der um Ruhm und Ansehen konkurrierenden Städte herauszuhalten, indem er mit Formulierungen wie »die Athener sagen«, »die Spartaner behaupten«, »die Korinther erzählen« jeweils den Ursprung der eingefügten Version mitteilt. Er wollte jede Seite zu Wort kommen zu lassen, ohne ihr auch in jedem Fall Glauben schenken zu müssen. Die Vorurteile gegenüber den Persern teilte er freilich so wenig, dass Plutarch von Chaironeia ihn sogar zum Barbarenfreund stempeln konnte. Offenkundig hegte Herodot eine gewisse Vorliebe für Athen (s. die sog. Athenerpassage), wo er ja auch begeistert aufgenommen worden war. Athens expansive Bestrebungen in der Ära des Perikles verringerten jedoch diese Sympathien. Vermutlich enthält das kleine Abschlusskapitel des Werkes sogar eine Kritik an der Stadt, die sich als Siegerin der Perserkriege betrachtete.

Die außer-herodoteische Überlieferung

Herodot ist als zeitnahes historiographisches Werk die wichtigste Quelle, aber bei Weitem nicht die älteste. Inschriften an den Schlachtorten, die Epigramme des Simonides (557/56–468/67 v. Chr.) oder die Siegeslieder eines Pindar (etwa 522/18–446) entstanden schon bald nach den Ereignissen, manches vielleicht noch im selben Jahr. Sie geben ein Stimmungsbild der Sieger und begründen den Mythos der Perserkriege. Der Tragiker Aischylos (525/24–456) kämpfte bei Marathon und bei Salamis, und er lieferte auch – nur sieben Jahre nach der Schlacht von Salamis – den ersten (und einzigen) Augenzeugenbericht. Aischylos' Sprache ist gebunden, seine Darstellung ist verkürzt, dramatisch verformt, in der Skizzierung des Verlierers verzeichnet. Dennoch ist sein Bericht lebendige Erinnerung, kein Amalgam aus Gerüchten, Selbstdarstellungen und Augenblickswahrnehmungen, wie die kollektiven Überlieferungen, die sich in den einzelnen Städten herausbildeten. Mit der sittlich-religiösen Interpretation des Geschehens durch Aischylos kommt die Mär von der bestraften persischen Hybris in die Welt, eine Deutung, die auch für Herodot maßgebend war.

Für den Historiker Thukydides waren die Perserkriege nur von Bedeutung, weil ihr Ende den Beginn des spartanisch-athenischen Dualismus, markiert. Die attischen Lokalchronisten des 4. und 3. Jahrhunderts v. Chr., Atthidographen wie Philochoros, Androtion, Phanodemos oder Diyllos rückten ihre Heimatstadt in den Blickpunkt. Von Bedeutung sind ihre Fragmente vor allem für die innere Entwicklung Athens im Jahrzehnt zwischen 490 und 480. Die kurz nach 343 v. Chr. erschienene *Atthis* (Geschichte Athens) des Androtion war Grundlage für den historischen Teil von Aristoteles' (384–322) Abriss über den »Staat der Athener«. Den athenischen Publizisten und Rednern dieser Zeit dienten Verweise auf die Perserkriege vornehmlich als ideologische Versatzstücke. Isokrates benutzte sie zur Propagierung eines panhellenischen Rachezuges, Andokides, Lysias, Aischines, Demosthenes oder Lykurg verwendeten sie zur Verherrlichung der athenischen Vergangenheit, deren ruhmvoller Zenit nicht in der bei den meisten Griechen verhassten athenischen *Arché* (Reich) des Perikles gesucht wurde, sondern in der Zeit von Marathon und Salamis. Namentlich Demosthenes nutzte das Beispiel der Perserkriege als Aufruf zum Kampf gegen die »neuen« Barbaren, die nun in Makedonien lokalisiert werden, dessen imperiale Politik als Bedrohung der griechischen »Freiheit« empfunden wurde.

Ebenfalls aus dem 4. Jahrhundert v. Chr. stammen die *Philippiká* (Philippische Geschichte) des Theopomp von Chios (ca. 378–320 v. Chr.), eines scharfen Kritikers Athens, sowie die verlorene Universalgeschichte des Ephoros (400–330 v. Chr.). Dessen Darstellung der Perserkriege ist, beginnend mit der Thermopylenschlacht, weitgehend in der *Bibliothéke* des Diodor aus dem 1. Jahrhundert v. Chr. aufgegangen. Ephoros griff außer auf Herodot auch auf attische Lokalchroniken zurück, doch das Plus an zusätzlicher Information ist oft nur wertlose Ausschmückung.

Insbesondere als Kritiker Herodots verstand sich Ktesias von Knidos, ein Grieche, der sich um die Wende vom 5. zum 4. Jahrhundert als Leibarzt des Großkönigs am persischen Hof aufhielt. Seine *Persiká* kommen aber kaum über Mirakulöses und Romanhaftes hinaus.

Die lateinische Universalgeschichte des Pompeius Trogus aus dem 1. Jahrhundert v. Chr. ist nur in der stark gekürzten Fassung des Justin (2./3. Jh. n. Chr.) erhalten und bietet ebenso wie die mit deutlich übertriebenen Zahlen operierende christliche Weltgeschichte des Orosius aus dem 5. Jahrhundert n. Chr. wenig Originäres. Beide prägten aber das Bild, das sich das Mittelalter von den Perserkriegen machte. Im 2. Jahrhundert n. Chr. veröffentlichte Plutarch zwei Biographien über die athenischen Sieger der Perserkriege: Aristeides und Themistokles. Sie geben Details über Herodot hinaus, doch steht die Zuverlässigkeit der von Plutarch zusätzlich benutzen Quellen infrage. Die lateinischen Kurzbiographien des Cornelius Nepos (1. Jh. v. Chr.), zu denen neben den genannten noch eine Vita des Miltiades und des Spartaners Pausanias treten, spiegeln zusammen mit den knappen Erwähnungen bei Cicero, Valerius Maximus, dem älteren Plinius, bei Frontin, Lucan oder Seneca die Vorstellungen, die die ausgehende Republik und die beginnende Kaiserzeit von den Ereignissen hatten. Der Reiseschriftsteller Pausanias (etwa 115–180 n. Chr.) besuchte die Orte der großen Schlachten und spürte den Erinnerungen an diese nach. Gleichzeitig bemächtigte sich auch die Satire in Person Lukians (120–180 n. Chr.) des Stoffes, der während der Perserkriege der römischen Kaiser noch kurzfristiges Interesse weckte, wie der Historiker Ammianus Marcellinus (330–395 n. Chr.) belegt. Vereinzelte Nachrichten enthält noch die *Suda*, ein um 970 n. Chr. zusammengestelltes byzantinisches Lexikon.

Neben den literarischen Quellen finden sich Papyri, Ostraka, Inschriften oder Monumente wie die Schlangensäule von Delphi. Statuen, Architekturfragmente und Münzen aus dem sogenannten Perserschutt der Akropolis erhellen die Zeit vor dem Xerxeszug. Die große Themistokles-Inschrift von Troizen wurde erst 1959 entdeckt. Sie wird nicht das letzte Zeugnis der Kriege bleiben.

Herodots Leben

Herodot war der Sohn des Lyxes und der Dryo und stammte aus Halikarnassos. Er gehörte zu einer angesehenen Familie und besaß einen Bruder namens Theodoros. Er emigrierte wegen Lygdamis, dem dritten Tyrannen in Halikarnassos seit Artemisia, nach Samos. Pisindelis war nämlich der Sohn der Artemisia, Lygdamis der Sohn des Pisindelis. Auf Samos pflegte er den ionischen Dialekt und schrieb ein Geschichtswerk in neun Büchern, beginnend mit dem Perser Kyros und Kandaulis, dem König der Lyder. Er kehrte aber nach Halikarnassos zurück und vertrieb den Tyrannen. Als er aber später sah, dass er den Neid seiner Mitbürger erregte, ging er aus freiem Willen nach Thurioi, einer von den Athenern gegründeten Kolonie. Dort starb er und liegt auf dem Marktplatz begraben. Andere behaupten, er sei in Pella gestorben. Seine Bücher sind nach den Musen benannt.
[aus: Suda s. v. Herodotos]

Herodot von Halikarnassos wurde kurz vor den Perserkriegen geboren und lebte bis zur Zeit des Peloponnesischen Krieges. Er erweiterte den geschichtlichen Stoff und verlieh ihm mehr Glanz, indem er sich nicht darauf beschränkte, die Geschichte *einer* Stadt oder *eines* Volkes zu schreiben, sondern viele unterschiedliche Begebenheiten aus Europa und Asien im Rahmen eines einzigen Werkes niederschrieb. Angefangen von der Herrschaft der Lyder führte er seine Geschichte bis zum Perserkrieg und fasste alle denkwürdigen Begebenheiten von Griechen und Barbaren, die sich im Verlauf von 220 Jahren zutrugen, in einer Geschichte zusammen. Dazu erweiterte er seinen Stil um die Vorzüge, die von den Geschichtsschreibern vor ihm vernachlässigt worden waren.
[*aus:* Dionysios von Halikarnassos, *Über Thukydides* 5]

Die Geschichtsschreiber Hellanikos, Herodot und Thukydides hatten unter großem Ruhm fast zur gleichen Zeit ihren Höhepunkt und lebten auch kurz hintereinander. Denn Hellanikos scheint zu Beginn des Peloponnesischen Krieges [431 v. Chr.] 63 Jahre alt gewesen zu sein, Herodot 53 und Thukydides 40.
[*aus:* Aulus Gellius, *Attische Nächte* 25.23.1 f.]

Es handelt sich hierbei um eine Konstruktion antiker Philologen. Der im Jahre 444 v. Chr. gefasste Beschluss zur Gründung der panhellenischen Kolonie Thurioi, Herodots späterer Heimat, galt als eines der wenigen sicheren Daten der Pentekontaetie (Thukydides verwendet den Begriff – ›50 Jahre‹ – für die Zeit zwischen dem Ende der Perserkriege und dem Beginn des Peloponnesischen Krieges, d. h. von 479 bis 431 v. Chr.). Da 444 gleichzeitig das einzige bekannte Datum aus Herodots Biographie war, wurde es zum Höhepunkt in seinem Schaffen erklärt, und so musste, weil der künstlerische Gipfel eines Menschen nach antiker Auffassung mit 40 Jahren erreicht wurde, das Geburtsjahr 484 sein.

Anstatt »Es folgt die Darlegung der Forschung des Herodot aus Halikarnassos«, schreiben viele »des Herodot aus Thurioi«. Er wanderte nämlich nach Thurioi aus und nahm an jener Besiedlung teil.
[*aus:* Plutarch, *Über die Verbannung* 13 (*Moralia* 604 f.)]

Einen solchen Wert besaß Elfenbein im 310. Jahr [seit Gründung] unserer Stadt [d. h. im Jahre 444 v. Chr.]. Damals schrieb jener Geschichtsschreiber [Herodot] sein Werk in Thurioi in Italien.
[*aus:* Plinius, *Naturkunde* 12.18]

Der Geschichtsschreiber Herodot wurde vom Rat [der 500] der Athener geehrt, nachdem er ihnen seine Bücher vorgelesen hatte.
[*aus:* Eusebios, *Chronika* p. 248]

Dass [Herodot] von Athen auf Antrag des Anytos zehn Talente als Geschenk erhielt, hat der Athener Diyllos, ein nicht zu vernachlässigender Geschichtsschreiber, berichtet.
[*aus:* Diyllos FGrHist 73 F 3]

Er [Thukydides] scheint aber zur Zeit Herodots geboren zu sein, insofern Herodot den Einfall der Thebaner in Plataiai erwähnt, über den Thukydides in seinem zweiten Buch berichtet. Es wird aber auch erzählt, dass, als Herodot einmal aus seinem Geschichtswerk las, Thukydides bei dem Vortrag anwesend war und beim Zuhören weinte. Darauf, so wird überliefert, habe Herodot, als er dies sah, zu Thukydides' Vater Oloros gesagt: »Oloros, die Begabung deines Sohnes zieht es mit Macht zur Wissenschaft.«
[*aus:* Markellinos, *Über das Leben des Thukydides und seinen Stil* 54]

Doch da dies [Herodot nachzuahmen] unmöglich ist, so steht es bei mir und einem jeden anderen, ihn wenigstens in dem Mittel nachzuahmen, wodurch er seine historischen Werke in kurzer Zeit beinahe allen Griechen bekannt machte. Denn da er aus Karien, seinem Vaterland, nach Griechenland zu reisen begriffen war, überlegte er bei sich selbst, wie er es anzufangen hätte, um sich selbst und seine Schriften mit dem wenigsten Aufwand von Zeit, Mühe und Unkosten so bekannt und berühmt zu machen, als es nur immer möglich wäre. Von einer Stadt zur anderen herumzureisen und seine Werke jetzt den Athenern, dann den Korinthern, Argivern und Lakedaimoniern besonders vorzulesen, war zu mühsam und hätte viel Zeit gekostet. Er ließ also den Gedanken fahren, sich so stückweise und in kleinen Zirkeln bekannt zu machen, und sann darauf, wie er der Griechen womöglich alle auf einmal habhaft werden könnte. Glücklicherweise standen damals gerade die großen Olympischen

Spiele bevor, und wie hätte er sich eine bequemere Gelegenheit zu seinem Vorhaben wünschen können? Er richtete also seinen Weg gerade nach Olympia, und an einem Tage, wo die Versammlung sehr zahlreich und die vornehmsten und berühmtesten Männer aus allen Teilen Griechenlands beisammen waren, trat er auf der Terrasse hinter dem Tempel des Zeus nicht als Zuschauer, sondern als Mitkämpfer auf, trug sein Geschichtswerk vor und bezauberte die Anwesenden in einem so hohen Grad, dass seine Bücher, deren just neun an der Zahl sind, jedes mit dem Namen einer Muse bezeichnet wurde. [*aus:* Lukian, *Herodot oder Aetion* 1]

Herodot über sich und seine Quellen

1.1 Des Herodot von Halikarnassos Darlegung der Erkundung *(Historíe)* ist diese, auf dass weder das von Menschen Geschehene durch die Wirkung der Zeit verblasse noch die großen und staunenswerten Werke, ob sie nun von Griechen, ob von Barbaren aufgewiesen wurden, ohne Kunde würden; dieses andere, und insbesondere, aus welcher Verschuldung [Grund, Anlass] sie miteinander Kriege geführt haben.

4.36 Ich muss lachen, wenn ich so manche Leute Erdkarten zeichnen sehe [gemeint ist Hekataios von Milet], die doch die Gestade der Erde gar nicht richtig zu erklären wissen. Sie zeichnen den Okeanos rund um die Erde herumfließend und so regelmäßig wie einen Kreis. Und Asien machen sie ebenso groß wie Europa.

2.99 Bis hierher hab ich berichtet, was ich mit meinen Augen *(Ópsis)* gesehen, mit meinem Urteil *(Gnóme)* abgewogen, mit meinem Erkunden *(Historíe)* festgestellt habe, von nun an aber werde ich ägyptische Geschichten *(Lógoi)* erzählen, so wie ich sie gehört habe.

4.42 Libyen [Afrika] ist rings vom Meer umflossen, mit Ausnahme des Teiles, der an Asien grenzt, wie dies zuerst, soweit wir wissen, Nekos, der König von Ägypten, bewiesen hat, [...] der Phoinikier auf einer Flotte entsandte und ihnen auftrug, den Rückweg durch die Säulen des Herakles [Gibraltar] zu nehmen und also durch das Mittelländische Meer nach Ägypten zurückzukehren. Die Phoinikier fuhren nun vom Roten Meer aus und segelten in das südliche Meer, [...] sodass sie nach Ablauf von zwei Jahren im dritten Jahr bei den Säulen des Herakles einlenkten und in Ägypten ankamen. Und sie behaupteten, was mir jedoch nicht glaubwürdig erscheint, vielleicht aber irgendeinem anderen, sie hätten auf ihrer Fahrt um Libyen herum die Sonne zur Rechten gehabt.

6.14 Als nun damals [494 v. Chr.] die Phoinikier heransegelten, fuhren die Ionier ihnen ebenfalls entgegen mit ihren Schiffen in einer langen Linie; wie sie einander nahegekommen waren und aufeinander stürzten, von da an vermag ich nicht genau anzugeben, welche von den ionischen Städten sich feige oder tapfer hielten in dieser Seeschlacht. Eine beschuldigt die andere.

7.152 Ob das wahr ist, ob Xerxes wirklich jenen Herold nach Argos geschickt hat und später die Argiver durch Boten jene Frage an Artaxerxes haben richten lassen, kann ich nicht entscheiden. Ich will keine andere Meinung darüber äußern als die Argiver selbst. Eines aber weiß ich: Wenn alle Menschen ihre Leiden und Sünden einmal auf einen Fleck zusammenbrächten und jeder wollte andere für die seinigen eintauschen, so würde jeder, nachdem er seiner Nachbarn Sünden geprüft hat, mit Freuden die seinigen, die er mitgebracht, wieder nach Hause tragen. Und so sind auch die Argiver noch nicht die ärgsten Sünder. Doch ist meine Pflicht, alles, was ich hörte, zu berichten, freilich nicht alles Berichtete zu glauben. Dieser Grundsatz soll für mein ganzes Werk gelten.

Herodots Sicht der Perserkriege

138. Der Feldzug des Königs ging zwar dem Namen nach gegen Athen, er war aber gegen ganz Griechenland gerichtet. Obwohl die Griechen das schon lange vorher wussten, konnten sie sich nicht auf eine gemeinsame Haltung einigen. Der eine Teil von ihnen nämlich, der dem Perser Erde und Wasser gegeben hatte, war des festen Glaubens, es würde ihm kein Leid von den Barbaren widerfahren. Die anderen, die es nicht gegeben hatten, schwebten in großer Furcht, weil in Griechenland nicht genug Schiffe vorhanden waren, die es der Zahl nach mit dem herannahenden Feind hätten aufnehmen können, und auch die große Masse sich nicht am Krieg beteiligen wollte, sondern bereitwillig auf die persische Seite trat. 139. Hier fühle ich mich gezwungen, meine Ansicht darzulegen, die zwar der Mehrzahl nicht gefallen wird, die ich aber nicht zurückhalten will, insoweit sie mir wahr zu sein scheint.

Wenn die Athener aus Furcht vor der herannahenden Gefahr ihr Land verlassen hätten, oder wenn sie es auch nicht verlassen hätten, sondern geblieben wären und sich selbst dem Xerxes ergeben hätten, so hätte niemand

versucht, zur See dem König entgegenzutreten. Wenn nun niemand zur See dem Xerxes entgegengetreten wäre, so wäre es denn wohl zu Lande folgendermaßen gekommen: Selbst wenn noch so viele Schutzwehren von den Peloponnesiern über den Isthmos gezogen worden wären, so wären die Lakedaimonier, zwar nicht freiwillig, sondern gezwungen, von ihren Verbündeten verlassen worden, indem die Flotte des Königs eine Stadt nach der anderen erobert hätte, und isoliert geblieben. Alleingelassen hätten sie ungeachtet großer Taten auf edle Weise den Tod gefunden. Entweder wäre ihnen dies widerfahren oder sie hätten schon vorher, da sie sahen, wie auch die übrigen Griechen zum Perser übergingen, sich auf eine Übereinkunft mit Xerxes eingelassen. In beiden Fällen wäre auf diese Weise Griechenland unter die Herrschaft der Perser gekommen. Denn was für einen Nutzen die über den Isthmos gezogenen Mauern gehabt hätten, da der König Herr der See war, vermag ich nicht einzusehen. So aber wird die Wahrheit nicht verfehlen, wer erklärt, dass die Athener die Retter von Griechenland geworden sind. Denn auf welche Seite sie sich schlugen, diese musste den Ausschlag geben. Da sie aber Griechenlands Überleben in Freiheit wählten, so waren sie es, die das ganze übrige Volk der Griechen, soweit es nicht persisch gesinnt war, aufrichteten und, nächst den Göttern, den König zurückschlugen. Und nicht einmal furchtbare Orakelsprüche, die aus Delphi kamen und sie in Schrecken versetzten, vermochten sie dazu zu bewegen, Griechenland zu verlassen, sondern sie blieben und wagten es, den Kampf mit dem aufzunehmen, der gegen ihr Land zog.
[*aus:* Herodot 7.138–139 (Sogenannte Athenerpassage)]

Das Bemühen der verschiedenen griechischen Städte, sich mit der eigenen Rolle in den Perserkriegen zu brüsten, konnte Herodot nicht ignorieren. Er versucht jedoch, eine neutrale Rolle einzunehmen. Nur ein einziges Mal nimmt er dezidiert und in eigener Person – meist lässt er ansonsten das Werkpersonal sprechen – Stellung zugunsten Athens und damit indirekt gegen Sparta. Auch wenn Herodot vorsichtige Worte wählt, überrascht es, wie klar er für Athen und damit gegen Sparta Partei bezog, indem er sich mit eigener Stimme zu Wort meldet. Er belässt den Spartanern in dieser berühmten Passage den Glauben an ihre Tapferkeit, von der er ja – anders als von deren Zuverlässigkeit – durchaus überzeugt war, spricht aber Athen den entscheidenden Part im Krieg zu. Das geschah nicht aus Dankbarkeit gegenüber der pekuniären Großzügigkeit der Stadt, Herodot ist von dem, was er sagt, überzeugt.

Ein Vorfahr dieses Artayktes [der Kommandant der von den Athenern zum Abschluss des Krieges eroberten Stadt Sestos], der gekreuzigt wurde, war Artembares, der den Persern zuerst einen Vorschlag machte, den diese auch

annahmen und dem Kyros [II.] vorlegten. Er besagte Folgendes: »Da Zeus den Persern, und vor allen Männern dir, Kyros, die Herrschaft nach dem Sturz des Astyages verliehen hat, wohlan, so wollen wir das kleine und dabei auch raue Land, das wir besitzen, verlassen und ein anderes, besseres in Besitz nehmen. Viele Länder sind uns benachbart, viele liegen auch in größerer Ferne. Wenn wir nun eines von diesen in Besitz nehmen, werden wir vor der Welt ein Gegenstand größerer Bewunderung sein. Es ziemt sich, dass Männer, die herrschen, solches tun. Wann wird sich eine schönere Gelegenheit dazu bieten als jetzt, da wir über viele Menschen und über ganz Asien herrschen?« Als Kyros dies gehört hatte, fand er den Vorschlag zwar nicht gerade bewundernswert, forderte sie jedoch auf, ihn umzusetzen. Jedoch gab er ihnen den Rat, für diesen Fall darauf gefasst zu sein, aus Herren zu Knechten zu werden. Aus verweichlichten Ländern pflegten nämlich verweichlichte Männer hervorzugehen, da es nicht demselben Lande gegeben sei, sowohl herrliche Früchte und zugleich tapfere Männer hervorzubringen. Die Perser sahen das ein und nahmen – Kyros hatte sie überzeugt – von ihrem Vorhaben Abstand. Sie zogen es vor, lieber als Bewohner eines mageren Landes zu herrschen als – auf fruchtbarer Ebene säend – Knechte anderer zu sein.
[*aus:* Herodot 9.122 (Schlusskapitel)]

9.122 ist das letzte Kapitel des erhaltenen Werkes. Viele moderne Forscher vermissen ein überzeugendes Schlusswort und vermuten deshalb, das Werk sei unvollendet. Zu dieser Annahme besteht wenig Grund. Herodot lässt in entscheidenden Situationen häufig Perser sprechen. Die kleine Geschichte, die er erzählt, ist erfunden. Es finden sich Anklänge an Homer, an die Hippokratischen Schriften oder die Sophistik. Der kurze Text weist zudem mit seiner Hommage an den persischen Reichsgründer auf die Anfänge des Werkes zurück, und er bietet – die Perser hielten sich nicht an das Wort des Kyros – eine Erklärung für die Niederlage. Weiterhin enthält er (vermutlich) eine versteckte Warnung an die Athener, deren Drang zur Expansion Herodot ungeachtet seiner Sympathien für die Stadt auch an anderer Stelle kritisiert. Mit dem Schlusskapitel wendet sich der Historiker den Ereignissen seiner Zeit zu. Als er es schrieb, hatte der Peloponnesische Krieg schon begonnen.

Kritik an Herodot

Er ist auch ein so großer Barbarenfreund, dass er den Busiris vom Vorwurf der Menschenopfer und des Fremdenmordes freispricht [vgl. Herodot 2.45] und allen Ägyptern große Frömmigkeit und Gerechtigkeit bezeugt [vgl.

Herodot 2.37.1], jenen Gräuel und jene Mordsucht aber umgekehrt den Griechen zur Last legt [vgl. Herodot 2.119].
[*aus:* Plutarch, *Über die Böswilligkeit Herodots* 12 (*Moralia* 857B)]

[Ktesias] erzählt die Ereignisse zur Zeit des Kyros, des Kambyses und des Magers [s. S. 27], des Dareios und des Xerxes, wobei er fast fortwährend dem Herodot Entgegengesetztes berichtet, ja ihn sogar in vielen Fällen als Lügner zurechtweist und einen Märchenerzähler nennt.
[*aus:* Ktesias von Knidos FGrHist 688 T 8]

Bei Herodot, dem Vater der Geschichte, und bei Theopomp stehen unzählige fabelhafte Geschichten.
[*aus:* Cicero, *Über die Gesetze* 1.5]

Ephoros weist nach, dass Hellanikos in sehr vielen Dingen irrt; Timaios weist es von Ephoros nach und von Timaios, die nach ihm kommen. Von Herodot aber behaupten es alle.
[*aus:* Flavius Josephus, *Gegen Apion* 1.14]

Möchte nun jemand [Thukydides] mit Herodot vergleichen? Dieser erzählt zur Unterhaltung, jener erhebt seine Stimme allein für die Wahrheit. In dem Maß aber, indem das Vergnügen der Wahrheit unterlegen ist, in dem Maß bleibt Herodot hinter den Vorzügen des Thukydides zurück.
[*aus:* Aphthonios, *Progymnasmata* 8/9]

Die Ankunft der Perser und der Ionische Aufstand

Die Vorgeschichte der Perserkriege handelt von Prinzessinnen und einer Königin: Io aus Argos, Europa aus Tyros, Medeia aus Kolchis und Helena aus Sparta. »Barbaren« und Griechen rauben sie gegenseitig und schließlich entbrannte um die Letztere ein zehnjähriger Kampf, der Krieg um Troja. Herodot erwähnt das knapp, um es dann mit einem Satz beiseitezuschieben. Seine Darstellung soll mit dem Mann beginnen, von dem er mit Sicherheit sagen könne, »dass er es war, der mit den Feindseligkeiten gegen die Griechen den Anfang machte«. Dieser Mann war der lydische König Kroisos [etwa 561/60–547/46 v. Chr.]. Sein Versuch, auch nach Osten zu expandieren, scheiterte, weil er zu sehr auf Orakel vertraute. »Wenn Du den Halys[2] überschreitest, wirst Du ein großes Reich zerstörten«, hatte ihm die Pythia in Delphi geweissagt. Er tat es und unterlag im anschließenden Krieg mit Kyros dem Großen. Er habe sein eigenes Reich zerstört, ließ die Pythia auf Kroisos' Vorwurf der Irreführung hin ausrichten. Kyros begnadigte Kroisos, das Perserreich aber dehnte sich nun bis zur Ägäis aus, für ein weiteres Vordringen nach Westen mangelte es zunächst an einer meerestauglichen Flotte.
Kyros, der später den Beinamen »der Große« erhielt, ist der erste König aus der Dynastie der Achaimeniden, und sie sind es, die nun den Griechen zwei Jahrhunderte lang gegenüberstehen. Herodot kannte die Regierungszeiten der Großkönige bis zu Artaxerxes I. (464–425 v. Chr.) und so hat er deren Abfolge zum chronologischen Gerüst seines Werkes gemacht. Den Griechen fehlte eine gemeinsam akzeptierte Chronologie; sie zählten die Jahre nach örtlichen Beamten, die Athener nach Archonten, die Spartaner nach Ephoren, die Argiver nach Hera-Priesterinnen. Kyros' Nachfolger Kambyses (530–522 v. Chr.) eroberte Ägypten, erst Dareios I. (522–486 v. Chr.) wandte sich nach einer schwierigen Phase der Herrschaftssicherung mit Aufständen in verschiedenen Teilen des Reiches wieder dem Westen zu. Die Insel Samos wurde erobert, Thrakien neue Satrapie, Makedonien Vasallenstaat. Unter Dareios weitete sich der Krieg mit den Griechen zum ersten Mal zu einem europäisch-asiatischen Konflikt aus. Im Jahr 499 v. Chr. (oder 500 bei exklusiver Zählung) beginnt der Aufstand der ionischen Griechen, die, wie gesagt, Mitte des Jahrhunderts unter persische Herrschaft gekommen waren. Herodots Bericht von der Rebellion fußt auf einer Überlieferung, die mindestens ein halbes Jahrhundert alt und – angesichts der Zerstrittenheit der ionischen Städte, die durch die Niederlage

2 altgriechischer Name des Kızılırmak.

noch verstärkt wurde – offenkundig sehr widersprüchlich war. Bezeichnend ist, was er in Kap. 6.14 über die entscheidende Schlacht sagt: »Als nun damals die Phoinikier heransegelten, fuhren die Ionier ihnen ebenfalls entgegen mit ihren Schiffen in einer langen Linie; wie sie einander nahegekommen waren und aufeinander stürzten, von da an vermag ich nicht genau anzugeben, welche von den ionischen Städten sich feige oder tapfer hielten in dieser Seeschlacht. Eine beschuldigt die andere.«
Nach Herodot ging das Signal zum Aufstand von Aristagoras von Milet aus, der in Vertretung seines in Susa festgehaltenen Schwiegervaters Histiaios Tyrann seiner Heimatstadt war. Ein Bürgerkrieg auf der Insel Naxos schien ihm die Chance zu bieten, nicht nur Naxos selbst, sondern alle Kykladen-Inseln zu unterwerfen und sie – ohne die persische Oberhoheit anzutasten – unter seinen Einfluss zu bringen. Der mit Billigung und Unterstützung des Großkönigs wie des Satrapen Artaphernes geführte Angriff scheiterte jedoch, Aristagoras war vor Dareios diskreditiert und versuchte der möglichen Absetzung durch eine Revolte zu entgehen. Er legte die Tyrannis nieder, führte die Isonomie ein, die auf der Gleichheit aller, vermutlich aber in erster Linie adliger Bürger beruhte, und rief mit der Propagierung dieses Modells auch zum Sturz der Tyrannen in den anderen ionischen Städten und wohl auch zur Abschüttelung der persischen Vorherrschaft auf.
Herodot beschränkt sich auf private Motive, die Moderne vermutet darüber hinaus wirtschaftliche, etwa die Einschränkung des ionischen Handels durch das Vordringen der Perser zum Hellespont oder den Aufstieg der Phoinikier zu einem ernsten Handelskonkurrenten. Es gibt allerdings keine Hinweise auf einen ökonomischen Niedergang der ionischen Städte. Vielleicht wurde stattdessen der Wechsel von der lydischen zur persischen Herrschaft als Verschlechterung empfunden. Möglicherweise entstand Unmut über die Höhe der Tribute, vielleicht auch über eine ungleiche Verteilung der Lasten; die häufige Abstellung von Soldaten mag zusätzlich Ärger bereitet haben. Offenkundig gab es eine verbreitete Unzufriedenheit mit den von den Persern unterstützten Tyrannen und Oligarchen, da sie ein allgemeines Bestreben blockierten, die politischen Entscheidungen auf eine breitere Basis von Bürgern zu verlagern. Dagegen scheint es kaum Probleme mit der Religionspolitik der Perser gegeben zu haben, die – vom Ausnahmefall der Insurrektion abgesehen – offenkundig auf Duldung und Toleranz gründete (s. Marmorinschrift, Brief des Dareios S. 34).
Für Herodot war der Abfall vom Großkönig der Beginn allen Unheils für Ionien. Er sieht das freilich vom Ende her, der Invasion des Großkönigs. Unklar bleibt jedoch, ob sich der Aufstand überhaupt gegen den Großkönig richtete, sondern nur gegen den örtlichen Satrapen. Vielleicht hofften die Ionier, mit Dareios einen Ausgleich erzielen zu können. Jedenfalls war das erste militärische Unternehmen naheliegenderweise der Zug gegen Sardes, die ehemalige lydische Hauptstadt, in der Artaphernes regierte. Auch die Athener und die Bewohner von Eretria beteiligten sich daran, gaben aber wenig später die ganze Rebellion verloren und fuhren nach Hause. Sparta hatte sich von vornherein den Hilfsgesuchen verweigert. Was Athen bewog, 20 Trieren zu entsenden, lässt sich nur vermu-

ten. Möglicherweise war es die Angst vor einer Rückkehr des verbannten Tyrannen Hippias aus dem persischen Exil.

In Sardes konnte die Unterstadt zerstört werden, die Belagerung der Akropolis blieb aber vergebens. Dennoch weitete sich der Aufstand zunächst aus. Byzantion und andere Städte am Hellespont schlossen sich an. Hoffnung machte der Abfall griechischer Städte auf Zypern, doch sie währte nur ein Jahr. 497 waren diese wieder unter der Herrschaft des Großkönigs. Der persische Militärapparat war langsam, aber effektiv. Milet wurde zu Wasser und zu Land eingeschlossen. Mit dem Seesieg bei der Insel Lade gegen die verbündeten Ionier, die ihre nominelle Stärke wegen der inneren Uneinigkeit nicht ausspielen konnten, brach der Aufstand in sich zusammen. Herodot berichtet von harten Strafmaßnahmen der Perser, aber auch von Reformen, die das Verhältnis der Unterworfenen zur Vormacht auf eine stabilere Grundlage stellen sollten.

Mit den Maßnahmen von 493 war Ionien befriedet: Die Tyrannen wurden entmachtet und Isonomien installiert. Herodot spricht sogar von Demokratien (6.43). Die Ionier seien zum dritten Mal unterworfen worden, einmal von den Lydern, zweimal von den Persern, konstatiert er. Aus der Sicht des Historikers sann Dareios auf Rache, seit sich die Athener am Angriff auf Sardes beteiligt hatten. So gibt er auch dem Heereszug, den Mardonios, ein Schwiegersohn des Dareios, 492 in Richtung Westen unternahm, eine neue Richtung und ein neues Ziel. Das Unternehmen habe sich gegen Athen und Eretria gerichtet, behauptet Herodot, sei jedoch bereits bei der Umsegelung des Athos-Gebirges gescheitert. Tatsächlich war es aber wohl nur Aufgabe des Mardonios, die persische Herrschaft über Thrakien und den Vasallenstaat Makedonien nach den ionischen Unruhen zu sichern. Das gelang offenbar auch, denn die Flotte sank nicht auf der Hin-, sondern auf der Rückfahrt. Unter den Szenarien, die Herodot vom Untergang berichtet, findet sich auch die Nachricht, dass ein Teil der Schiffbrüchigen erfror. Die Katastrophe ereignete sich also erst im Spätherbst, und zu dieser Jahreszeit wäre eine Fahrt nach Athen und Euboia wenig sinnvoll gewesen. Vor allem hätte sie einer intensiveren Vorbereitung bedurft, wie es dann zwei Jahre später auch der Fall war. Der angebliche Angriff des Mardonios auf ihre Stadt ist vermutlich eine Erfindung der Athener, die sich in der Zeit der Pentekontaetie (479–431 v. Chr.) gerne als griechische Heldenstadt präsentierten.

Kroisos und Kyros

6. Kroisos war seiner Abkunft nach ein Lyder, Sohn des Alyattes, und Alleinherrscher *(Týrannos)* über die Völker diesseits des Flusses Halys, der von Süden her zwischen den Syriern und Paphlagonen nach Norden fließt und sich in den sogenannten Pontos Euxeinos [das Schwarze Meer] ergießt. Dieser Kroisos war unter den Barbaren, von denen ich weiß, der Erste, der einen Teil der Griechen sich unterwarf und Tributzahlungen von ihnen forderte,

einen anderen Teil aber sich zu Freunden gewann. Unterworfen hatte er die Ionier, Aioler und die Dorer, die in Asien wohnen; die Lakedaimonier aber hatte er sich zu Freunden gemacht. Vor der Herrschaft dieses Kroisos waren alle Griechen frei.
86. Also kamen die Perser in den Besitz von Sardes und nahmen den Kroisos – nach einer Regierung von 14 Jahren – am 14. Tag der Belagerung gefangen, nachdem er, dem Orakelspruch zufolge, sein eigenes großes Reich zerstört hatte. Die Perser ergriffen ihn und führten ihn dann zu Kyros. Dieser ließ einen großen Scheiterhaufen aufschichten und darauf den Kroisos, in Ketten gefesselt, und neben ihm zweimal sieben lydische Knaben hinaufsteigen, und zwar mit der Absicht, diese als Erstlingsopfer irgendeinem der Götter darzubringen. Vielleicht wollte er auch ein Gelübde erfüllen oder er hatte vielleicht vernommen, dass Kroisos gottesfürchtig sei, und ließ ihn deswegen auf den Scheiterhaufen steigen, um zu sehen, ob denn irgendeiner der Götter ihn vor dem Schicksal bewahre, lebendig verbrannt zu werden. […]
87. Da nun, erzählen die Lyder, habe Kroisos […] laut aufgeschrien und den Apollon angerufen, er möge, wenn ihm von seiner Seite je eine angenehme Gabe dargebracht worden sei, ihm beistehen und ihn aus der gegenwärtigen Gefahr erretten. Unter Tränen habe er den Gott angerufen. Da hätte sich am heiteren Himmel und bei Windstille ein Gewölk mit einem Male zusammengezogen, ein Sturm sei losgebrochen und heftiger Regen habe sich ergossen, der den brennenden Scheiterhaufen gelöscht habe. Als Kyros auf diese Weise sich überzeugt hatte, dass Kroisos ein gottgefälliger und rechtschaffener Mann war, habe er ihn vom Scheiterhaufen herunterbringen lassen.
[*aus:* Herodot 1.6, 86 f.]

Die Perser erobern die Küste

169. Diese [Einwohner von Teos] waren die Einzigen unter den Ioniern, die, weil sie die Knechtschaft nicht ertragen wollten, ihr Vaterland verließen. Die übrigen Ionier, mit Ausnahme der Milesier, gerieten gleich denen, die ihr Vaterland verlassen hatten, in einen Kampf mit Harpagos [Feldherr des Kyros] und zeigten sich, da jeder für sein Vaterland stritt, als tapfere Männer. Aber sie wurden besiegt und gefangen, blieben jedoch in ihrem Lande und leisteten, was ihnen von den Persern auferlegt wurde. Die Milesier, wie ich schon früher bemerkt habe, hatten mit Kyros einen Bund geschlossen und blieben unbehelligt. So kam Ionien zum zweiten Male in die

Knechtschaft. Die auf den Inseln wohnenden Ionier ergaben sich aus Furcht vor Kyros, nachdem Harpagos die Ionier auf dem Festland unterworfen hatte.
170. Die Ionier versammelten sich in dieser Bedrängnis nichtsdestoweniger beim Panionion [Zentralheiligtum des Ionischen Bundes], wo, wie ich höre, Bias aus Priene den Ioniern einen höchst nützlichen Rat gab, dem sie nur hätten folgen sollen: Sie wären dann die glücklichsten unter den Griechen geworden. Er meinte nämlich, es sollten die Ionier gemeinsam sich aufmachen und nach Sardinien segeln und dann auf dieser Insel einen einzigen Staat aller Ionier gründen. So würden sie aller Knechtschaft entgehen, im Besitz der größten aller Inseln glücklich leben und über andere herrschen. Würden sie aber in Ionien bleiben, so sähe er nicht ein, wie sie noch frei bleiben könnten. Das war der Rat, den Bias aus Priene den Ioniern erteilte, als sie bereits ins Unglück geraten waren.
[*aus:* Herodot 1.169–170]

Die Thronbesteigung des Dareios

66. Wie nun die Perser ihren König weinen sahen, so zerrissen alle ihre Kleider von oben bis unten und erhoben ein großes Jammergeschrei. Als aber hernach Brand den Knochen befiel und der Schenkel alsbald in Fäulnis geriet, erfasste der Tod den Kambyses, den Sohn des Kyros, nach einer Regierung von insgesamt sieben Jahren und fünf Monaten, und er starb ohne alle Nachkommenschaft männlichen und weiblichen Geschlechts. Die anwesenden Perser wollten nun durchaus nicht glauben, dass die Mager im Besitze der Herrschaft wären, sondern waren der Meinung, Kambyses habe das, was er über den Tod des Smerdis gesagt hatte, nur in der bösen Absicht gesprochen, dass das gesamte persische Volk diesem zum Feind würde. Sie glaubten also, Smerdis, des Kyros Sohn, sei als König aufgetreten, denn auch Prexaspes [adliger Perser, der von Kambyses den Auftrag erhalten hatte, seinen Bruder zu töten] leugnete hartnäckig, den Smerdis ums Leben gebracht zu haben, weil es für ihn allerdings gefährlich war, nach dem Tod des Kambyses zu erklären, dass er den Sohn des Kyros mit eigener Hand ums Leben gebracht habe. 67. Nach dem Tode des Kambyses herrschte also der Mager [der Usurpator Gaumata] ohne Furcht, indem er die Identität des gleichnamigen Smerdis, des Sohnes des Kyros, annahm, die sieben Monate lang, die dem Kambyses noch fehlten, um die acht Jahre voll zu machen. Während dieser Zeit erwies er allen seinen Untertanen große Wohltaten, sodass alle, die in Asien wohnten, mit Ausnahme der Perser selbst,

Ausschnitt aus der Behistun-Inschrift des Dareios

eine Sehnsucht nach ihm empfanden, als er gestorben war. Denn der Mager hatte überallhin Boten geschickt zu jedem der Völker seiner Herrschaft und ihnen Freiheit vom Kriegsdienst wie vom Tribut auf drei Jahre verkünden lassen. 68. Er hatte dies gleich bei Antritt seiner Herrschaft verkündet, im achten Monat aber wurde er auf folgende Weise entlarvt. Otanes, des Pharnaspes Sohn, war von Geburt und Vermögen einer der Ersten von den Persern; dieser Otanes schöpfte zuerst Verdacht gegen den Mager, dass er nicht Smerdis, der Sohn des Kyros wäre, sondern derjenige, der er wirklich war: Er schloss dies daraus, dass der Mager aus der Burg nicht herauszugehen pflegte noch irgendeinen der angesehenen Perser vor sich rufen ließ. [*aus:* Herodot 3.66–68]

Bardiya, von Herodot mit der griechischen Bezeichnung Smerdis genannt, war ein Sohn Kyros' II. Sein älterer Bruder Kambyses ließ ihn bald nach seinem Herrschaftsantritt ermorden. Als Kambyses zur Rückeroberung des Landes in Ägypten war, usurpierte ein Mann namens Gaumata aus dem Volk der Mager den Thron und legitimierte seine Herrschaft, indem er sich als Bardiya (Smerdis) ausgab.
Im Folgenden schildert Herodot, wie Dareios zusammen mit sechs weiteren adligen Persern Gaumatas Herrschaft beendet und ihn tötet. Durch eine Liste entscheidet er dann nach Herodot (3.83–87) den Kampf um den Thron für sich.

88. So war nun Dareios, der Sohn des Hystaspes, zum König erklärt, und ihm waren, außer den Arabern, alle Völker in Asien untertan, wie sie durch Kyros und später wieder durch Kambyses unterjocht worden waren. Die Araber nämlich waren in keiner Weise den Persern zur Knechtschaft untertan, sondern wurden Freunde, weil sie den Kambyses (auf dem Weg) gegen Ägypten hatten durchziehen lassen. Gegen den Willen der Araber nämlich hätten die Perser nicht in Ägypten einfallen können. Dareios nun nahm zuerst zwei persische Frauen, die beiden Töchter des Kyros, Atossa und Artystone; jene war schon mit Kambyses, ihrem Bruder, und dann wieder mit dem Mager ehelich verbunden gewesen, diese, die Artystone, war noch Jungfrau. Weiter nahm er dann zur Frau eine Tochter des Smerdis, des Sohnes des Kyros, mit Namen Parmys; und außerdem hatte er noch die Tochter des Otanes, welche den Mager verraten hatte. Und so war alles von seiner Macht erfüllt. Zuerst ließ er nun in Stein ein Bild machen, worauf ein Reiter dargestellt war, und folgende Inschrift beifügen: »Dareios, des Hystaspes Sohn, hat ebenso sehr durch die Tüchtigkeit seines Rosses« [dessen Name dabeistand], »wie des Oibares, seines Stallmeisters, das Königreich der Perser erworben.« 89. Nachdem er dies getan hatte, bestimmte er bei den Persern 20 Statthalterschaften, die diese selbst Satrapien nennen. Als er

die Statthalterschaften bestimmt und Statthalter über diese eingesetzt hatte, setzte er die Steuern fest, die ihm von jedem Volke eingehen sollten.
[aus: Herodot 3.88 f.]

Die Selbstdarstellung des Dareios

§ 1
A Ich (bin) Dareios,
B der große König,
C König der Könige,
D König in Persien,
E König der Länder,
F des Hystaspes Sohn,
G des Arsames Enkel,
H ein Achaimenide.
§ 2
A Es kündet Dareios, der König:
B Mein Vater (ist) Hystaspes,
C des Hystaspes Vater (ist) Arsames,
D des Arsames Vater (war) Ariaramnes,
E des Ariaramnes Vater (war) T(e)ispes,
F des T(e)ispes Vater (war) Achaimenes.
§ 3
A Es kündet Dareios, der König:
B Deswegen werden wir Achaimeniden genannt;
C von alters her
D sind wir adelig;
E von alters her
F waren unser Geschlecht Könige.
§ 4
A Es kündet Dareios, der König:
B Acht (gibt es) in/aus meinem Geschlecht,
C die früher Könige waren;
D ich (bin) der neunte;
E neun sind wir nach wie vor Könige.
§ 5
A Es kündet Dareios, der König:
B Nach dem Willen Ahuramazdās
C bin ich König;
D Ahuramazdā hat die Herrschaft mir verliehen.

§ 6
A Es kündet Dareios, der König:
B Dies (sind) die Länder,
C die mir zukamen/zuteil wurden;
D nach dem Willen Ahuramazdās
E war ich ihr König;
F Persien, Elam, Babylonien,
G Assyrien, Arabien, Ägypten,
H (die Völker,) die am Meer (wohnen),
I Lydien, Ionien, Medien, Armenien, Kappadokien,
J Parthien, Drangiana, Areia, Chorasmien,
K Baktrien, Sogdien, Gandāra, Sakien
L Sattagydien, Arachosien, Mekrān,
M im ganzen 23 Länder.
§ 7
A Es kündet Dareios, der König:
B Dies (sind) die Länder,
C die mir zukamen/zuteil wurden;
D nach dem Willen Ahuramazdās
E waren sie meine Vasallen;
F mir brachten sie Tribut.
G Was ihnen von mir gesagt wurde
H des Nachts oder am Tage,
I das pflegten sie zu tun.
§ 8
A Es kündet Dareios, der König:
B In diesen Ländern –
C der Mann, der loyal war,
D den habe ich gut behandelt;
E der treulos war,
F den habe ich streng bestraft.
G Nach dem Willen Ahuramazdās
H haben diese Länder
I mein Gesetz befolgt;
J wie ihnen von mir gesagt wurde,
K so pflegten sie zu tun.
§ 9
A Es kündet Dareios, der König:
B Ahuramazdā hat mir dieses Reich verliehen;
C Ahuramazdā hat mir Beistand gebracht,

D sodass ich dieses Reich zusammenhielt.
E Nach dem Willen Ahuramazdās
F habe ich dieses Reich in Besitz.
§ 10
A Es kündet Dareios, der König:
B Dies (ist), was von mir getan (worden ist),
nachdem ich König geworden war.
D (Ein Mann) namens Kambyses, des Kyros Sohn,
E aus unserem Geschlecht, –
F der war früher hier König;
G dieser Kambyses
H hatte einen Bruder namens Smerdis,
I von derselben Mutter (und) demselben Vater
wie Kambyses.
J Dann tötete Kambyses diesen Smerdis;
K (aber) als Kambyses Smerdis getötet hatte,
L wurde es dem Volk nicht bekannt,
M dass Smerdis getötet worden war.
N Daraufhin zog Kambyses nach Ägypten;
O als Kambyses nach Ägypten gezogen war,
P daraufhin wurde das Volk treulos,
Q und Trug geschah im Land in großer Zahl,
R in Persien und Medien
S und in den anderen Ländern.
§ 11
A Es kündet Dareios, der König:
B Dann war (da) ein Mann, ein Mager,
C Gaumāta mit Namen, –
D der erhob sich von Paisiyāuvādā aus, –
E (es gibt) einen Berg namens Arakadri, –
F von dort aus.
G Im Monat Viyaxana waren 14 Tage vergangen,
H als er sich erhob;
I er log dem Volk so vor:
J »Ich bin Smerdis,
K der des Kyros Sohn, des Kambyses Bruder (ist).«
L Daraufhin wurde das ganze Volk
M abtrünnig von Kambyses
N (und) lief über zu jenem,
O Persien und Medien

P und die anderen Länder;
Q die Herrschaft hat er ergriffen (an sich gerissen).
R Im Monat Garmapada waren 9 Tage vergangen,
S da hat er die Herrschaft ergriffen.
T Dann starb Kambyses seines eigenen Todes.
§ 12
A Es kündet Dareios, der König:
B Diese Herrschaft,
C die Gaumāta der Mager dem Kambyses raubte, –
D diese Herrschaft
E gehörte von alters her unserem Geschlecht.
F Dann raubte Gaumāta der Mager dem Kambyses
G Persien und Medien
H und die anderen Länder;
I der hat (sie) sich genommen
J (und) zu seinem Eigentum gemacht.
K Er wurde König.
§ 13
A Es kündet Dareios, der König:
B Es war kein Mann da,
C weder Perser noch Meder noch jemand aus unserem Geschlecht,
D der jenem Gaumata, dem Mager,
E die Herrschaft hätte rauben können.
F Das Volk fürchtete sich gar sehr vor ihm,
G (denn) er pflegte die Leute in großer Zahl zu töten,
H die früher Smerdis gekannt hatten.
I Deswegen pflegte er die Leute zu töten (weil er dachte):
J »Damit sie mich nicht erkennen,
K dass ich nicht Smerdis bin, der des Kyros Sohn (ist).«
L Keiner wagte irgendetwas zu sagen
M über Gaumata den Mager,
N bis ich kam.
O Daraufhin werde/sollte ich Ahuramazdā anflehen;
P (und) Ahuramazdā hat mir Beistand gebracht.
Q Im Monat Bāgayādi waren zehn Tage vergangen,
R da habe ich mit wenigen Männern
S jenen Gaumata den Mager getötet
T und die Männer, die seine ranghöchsten/führenden Gefolgsleute waren.
U (Es gibt) eine Festung namens Sikayuvati
(und) einen Distrikt mit Namen Nisāya in Medien, –

V dort habe ich ihn getötet.
W Der Herrschaft habe ich ihn beraubt;
X nach dem Willen Ahuramazdās
Y bin ich König geworden;
Z Ahuramazdā hat die Herrschaft mir verliehen.
[Felsinschrift (DB) des Dareios in Bisutun]

Vonseiten der Perser gibt es, wie gesagt, keine Quellen, die sich auf die Invasion in Griechenland beziehen. Alles, was wir über Motive, Anlässe oder Gründe wissen, stammt vom griechischen Gegner. Einen Einblick in das Selbstverständnis der persischen Großkönige aus der Dynastie der Achaimeniden geben jedoch große, meist dreisprachige (Altpersisch, Elamisch, Babylonisch) Keilschrifttexte, wie sie an der Felswand von Behistun (Bisutun) oder in der Hauptstadt Persepolis selbst gefunden wurden. S. dazu die zweisprachige Ausgabe (altpersisch/deutsch) von R. Schmitt, *Die altpersischen Inschriften der Achaimeniden*, Wiesbaden 2009 (hier 36–45). In der reliefgeschmückten Felsinschrift von Behistun (30 km östlich von Kermanschah an der Straße von Babylon nach Ekbatana; s. mit Abb. NPI 2, 1997, 695–697) liefert Dareios I. u. a. eine Liste der von ihm beherrschten Völker, aber auch Interna der achaimenidischen Herrschaft, so auch, dass Kambyses, der Vorgänger des Dareios, seinen Bruder Bardiya (in der Übersetzung der Inschrift ist der griechische Name Smerdis gewählt, den auch Herodot verwendet) töten ließ, um sich das Alleinrecht auf den Thron zu sichern (s. Schmitt 9, 36–45).

Der König der Könige, Dareios, der Sohn des Hystaspes, lässt seinem Knecht Gadatas das Folgende sagen: Ich erfahre, dass du meinen Befehlen nicht in allem gehorchst; da du nämlich mein Land kultivierst, indem du die Früchte [Fruchtbäume] jenseits des Euphrats in die unteren Landesteile Asiens verpflanzt, lobe ich dein Vorhaben und deswegen wird dir großer Dank in des Königs Haus gewiss sein. Weil du aber meine Gesinnung gegenüber den Göttern zunichtemachst, werde ich dir, wenn du dich nicht änderst, einen Beweis meines verletzten Gemütes geben; von den dem Apollo heiligen Pflanzern nämlich triebst du Abgaben ein und hießest sie profanes Land bearbeiten, ohne Rücksicht auf die Gesinnung meiner Vorfahren gegenüber dem Gott, der den Persern die volle Wahrheit gesagt hat und [unvollständig erhalten]. [Brief des Dareios an den Satrapen der ionischen Provinz in Magnesia am Mäander, vor 486, Marmorinschrift]

Marmorstein – in dem Dorf Deirinendjik zwischen Magnesia a. M. und Tralles gefunden. Die Buchstabenformen weisen auf eine Einmeißelung in der Zeit von 100 bis 150 n. Chr. Der ursprüngliche Text dieses Brieferlasses war auf Aramäisch verfasst; s. Pfohl 88 f.

Der Beginn des Aufstandes

30. Damals aber begann aus diesen Städten [Naxos und Milet] Unheil hervorzugehen für Ionien auf folgende Weise: Es waren aus Naxos durch das Volk einige von den Vornehmen vertrieben worden, die infolge ihrer Vertreibung nach Milet kamen. Milet verwaltete damals gerade Aristagoras, der Sohn des Molpagoras, der Schwiegersohn und Vetter des Histiaios, des Sohnes des Lysagoras, den Dareios in Susa festhielt. Denn Histiaios war Tyrann von Milet und befand sich gerade zu der Zeit in Susa, als die Naxier ankamen, die schon vorher Gastfreunde des Histiaios waren. Als nun die Naxier nach Milet gekommen waren, wandten sie sich mit der Bitte an Aristagoras, ob er ihnen nicht zu einiger Heeresmacht verhelfen könne und es ihnen dann möglich wäre, in ihr Vaterland zurückzukehren. Dieser aber überlegte bei sich, dass er, wenn diese durch seinen Beistand in die Stadt zurückkämen, Herr von Naxos werden könnte. Indem er daher die Gastfreundschaft mit Histiaios zum Vorwand nahm, machte er ihnen folgenden Vorschlag: »Ich selbst kann nicht verbürgen, euch eine solche Heeresmacht zu verschaffen, die imstande wäre, euch gegen den Willen der Naxier, die im Besitz der Stadt sind, zurückzuführen. Denn ich höre, dass die Naxier 8000 Schildträger haben und zahlreiche Kriegsschiffe. Ich will mit allem Eifer darauf bedacht sein, und zwar, denke ich, auf folgende Weise: Artaphernes ist ja mein Freund; dieser Artaphernes aber ist der Sohn des Hystaspes und der Bruder des Königs Dareios. Er gebietet über alle, die an der Küste Asiens wohnen, und hat ein zahlreiches Heer und viele Schiffe zu seiner Verfügung. Ich glaube, dass dieser Mann alles tut, worum wir ihn bitten.«
Sobald dies die Naxier vernommen hatten, überließen sie es ganz dem Aristagoras, es so gut zu machen, wie er nur könne, und baten ihn, Geschenke zu versprechen, sowie den nötigen Aufwand für das Heer, da sie selbst alle Kosten tragen würden, weil sie die große Hoffnung hegten, wenn sie nur bei Naxos erscheinen würden, so würden die Naxier alles tun, was man nur von ihnen verlange, und ebenso auch würden es die Bewohner der übrigen Inseln machen, denn noch war keine von diesen Kykladischen Inseln dem Dareios untertan.
31. Aristagoras begab sich darauf nach Sardes und erzählte dem Artaphernes, dass Naxos eine an Umfang zwar nicht große, im Übrigen aber schöne und fruchtbare, dazu nahe bei Ionien gelegene Insel sei, auf der es reiche Schätze und viele Sklaven gebe: »Unternimm nun einen Kriegszug gegen dieses Land und führe die aus ihm Verbannten wieder dorthin zurück. Entschließest du dich dazu, liegen erstens bei mir bedeutende Mittel bereit, abgesehen von den Kosten für das Heer, denn es ist billig, dass wir, als die Füh-

rer, diese bestreiten. Sodann aber wirst du dem König noch einige Inseln dazu erobern, Naxos selbst und die von ihm abhängigen [Inseln] Paros und Andros, und andere, die sogenannten Kykladen. Wenn du von da aus weiterziehst, kannst du mit Leichtigkeit Euboia angreifen, eine große und reiche Insel, die nicht kleiner ist als Zypern, und ganz leicht zu erobern. 100 Schiffe genügen, um alle diese Inseln in deine Gewalt zu bringen.« Darauf antwortete jener: »Du erweist dich dem Hause des Königs als Ratgeber zu guten Dingen; dein Rat ist in allem gut, außer in Bezug auf die Zahl der Schiffe. Statt 100 Schiffen werden mit dem Eintritt des Frühlings 200 für dich bereitstehen. Dem muss aber auch der König selbst noch zustimmen.«

32. Als Aristagoras dies gehört hatte, kehrte er voll Freude nach Milet zurück. Artaphernes aber rüstete, nachdem er Gesandte nach Susa geschickt hatte, welche die Vorschläge des Aristagoras unterbreitet und Dareios selbst seine Zustimmung gegeben hatte, 200 Trieren sowie ein sehr großes Heer aus Persern und den übrigen Verbündeten. Zu deren Feldherren machte er den Megabates, einen Perser aus dem Geschlecht der Achaimeniden, seinen eigenen wie des Dareios Vetter, mit dessen Tochter, wenn diese Geschichte denn wahr ist, sich einige Zeit nachher der Lakedaimonier Pausanias, des Kleombrotos Sohn, verlobte, da es ihn gelüstete, Herrscher *(Týrannos)* von Griechenland zu werden. Nachdem Artaphernes den Megabates zum Feldherrn ernannt hatte, ließ er das Heer zu Aristagoras abgehen.

33. Megabates nahm dann aus Milet den Aristagoras und das ionische Heer sowie die Naxier mit und segelte vorgeblich in Richtung Hellespont. Als er aber bei Chios war, steuerte er mit seinen Schiffen nach Kaukasa und plante von da bei günstigem Wind nach Naxos überzusetzen. […]

34. Die Naxier hatten durchaus nicht erwartet, dass dieser Zug sich gegen sie richten werde. Wie sie aber davon Kunde erhielten, brachten sie sogleich alles aus dem Feld in die Stadt, sorgten in der Erwartung, belagert zu werden, für Essen und Trinken und besserten die Mauern aus. So rüsteten sie sich also in Erwartung eines kommenden Krieges. Als ihre Feinde mit ihren Schiffen von Chios nach Naxos übergesetzt waren, fanden sie dort alles im besten Verteidigungszustand und belagerten die Stadt vier Monate lang. Als nun die Perser das mitgebrachte Geld verbraucht hatten und außerdem Aristagoras selbst große Summen aufgewendet hatte, die Belagerung aber immer noch mehr erforderte, da erbauten sie für die Verbannten der Naxier Festungen und kehrten übel zugerichtet auf das Festland zurück.

35. Aristagoras konnte daher sein Versprechen an Artaphernes nicht erfüllen. Zugleich drückten ihn die Kosten für das Heer, die von ihm verlangt wurden, und er geriet in Furcht, weil das Heer übel zugerichtet und er selbst

mit Megabates verfeindet war. So kam er auf den Gedanken, er würde die Herrschaft über Milet verlieren, und weil er dies alles befürchtete, so dachte er daran, [von den Persern] abzufallen.
[*aus:* Herodot 5.30–35]

Aristagoras sucht Verbündete

49. Aristagoras, der Tyrann von Milet, kam nun nach Sparta, während Kleomenes im Besitz der Herrschaft war [König seit etwa 520]: Zu diesem begab er sich auch zu einer Unterredung, wobei er, wie die Lakedaimonier behaupten, eine eherne Tafel hatte, auf welcher der Umfang der ganzen Erde eingeschnitten war, jedes Meer und alle Flüsse. Wie nun Aristagoras in die Verhandlungen eintrat, sprach er zu ihm Folgendes: »Kleomenes, wundere dich nicht über den Eifer, mit dem ich hierhergekommen bin, denn die gegenwärtige Lage ist solcher Art: Dass die Söhne der Ionier Sklaven sind statt Freie, ist zwar für uns selbst die größte Schmach und der ärgste Kummer, für euch aber unter den übrigen Griechen umso mehr, als ihr an der Spitze von Griechenland steht. Darum bitte ich euch bei den Göttern der Griechen, errettet die Ionier, eure Blutsverwandten, jetzt aus der Knechtschaft […].« Kleomenes aber gab ihm darauf folgende Antwort: »Gastfreund aus Milet! Ich will meine Antwort auf den dritten Tag verschieben.«
50. Damals waren also beide so weit übereingekommen. Als aber der für die Antwort bestimmte Tag eingetroffen war und sie sich an dem verabredeten Ort getroffen hatten, richtete Kleomenes an den Aristagoras die Frage, wie viele Tagesreisen es vom Meer der Ionier aus zum Großkönig sei. Aristagoras, sonst ein kluger Mann, der jenen wohl zu täuschen verstand, machte dabei einen Fehler. Denn er durfte die Wahrheit nicht sagen, wenn er die Absicht hatte, die Spartaner aus ihrer Heimat nach Asien zu bringen; so aber gab er in seiner Antwort den Weg landeinwärts mit drei Monaten an. Da fiel [Kleomenes] ein und ließ den Aristagoras in dem, was er über den Weg weiter noch bemerken wollte, gar nicht mehr zu Wort kommen, sondern sagte zu ihm: »Gastfreund von Milet! Entferne dich noch vor Sonnenuntergang aus Sparta, denn du machst den Spartanern keinen leichten Vorschlag, wenn du sie eine Strecke Weges von drei Monaten vom Meere weg führen willst.«
97. Als sie nun dieses Sinnes waren [die Athener hatten eine Aufforderung des Satrapen Artaphernes abgelehnt, den Tyrannen Hippias wieder in der Stadt aufzunehmen] und dadurch sich mit den Persern verfeindeten, gerade zu diesem Zeitpunkt kam der Milesier Aristagoras, der von dem Lakedai-

monier Kleomenes aus Sparta ausgewiesen worden war, nach Athen, denn diese Stadt hatte unter den übrigen die größte Macht. Als nun Aristagoras vor das Volk trat, ließ er sich in ähnlicher Weise wie in Sparta über alle die Güter Asiens und über den Krieg mit den Persern aus, die weder Schild noch Lanze führten und leicht zu unterwerfen seien. In dieser Weise sprach er und fügte dann noch hinzu, dass die Milesier Kolonisten der Athener seien, und dass es billig wäre, dass sie bei ihrer großen Macht diese zu retten suchten. Dabei versprach er alles Mögliche und bestürmte sie mit seinen Bitten, bis er sie überredete. Denn es schien leichter, viele zu täuschen, als einen einzigen, insofern er nicht imstande war, den einen Lakedaimonier Kleomenes zu täuschen, aber bei 30 000 Athenern Erfolg hatte. Die Athener ließen sich also überreden und fassten den Beschluss, 20 Schiffe als Hilfe für die Ionier abzusenden, über die sie den Melanthios zum Befehlshaber setzten, einen unter seinen Mitbürgern in allem geachteten Mann. Diese Schiffe aber waren der Anfang aller Übel für die Griechen wie für die Barbaren. […]
[*aus:* Herodot 5.49–50, 97]

Der Zug gegen Sardes

99. Als die Athener mit 20 Schiffen gekommen waren und noch fünf Dreiruderer der Eretrier mit sich brachten […] begann Aristagoras einen Kriegszug gegen Sardes. Er selbst zog nicht mit, sondern blieb in Milet und setzte andere zu Feldherren über die Milesier ein, seinen Bruder Charopinos und den Hermophantos, einen der übrigen Bürger.
100. Als die Ionier mit dieser Flotte nach Ephesos gekommen waren, ließen sie die Schiffe zu Koresos im Gebiet von Ephesos zurück, sie selbst zogen mit einer großen Streitmacht landeinwärts, wobei sie Ephesier als Führer mitnahmen. Sie zogen zuerst längs des Flusses Kaystrios, und als sie darauf den Tmolos überschritten hatten, gelangten sie nach Sardes, das sie einnahmen, ohne dass jemand ihnen Widerstand leistete. Sie nahmen auch mit Ausnahme der Burg alles andere ein. Die Burg nämlich verteidigte Artaphernes selbst mit einer nicht geringen Streitmacht. […]
102. Sardes war nun abgebrannt, und innerhalb der Stadt auch das Heiligtum der Landesgöttin Kybebe. Dies nahmen die Perser hernach zum Vorwand, als sie ebenso die Heiligtümer in Griechenland anzündeten. Auf die Kunde davon aber sammelten sich damals sofort die Perser, die diesseits des Flusses Halys ihre Standquartiere hatten, und eilten den Lydern zu Hilfe. Da sie jedoch die Ionier nicht mehr in Sardes vorfanden, folgten sie ihren

Spuren nach und trafen sie bei Ephesos, wo die Ionier sich ihnen gegenüber aufstellten, aber eine schwere Niederlage erlitten [...]. 103. So verlief damals der Kampf. Danach aber ließen die Athener die Ionier gänzlich im Stich, und obgleich Aristagoras sie vielfach durch Boten aufforderte, verweigerten sie ihre Hilfe. Die Ionier, auf diese Weise des Beistandes der Athener beraubt, rüsteten sich, weil sie nun einmal so weit gegen Dareios vorgegangen waren, nichtsdestoweniger zum Krieg gegen den König.
[*aus:* Herodot 5.99–103]

Da in Ionien bereits große Verwirrung herrschte und die königliche Flotte heransegelte, fuhren [die Eretrier] dieser weit hinaus entgegen und besiegten die Zyprioten im pamphylischen Meer. Darauf wandten sie sich nach Ephesos, ließen dort ihre Schiffe, griffen Sardes an und belagerten den in die Burg entflohenen Artaphernes, um die Aufhebung der Belagerung Milets dadurch zu bewirken. Sie erreichten auch wirklich diesen Zweck, denn sie trieben die Feinde, die in großen Schrecken geraten waren, von dort zurück und wichen erst, als eine überlegene Macht sich auf sie warf. So berichtet unter anderen Lysanias von Mallos in seiner Geschichte von Eretria.
[*aus:* Lysanias von Mallos FGrHist 426 F 1]

Plutarch (*Moralia* 861AD) versucht mit Verweis auf Lysanias Herodots Nachrichten als Fälschungen zu erweisen. Lysanias' nicht erhaltene Schrift, eine Lokalchronik über Eretria, war wohl lokalpatriotisch gefärbt. Die Lebenszeit des Autors ist unbekannt.

Nun wäre es doch dem Herodot wohl angestanden [Kritik Plutarchs, *Moralia* 861C, der hier Charon zitiert], wenn auch nur bei der Einnahme und der Zerstörung ihrer Stadt, diese Heldentat tapferer Männer zu erwähnen; aber im Gegenteil, er lässt sie von den Barbaren geschlagen und auf die Schiffe verfolgt werden, während [so Plutarch] Charon von Lampsakos nichts dieser Art berichtet, sondern wörtlich Folgendes schreibt: »Die Athener segelten mit 20 Trieren aus, um den Ioniern Hilfe zu bringen, zogen dann zu Lande nach Sardes und eroberten Stadt und Umgebung bis auf die königliche Festung; nach dieser Tat kehrten sie nach Milet zurück.«
[*aus:* Charon von Lampsakos, FGrHist 262 F 10]

Charon wurde vermutlich um 480 (oder etwas später) geboren und schrieb nach der Mitte des 5. Jahrhunderts eine griechische und eine persische Geschichte sowie eine Lokalchronik. Das vorliegende Fragment entstammt seinen *Hellenikà* (Griechische Geschichte).

Die Seeschlacht von Lade

6. Gegen Milet selbst aber war ein großes Land- und Seeheer im Anmarsch. Denn die Feldherren der Perser hatten ihre Truppen zusammengezogen und zu einem Heer vereinigt, mit dem sie gegen Milet zogen, weil sie die übrigen Städte geringer erachteten. In der Flotte waren die Phoinikier die eifrigsten; es zogen aber auch die neulich erst unterworfenen Zyprioten sowie die Kiliker und Ägypter mit ins Feld. 7. Diese nun zogen gegen Milet und das übrige Ionien. Als die Ionier dies erfuhren, schickten sie von ihren Städten Abgeordnete, um Rat zu pflegen, zum Panionion. Nachdem sie an diesen Ort gekommen waren und sich miteinander berieten, wurde beschlossen, kein Landheer gegen die Perser zu sammeln, sondern die Milesier selbst sollten ihre Mauern verteidigen. Dagegen sollte die ganze Flotte bemannt werden, ohne dass auch nur ein einziges Schiff zurückbliebe. Sobald die Schiffe bemannt seien, sollten sie sich schleunigst bei Lade sammeln, um zum Schutz von Milet eine Seeschlacht zu liefern. Lade ist eine kleine Insel, die nahe bei der Stadt Milet liegt.

8. Es erschienen aber darauf mit ihren bemannten Schiffen die Ionier und mit ihnen auch von den Aioliern die, die Lesbos bewohnen. Sie stellten sich dann in folgender Weise auf: Den einen Flügel nach Osten hatten die Milesier inne, die 80 Schiffe stellten; an diese stießen die Priener mit zwölf und die Myesier mit drei Schiffen, an die Myesier stießen die Teier mit 17 Schiffen, an die Teier aber die Chier mit 100 Schiffen. Es reihten sich an diese die Erythraier, die acht Schiffe lieferten, und die Phokaier, die drei stellten. An die Phokaier stießen die Lesbier mit 70 Schiffen; zuletzt standen in der Reihe die Leute von Samos, die mit 60 Schiffen den Flügel nach Westen bildeten. Die Gesamtzahl betrug 350 Dreiruderer. Dies waren die Schiffe der Ionier.

9. Dagegen betrug die Zahl der Schiffe der Barbaren 600.

14. Als nun damals die Phoinikier heransegelten, fuhren die Ionier ihnen ebenfalls entgegen mit ihren Schiffen in einer langen Linie. Wie sie nun einander nahegekommen waren und aneinandergerieten, von da an vermag ich nicht genau anzugeben, welche von den Ioniern sich schlecht oder tapfer hielten in dieser Seeschlacht.

[*aus:* Herodot 6.6–9.14]

Herodot berichtet nun über das Verhalten der ionischen Flottenverbände. Uneinigkeit und das Fehlen einer effektiven Kommandostruktur besiegeln die Niederlage. Als Schiffe von der Insel Samos aus der gemeinsamen Front ausscheren, löst dies eine Massenflucht aus.

Die Folgen der Niederlage

18. Nachdem die Perser die Ionier in der Seeschlacht besiegt hatten, belagerten sie darauf Milet zu Wasser und zu Land, untergruben die Mauern, wendeten mancherlei Kriegsmaschinen an und nahmen so mit Gewalt im sechsten Jahre nach dem Abfall des Aristagoras die Stadt ein, deren Bewohner sie zu Sklaven machten.
19. [...] Damals nun traf dies [Orakel] für die Milesier ein, insofern die Mehrzahl der Männer von den Persern, die langhaarig waren, erschlagen wurden, ihre Frauen und Kinder aber zu Sklaven wurden und das Heiligtum in Didyma – sowohl der Tempel wie die Orakelstätte – geplündert und verbrannt wurde [...]
20. Diejenigen Milesier, die lebend gefangen worden waren, wurden nach Susa abgeführt. König Dareios tat ihnen aber weiter kein Leid an, sondern gab ihnen Wohnsitze am sogenannten Roten Meer bei der Stadt Ampe, an welcher der Tigris vorbeifließt, der sich dann ins Meer ergießt. Vom Land der Milesier behielten die Perser selbst alles, was um die Stadt herumliegt samt der Ebene, die gebirgigen Strecken aber gaben sie den Karern aus der Stadt Pedasos zum Besitz.
21. [...] Die Athener gaben ihren großen Kummer über die Einnahme von Milet nicht nur auf vielfältige Weise zu erkennen, sondern auch dadurch, dass, als [der Dramatiker] Phrynichos ein von ihm gedichtetes Stück, *Der Fall Milets*, auf die Bühne brachte, das ganze Theater in Tränen ausbrach. Infolgedessen legten sie dem Dichter, weil er die Athener an ihr eigenes Unglück erinnert habe, eine Buße von 1000 Drachmen auf, und verfügten weiter, dass niemand mehr dieses Stück aufführen dürfe [...].
31. Nachdem die Flotte der Perser bei Milet überwintert hatte, lief sie im zweiten Jahre wieder aus und nahm mit Leichtigkeit die Inseln, die nahe beim Festland liegen: Chios, Lesbos und Tenedos. Jedes Mal, wenn sie eine dieser Inseln einnahmen, machten die Barbaren Jagd auf die Menschen wie mit einem Schleppnetz. Diese Jagd machen sie auf folgende Art: Ein Mann fasst den andern an der Hand, und so geht es in einer Reihe fort vom Meer im Norden bis zum Meer im Süden, und hernach ziehen sie durch die ganze Insel und machen auf diese Weise Jagd auf Menschen.
Auch die übrigen Städte der Ionier auf dem festen Lande eroberten sie auf dieselbe Weise, doch machten sie dabei keine solche Jagd auf Menschen, weil es hier nicht möglich war.
32. Danach machten die Feldherren der Perser die Drohungen wahr, die sie gegen die Ionier ausgestoßen hatten, als diese ihnen gegenüber im Feld lagen. Als sie nämlich Herren der Städte geworden waren, wählten sie die

schönsten Knaben aus, ließen sie verschneiden und machten so aus Zeugungsfähigen Eunuchen. Auch die schönsten jungen Mädchen verschleppten sie zum König. Dies taten sie also und steckten dann die Städte samt den Heiligtümern in Brand. So kamen die Ionier zum dritten Mal in die Knechtschaft, das erste Mal durch die Lyder und dann zweimal nacheinander durch die Perser.

42. Es fanden in diesem Jahr [493 v. Chr.] keine weiteren Feindseligkeiten vonseiten der Perser gegen die Ionier statt, wohl aber geschah in diesem Jahre Folgendes zum großen Nutzen der Ionier. Artaphernes, der Statthalter von Sardes, ließ aus den Städten Abgeordnete zu sich entbieten und nötigte die Ionier, Verträge untereinander abzuschließen, damit sie ihre Streitigkeiten gerichtlich regelten und sich nicht gegenseitig beraubten und plünderten. Dieses zwang er sie zu tun, und dann ließ er ihr Land nach Parasangen [ca. 5400 m] ausmessen, welches die persische Bezeichnung für ein Maß von 30 Stadien [je ca. 180 m] ist, und nach dieser Messung legte er jedem eine Abgabe auf, die auf dem Land seit dieser Zeit bis auf meine Zeit immer geblieben ist, so wie sie von Artaphernes festgesetzt worden ist. Es wurde aber die Abgabe fast auf denselben Betrag angesetzt, den sie schon früher hatte. 43. Und dies war ein Akt des Friedens für sie.

[*aus:* Herodot 6.18–21, 31–43]

Der Zug des Mardonios

43. Zugleich mit dem Frühjahr [492 v. Chr.] aber, als die übrigen Feldherren vom König entlassen waren, zog Mardonios, des Gobryas Sohn, mit einem zahlreichen Landheer und einer zahlreichen Flotte hinab ans Meer. Er war ein an Jahren noch junger Mann, der eben erst Artozostra, die Tochter des Königs Dareios, geheiratet hatte. Als nun Mardonios mit diesem Heer in Kilikien angekommen war, stieg er selbst auf ein Schiff und machte die Reise zugleich mit den übrigen Schiffen, während andere Feldherren das Landheer zum Hellespont führten. Wie nun Mardonios auf seiner Fahrt längs der Küste von Asien nach Ionien gekommen war, da geschah etwas, was ich zur großen Verwunderung auch derjenigen Griechen erzählen will, die es nicht glauben wollen, nämlich dass Otanes [ein persischer Adliger] den sieben Persern geraten hatte, sie sollten eine Volksherrschaft in Persien einführen [zur sog. Verfassungsdebatte s. Herodot 3.71–73]. Mardonios nämlich setzte alle die Herrscher *(Týrannoi)* der Ionier ab und führte dagegen in den Städten eine Volksherrschaft *(Demokratía)* ein. Nachdem er dies getan hatte, eilte er zum Hellespont. Als aber eine große Masse von Schiffen

zusammengekommen war und auch ein zahlreiches Landheer sich versammelt hatte, setzten sie auf ihren Schiffen über den Hellespont und zogen dann weiter durch Europa; sie zogen nämlich gegen Eretria und Athen.
44. Diese beiden Städte dienten ihnen als Vorwand für den Zug, doch sie hatten im Sinn, so viele griechische Städte, als sie nur könnten, zu unterwerfen. Daher unterwarfen sie zuerst mit ihrer Flotte die Bewohner von Thasos, die keine Hand gegen sie erhoben. Dann machten sie sich mittels des Landheeres die Makedonen untertan und reihten sie denen ein, die bereits unter ihre Herrschaft gekommen waren. Die Völker diesseits der Makedonen waren alle schon in ihrer Hand.
Von Thasos nun fuhren sie hinüber und dann längs des Festlands bis Akanthos; von Akanthos aus wollten sie dann um den Athos herumsegeln. Bei dieser Fahrt um den Berg überfiel sie ein heftiger und unwiderstehlicher Nordwind, der die Mehrzahl der Schiffe übel zurichtete, indem er sie an den Athos warf. Es sollen an die 300 Schiffe hier zugrunde gegangen sein und über 20 000 Menschen. Da nämlich das Meer um den Berg Athos voll von wilden Tieren ist, so kamen viele um, die von diesen Tieren ergriffen wurden, andere aber wurden an den Felsen geschmettert, wieder andere, die nicht schwimmen konnten, gingen auf diese Weise zugrunde, noch andere durch Kälte. Also erging es der Flotte.
45. Den Mardonios aber, der mit dem Landheer in Makedonien lagerte, griffen die thrakischen Bryger in der Nacht an und erschlugen viele der Perser, Mardonios selbst verwundeten sie. Jedoch entgingen auch sie nicht der persischen Knechtschaft, denn Mardonios brach nicht eher aus diesen Gegenden auf, als bis er sie unterworfen hatte. Nach deren Unterwerfung führte er sein Heer zurück, weil die Landstreitmacht bei den Brygern und die Flotte bei der Fahrt um den Athos große Verluste erlitten hatten. So kehrte nun dieses Heer nach schmählichem Kampf nach Asien zurück.
[*aus:* Herodot 6.43–45]

Charon von Lampsakos berichtet in der »Geschichte Persiens« über Mardonios und das am Athos vernichtete Heer der Perser und schreibt Folgendes: »Damals kamen zum ersten Mal weiße Tauben in das Gebiet der Griechen, die es vorher noch nicht gegeben hat.«
[*aus:* Charon von Lampsakos FGrHist 262 F 3]

Charon berichtete offensichtlich von einem Prodigium (Vorzeichen), das die kommende Gefahr der Perser-Invasion vorhersagt. Die Athos-Katastrophe hatte sie nur hinausgeschoben.

Der Feldzug nach Marathon

Mit der Schlacht von Marathon verlagerten sich die Kämpfe zwischen Persern und Griechen erstmals auf griechischen Boden. Noch war es kein Angriff auf ganz Griechenland, die Invasion des Dareios galt in erster Linie *einer* Stadt, dem aufstrebenden Athen. Die Überlieferung personalisierte später die Verteidigung Attikas im Strategen Miltiades, obwohl nicht dieser, sondern der Polemarch Kallimachos den Oberbefehl hatte. Miltiades war um 520 zum thrakischen Chersones entsandt worden, wo Athen erste imperiale Ziele durchsetzen wollte. Kolonisten besiedelten auch die in der Nähe gelegene Insel Lemnos, die an der Einfahrt zum Hellespont lag, durch den die wichtige Handelsroute ins Schwarze Meer verlief. Als die persische Flotte im Zuge der Niederschlagung des ionischen Aufstandes den Hellespont erreichte, floh Miltiades zurück nach Athen. Mit ihm setzte sich dort eine Fraktion durch, die den Ausgleich mit Persien ablehnte. Eine militärische Konfrontation hoffte Miltiades mithilfe des Landheeres, der Phalanx der Schwerbewaffneten [Hopliten], zu bestehen.
Nach Herodot drohte die Gefahr einer persischen Invasion bereits seit dem griechischen Überfall auf Sardes im Jahre 498. Ob sie realistisch war, ist allerdings fraglich. Das Motiv der Rache war zu dünn, um zu tragen. Wenig überzeugend ist auch, was Herodot an anderer Stelle berichtet. Der Zug gegen Athen sei für Dareios ein Vorwand gewesen, auch andere griechische Städte zu unterwerfen. Das ist Ausfluss der Propaganda, mit der sich die Stadt später als Retterin ganz Griechenlands gerierte. Sicherlich besaß Persien Interesse, weitere Hilfe aus dem Mutterland für die Griechen in Kleinasien zu unterbinden. So mag der Angriff auch eine Strafexpedition gewesen sein, sicherlich aber nicht vorrangig. Der eigentliche Anlass der Invasion ist wohl ein anderer. In Sigeion am Fluss Skamander saß seit 510 der aus Athen geflüchtete ehemalige Tyrann [Alleinherrscher] Hippias. Er erhoffte sich von den Persern die Rückführung, denn er besaß in Athen und im attischen Umland noch zahlreiche Anhänger. Ein Angriff mit dem alleinigen Ziel, Athen zu zerstören, war für den Großkönig keine gute Option. Nach dem Abzug des persischen Heeres wäre ein Vakuum entstanden, in das andere perserfeindliche Kräfte wie Sparta vorstoßen konnten. Demgegenüber hätte eine von Dareios installierte Tyrannis in Athen persischen Einfluss in ganz Griechenland sichern können. Mit Athen als Verbündeten ergab sich die Möglichkeit, das damals noch weit mächtigere Sparta zu isolieren. Bezeichnenderweise waren neben der Nachbarstadt Plataiai die Spartaner auch die Einzigen, die bereit waren, Hilfe zu leisten.
Zur Vorbereitung seines Feldzuges schickte Dareios – wieder Herodot zufolge – Boten nach Griechenland, die von den einzelnen Poleis als Zeichen der Unterwerfung Erde und

Wasser forderten. Das verwundert, da sich der Angriff nur gegen Athen und – untergeordnet – die Stadt Eretria auf Euboia richtete. So ist es wahrscheinlich, dass es sich hier bei Herodot nur um eine Doublette zu den Ereignissen im Vorfeld der Invasion des Xerxes von 480 handelt.

Der Großkönig übertrug nach der Havarie der Mardoniosflotte die Führung des Unternehmens neuen Kommandeuren, darunter seinem Großneffen Artaphernes. Die Flotte umfasste angeblich 600 Transport-, Versorgungs- und Kriegsschiffe und startete im Frühjahr 490 in Kilikien. Sie fuhr die Küste entlang zunächst bis zur Insel Naxos. Diese wurde erobert, die Nachbarinsel Delos mit ihren Heiligtümern dagegen verschont. Nach der Landung in Euboia belagerten die Perser Eretria und steckten die Stadt in Brand. Erst danach ging die Flotte an der attischen Küste auf der Höhe von Marathon vor Anker. Inzwischen war es bereits Anfang September geworden. Die Perser setzten offenkundig nicht auf das Überraschungsmoment, sie versuchten vielmehr mit der bloßen Drohung eines Angriffs Druck auf ihre Gegner in Athen auszuüben, um die Rückkehr des geflohenen Tyrannen gewaltlos zu ermöglichen. Zu diesem Konzept gehörte auch die Landung bei Marathon, denn die in der dortigen Ebene siedelnden Kleinbauern galten als überwiegend tyrannenfreundlich. Gleichzeitig bot das Gelände Vorteile für die persische Reiterei. Sofern Athen nicht einlenken wollte, musste es sein Hoplitenheer den Persern entgegenschicken. Das wiederum eröffnete den Tyrannenfreunden die Möglichkeit eines Umsturzes in der von Truppen entblößten Stadt.

Nachdem die Nachricht von der Landung Athen erreicht hatte, fand in der Volksversammlung die Debatte über das weitere Vorgehen statt. Herodot verlegt die Diskussion – vielleicht aus dramaturgischen Gründen – stattdessen in den Kriegsrat der zehn Strategen. Miltiades setzte sich schließlich – unterstützt von dem einflussreichen Strategen Aristeides – mit seinem (von Aristoteles überlieferten) Antrag durch, den Persern entgegenzuziehen. Zudem wurde der Schnellläufer Philippides nach Sparta entsandt, um von dort Hilfe zu holen.

Der Bericht über die Schlacht stammt wieder von Herodot, und es ist kaum möglich, über das hinauszugehen, was er schreibt. Ohne auf die Hilfe aus Sparta zu warten, eröffneten die athenischen Schwerbewaffneten demnach den Kampf, indem sie die Distanz zum Gegner – Herodot spricht von unglaubwürdigen 8 Stadien (1,5 km) – im Laufschritt zurücklegten, um den persischen Pfeilhagel zu unterlaufen. Es fielen 192 Athener. Herodot las die Namen auf den Stelen am (heute noch existierenden) Grabhügel. Nach ihrer Niederlage umsegelten die Perser Kap Sunion, um eventuell Athen noch vor der Rückkehr der Fußtruppen anzugreifen. Da die erhoffte Unterstützung von Anhängern der Tyrannis in Athen ausblieb, fuhr die persische Flotte ohne weitere Kampfhandlung nach Kleinasien zurück.

Herodots Bericht beruht auf der Überlieferung, die sich in Athen gebildet hatte. Zurate zog er außerdem Aischylos Drama *Die Perser* und ein großes Gemälde der Schlacht in der Stoa Poikile, der »Bunten Halle«, auf der Agora in Athen. Zudem besuchte er auch das

Schlachtfeld selbst. Eine Nebenversion entstammt der Suda, einem byzantinischen Lexikon des 10. Jahrhunderts. Griechen aus Kleinasien, die auf persischer Seite am Feldzug teilnahmen, warnten demnach durch Signale die Athener vor einem nächtlichen Angriff der persischen Flotte auf das ungeschützte Athen. Einen Marathonlauf erwähnt Herodot nicht. Er ist eine späte Erfindung und entsprechend variieren die Namen des angeblichen Läufers.

Anlass und Grund des Zuges

5.105 Als dem Großkönig Dareios gemeldet wurde, Sardes sei von den Athenern und Ioniern eingenommen und in Brand gesteckt worden, der Führer dieses Bundes aber, der dies alles angezettelt hatte, sei der Milesier Aristagoras gewesen, so soll er zuerst, als er es hörte, von den Ioniern gar keine Notiz genommen haben, weil er wohl wusste, dass diesen der Abfall nicht ungestraft hingehen werde, und nur gefragt haben, wer denn die Athener seien. Hernach aber, als er es erfahren hatte, soll er seinen Bogen verlangt, dann, als er ihn empfangen hatte, einen Pfeil angelegt und ihn aufwärts gegen den Himmel geschossen haben. Während er diesen in die Luft schoss, habe er ausgerufen: »Zeus, lass mich Rache nehmen an den Athenern.« Nach diesen Worten soll er einem seiner Diener aufgetragen haben, jedes Mal, wenn er sich zu Tisch setze, dreimal zu rufen: »Herr, gedenke der Athener.«
6.94 So hatte sich nun ein Krieg zwischen den Athenern und Aigineten entsponnen. Der Perser aber tat inzwischen auch das Seine, da ihn ja sein Diener beständig daran erinnerte, der Athener eingedenk zu sein. Auch die Peisistratiden setzten ihm zu und verleumdeten die Athener. Zugleich wünschte Dareios unter diesem Vorwand, diejenigen in Griechenland, die ihm Erde und Wasser verweigert hatten, zu unterwerfen.
[*aus:* Herodot 5.105, 6.94]

Als Grund gab er [Dareios] an, er führe mit den Athenern Krieg, weil die Ionier mit deren Hilfe Sardes erobert und die Besatzung getötet hätten.
[*aus:* Cornelius Nepos, *Miltiades* 4]

Die Rolle des Tyrannen Hippias

Als aber [der ehemalige athenische Tyrann] Hippias aus Sparta nach Asien gekommen war, setzte er alles in Bewegung, indem er die Athener bei Artaphernes verleumdete und alles aufbot, damit Athen unter seine und des Dareios' Herrschaft komme. Während Hippias dies betrieb, schickten die Athener, die dies erfahren hatten, Boten nach Sardes, weil sie nicht zulassen wollten, dass die Perser den Verbannten aus Athen Gehör schenkten. Artaphernes aber forderte sie auf, wenn sie sich retten wollten, den Hippias wieder bei sich aufzunehmen. Die Athener aber folgten der Aufforderung nicht, die ihnen überbracht wurde.
[*aus:* Herodot 5.96]

Hippias war noch drei Jahre [nach dem Attentat auf ihn] Tyrann in Athen und wurde im vierten von den Lakedaimoniern und den verbannten Alkmeoniden [Familie des Perikles] gestürzt. Unter freiem Geleit ging er nach Sigeion, dann zum [Tyrannen] Aiantides nach Lampsakos und von dort zum Großkönig Dareios. Von dort brach er 19 Jahre später, als er bereits ein alter Mann war, mit den Medern zum Feldzug nach Marathon auf.
[*aus:* Thukydides 5.59.4]

102. Auch war Marathon die am besten geeignete Ebene in Attika, um die Reiterei zu entfalten und auch sehr nahe bei Eretria; dorthin führte sie Hippias, des Peisistratos Sohn. [...]
107. Die Barbaren aber führte Hippias, des Peisistratos Sohn, nach Marathon, nachdem er in der vorangegangenen Nacht im Schlaf folgendes Traumgesicht gehabt hatte. Es kam ihm vor, als schlafe er mit seiner eigenen Mutter. Aus diesem Traum schloss er, er werde nach Athen zurückkehren, die Herrschaft wiedergewinnen und in seiner Heimat als Greis sterben. Diesen Schluss hatte er aus dem Traumgesicht gezogen. Damals aber, als er [die Perser] führte, brachte er zuerst die Sklaven von Eretria zur Insel der Styreer, die Aigilia heißt, dann ließ er die Schiffe, die zur Küste von Marathon gesteuert waren, dort ankern und stellte die Barbaren, als sie an Land gegangen waren, auf. Und während er mit diesen Anordnungen beschäftigt war, überkam ihn ein Niesen und Husten, weit stärker als gewöhnlich. Da er aber schon ein älterer Mann war, wackelten ihm die meisten Zähne, ja einer von diesen Zähnen fiel ihm sogar infolge des heftigen Hustens aus. Als er sich alle Mühe gab, diesen, der in den Sand gefallen war, wiederzufinden,

der Zahn aber nirgends zum Vorschein kam, da seufzte er auf und sprach zu den Umstehenden: Dieses Land ist nicht unser, und wir werden es auch nicht unterwerfen können; was aber mein Teil daran war, das hat jetzt der Zahn. 108. Hippias schloss nun daraus, dass sein Traumgesicht auf diese Weise in Erfüllung gegangen war.
[*aus:* Herodot 6.102, 107 f.]

Endlich wurde Hippias aus der Herrschaft vertrieben und in die Verbannung geschickt. Er brach zu den Persern auf und bot sich dem Dareios, der [...] gerade gegen die Athener Krieg führen wollte, als Anführer gegen seine eigene Vaterstadt an.
[*aus:* Justin (Pompeius Trogus) 2.9.7]

Vorbereitung des Krieges

6.48. Danach [die Insel Thasos gerät in persische Abhängigkeit] versuchte Dareios herauszufinden, was die Griechen im Sinne hätten, ob sie mit ihm Krieg führen oder sich ihm ergeben wollten. Er schickte nun Herolde durch ganz Griechenland – die einen dahin, die andern dorthin – mit dem Auftrag, für den Großkönig Wasser und Erde zu verlangen. Diese schickte er nun nach Griechenland, andere Herolde aber sandte er ebenso in die ihm tributpflichtigen, am Meer gelegenen Städte und forderte sie auf, Kriegsschiffe und Lastschiffe für den Transport von Pferden zu bauen.
49. Während diese nun [die Schiffe] ausrüsteten, gaben viele Bewohner des Festlandes den Herolden, die nach Griechenland gekommen waren, was der Perser verlangte. Insbesondere taten dies alle Inselbewohner, zu denen sie mit dieser Forderung gekommen waren. Neben den übrigen Inselbewohnern gaben insbesondere die Aigineten dem Dareios Erde und Wasser. Kaum aber hatten sie dies getan, wandten sich sogleich die Athener gegen sie, da sie meinten, die Aigineten hätten [Erde und Wasser] gegeben, um zusammen mit dem Perser Krieg gegen sie zu führen. Sie ergriffen daher gern die Gelegenheit und gingen nach Sparta, wo sie die Aigineten beschuldigten, mit dem, was sie taten, die Griechen zu verraten.
7.133 Nach Athen und Sparta hatte Xerxes keine Herolde geschickt, die Erde verlangen sollten, und zwar aus folgendem Grund: Als Dareios früher zu demselben Zweck Herolde geschickt hatte, so warfen sie die einen von denen, die die Forderung stellten, in den Abgrund, die anderen in einen Brunnen und hießen sie daraus Erde und Wasser dem Großkönig bringen.

Deswegen hatte Xerxes keine Herolde mit dieser Forderung geschickt. Was aber den Athenern für das, was sie den Herolden angetan, Unerwünschtes widerfuhr, vermag ich nicht anzugeben, abgesehen davon, dass ihr Land und ihre Stadt verwüstet wurden. Aber ich glaube nicht, dass es aus diesem Grund geschah.
[*aus:* Herodot 6.48–49, 7.133]

Der Feldherr Miltiades

1. Miltiades war der Sohn des Kimon aus Athen. Er war durch den alten Adel seiner Familie und durch die glänzenden Taten seiner Vorfahren berühmt, zeichnete sich aber auch durch ganz besondere Bescheidenheit vor allen anderen aus. Als er in ein Alter kam, dass seine Mitbürger nicht nur hoffen, sondern auch darüber gewiss sein konnten, er werde sich zu dem entwickeln, was sie in ihm schon zu erkennen glaubten, da ereignete es sich, dass die Athener die Aussendung einer Kolonie zur Chersones [Dardanellenhalbinsel] beschlossen. Die Zahl der entsprechenden Art Menschen war groß, denn viele wollten an dieser Neuansiedlung teilnehmen, und einige von ihnen wurden nach Delphi gesandt, um den Gott zu befragen, wer für die Leitung des Unternehmens der geeignetste Mann sei. Das Gebiet dort gehörte nämlich den Thrakern, und man wusste, es werde Kampf geben. Sie baten also um einen Spruch. Die Pythia nannte den Namen des Miltiades und befahl, ihn zum Führer zu nehmen: Dann nämlich werde ihr Vorhaben erfolgreich sein. Auf diese Antwort des Orakels hin segelte Miltiades mit einer auserlesenen Mannschaft zur Chersones [...]
2. Dort waren bald die Feinde zersprengt, das ganze Gebiet, das man zu nehmen beabsichtigt hatte, erobert, alle Plätze, die man geeignet fand, befestigt und die herangebrachte Masse der Siedler über das ganze Land verteilt. Durch häufige Beutezüge kam man zu Reichtümern, wobei Miltiades Verstand und Glück in gleichem Maß halfen. Nachdem er durch höchste Tapferkeit seiner Leute die feindlichen Heere besiegt hatte, ordnete er die Verhältnisse des neuen Staatswesens, wobei er ausgezeichneten Sinn für Gerechtigkeit an den Tag legte, und beschloss, selbst an Ort und Stelle zu bleiben. Denn wenn man ihn auch nicht als König bezeichnete, so hatte er doch das Ansehen eines solchen, weniger wegen seiner Rolle als militärischer Befehlshaber als wegen seiner Gerechtigkeit. Und da er nichtsdestoweniger auch der Stadt Athen, von wo er gekommen war, viele Dienste erwies, kam es, dass er seine fürstliche Stellung nicht nur mit der Zustimmung derer innehatte, mit denen er hergefahren war, sondern auch derer, die ihn geschickt hatten. [...]

3. Zu dieser Zeit beschloss Dareios, der persische König, ein Heer nach Europa überzusetzen und die Skythen anzugreifen [ca. 513]. Dort, wo er seine Truppen an das jenseitige Ufer zu bringen gedachte, baute er eine Brücke über die untere Donau. Zu deren Bewachung ließ er die Fürsten zurück, die er aus Ionien und aus der Aiolis mit sich hergeführt und von denen er jedem einzelnen in seiner Heimatstadt zeitlich nicht begrenzte Herrschergewalt verliehen hatte. War er doch der Ansicht, die Griechisch sprechende Bevölkerung am leichtesten unter seiner Gewalt halten zu können, wenn er seinen Anhängern die einzelnen Städte zur Beaufsichtigung übergäbe, weil diese im Fall seines Untergangs auch auf eine eigene glückliche Zukunft keine Hoffnung mehr haben könnten. Unter diesen nun war auch Miltiades an der Bewachung der Brücke beteiligt. Als aber die Boten immer wieder berichteten, Dareios werde von den Skythen bedrängt und es stehe schlecht um ihn, ermahnte er die Wächter, sie sollten doch nicht die Gelegenheit zur Befreiung Griechenlands, die sich jetzt biete, ungenutzt vorbeigehen lassen. Denn der Untergang des Dareios mit den Truppen, die er über den Fluss gesetzt habe, bringe nicht nur Sicherheit für Europa, auch die Griechen in Asien würden frei von der persischen Herrschaft und deren Gefahren sein. Man könne die Sache leicht bewerkstelligen, es brauche nur die Brücke abgebrochen zu werden. In wenigen Tagen müsse dann der Großkönig entweder durch die Waffen der Feinde oder am Hunger zugrunde gehen. Diesem Plan stimmten die meisten zu. Histiaios von Milet aber widersetzte sich der Durchführung und meinte, für sie selbst, die die oberste Gewalt in ihren Händen hielten, werde dies keineswegs einen Vorteil bringen, denn sie hätten nun einmal andere Interessen als die breite Masse. Stehe und falle doch ihre Macht mit der Oberherrschaft des Dareios. Denn wenn dieser einmal tot sei, dann werde man auch sie selbst aus ihrer Herrschaft verjagen und die eigenen Untertanen könnten jeden von ihnen bestrafen. Er habe daher eine ganz andere Ansicht als die übrigen und halte es für das weitaus Nützlichste, die persische Herrschaft zu stützen. Da sich nun die meisten wiederum diesem Vorschlag anschlossen, gab es für Miltiades keinen Zweifel, dass bei so vielen Mitwissern seine Anregungen dem König zu Ohren gelangen würden. Er verließ daher die Chersones und kehrte nach Athen zurück [wohl erst kurz vor 490].

[*aus:* Cornelius Nepos, *Miltiades* 1–3]

Der Zug des Datis und Artaphernes

94. Dareios nahm daher dem Mardonios, dem es auf seinem Zug so schlecht ergangen war, den Oberbefehl und ernannte andere Feldherren, die er gegen Eretria und Athen schickte, den Datis, der seiner Abkunft nach ein Meder war, und den Artaphernes, den Sohn des Artaphernes, seinen eigenen Neffen. Diesen trug er auf, als er sie dahin schickte, sie sollten die Einwohner von Athen und Eretria zu Sklaven machen und vor sein Angesicht führen.

95. Als diese von ihm ernannten Feldherren vom König aufgebrochen und in der aleischen Ebene in Kilikien eingetroffen waren, da stieß zu ihnen, während sie dort lagerten, die ganze Flotte, die zu stellen den einzelnen [Völkern] aufgetragen war. Es trafen auch die Schiffe zum Transport der Pferde ein, deren Bereitstellung Dareios schon im vorigen Jahr seinen Tributpflichtigen aufgegeben hatte. Nachdem sie die Pferde in die Schiffe geschafft und das Fußvolk gleichfalls hatten einsteigen lassen, fuhren sie mit 600 Dreiruderern nach Ionien. Von da an aber steuerten sie nicht längs des festen Landes in gerader Richtung zum Hellespont und nach Thrakien, sondern von Samos aus fuhren sie, an Ikaros vorbei, zwischen den Inseln hindurch, weil sie sich, wie ich mir denke, besonders vor der Fahrt um den Athos fürchteten, da sie im vorigen Jahre, als sie diese Route einschlugen, einen so großen Verlust erlitten hatten. Außerdem nötigte sie dazu auch Naxos, das noch nicht von ihnen eingenommen worden war.

96. Als sie sich aber vom Ikarischen Meer aus auf ihrer Fahrt der Küste von Naxos näherten – denn gegen diese Insel gedachten die Perser zuerst ihren Kriegszug zu richten –, flohen die Naxier, eingedenk der früheren Vorfälle, eilends ins Gebirge und hielten nicht stand. Die Perser aber machten diejenigen von ihnen, die sie ergreifen konnten, zu Sklaven und steckten dann die Tempel und die Stadt in Brand. Nachdem sie dies getan hatten, fuhren sie weiter zu den übrigen Inseln.

97. Während sie dieses taten, verließen die Einwohner von Delos ebenfalls ihre Insel und flohen eilends nach Tenos. Als nun die [persische] Flotte heransegelte, ließ Datis, der vorausgefahren war, die Schiffe nicht bei Delos vor Anker gehen, sondern jenseits davon bei Rhenaia. Er selbst aber schickte, als er erfahren hatte, wo die Delier sich befanden, einen Herold zu ihnen und ließ ihnen Folgendes sagen: »Ihr heiligen Männer, warum seid ihr so eilig geflohen und habt von mir eine so schlimme Meinung? Denn ich bin selbst so vernünftig, und zudem ist es mir vom König aufgetragen, das Land, in dem die beiden Götter [Apollon und Artemis] geboren sind, in keiner Weise zu schädigen, sowohl das Land selbst wie dessen Bewohner. Da-

rum kehrt wieder in eure Heimat zurück und bleibt auf der Insel wohnen.« Dies ließ er durch einen Herold den Deliern sagen. Hernach aber häufte er 300 Talente Weihrauch auf dem Altar auf und brachte ein Rauchopfer dar.

98. Nachdem Datis dies getan hatte, segelte er mit seinem Heer zuerst gegen Eretria. Dabei führte er auch Ionier und Aiolier mit sich. Sobald er aber von Delos abgefahren war, wurde die Insel von einem Erdbeben erschüttert. Wie die Delier angeben, war dies das erste und letzte Beben bis in meine Zeit. Und dies war wohl ein Vorzeichen, durch das der Gott den Menschen das Unglück, das da kommen sollte, offenbarte. Denn unter Dareios, dem Sohn des Hystaspes, und Xerxes, dem Sohn des Dareios, sowie Artaxerxes, dem Sohn des Xerxes, also während dieser drei einander folgenden Generationen widerfuhr Griechenland mehr Unglück als in den 20 anderen Generationen vor Dareios, teils vonseiten der Perser, teils aber auch von den [griechischen] Großmächten selbst, die um die Vorherrschaft Krieg führten. [...]

99. Als die Barbaren von Delos aufgebrochen waren, steuerten sie die [anderen] Inseln an. Von da nahmen sie Truppen mit und ergriffen als Geiseln die Söhne der Inselbewohner. Wie sie aber auf ihrer Fahrt zwischen den Inseln hindurch sich auch der Stadt Karystos näherten, deren Bewohner ihnen keine Geiseln gegeben und sich auch geweigert hatten, gegen benachbarte Städte – sie meinten damit Eretria und Athen – zu Felde zu ziehen, da belagerten sie diese und verwüsteten ihr Land, bis auch die Karystier sich den Persern ergaben.

100. Als die Eretrier erfuhren, dass das persische Heer gegen sie heransegelte, baten sie die Athener, ihnen zu Hilfe zu kommen. Die Athener versagten auch nicht ihren Beistand, sondern gaben ihnen die 4000 Mann, die das Land der »Rosseernährer« [Name für die dortigen Aristokraten] von Chalkis durch Los erhalten hatten, als Unterstützung. Aber die Eretrier konnten zu keinem vernünftigen Entschluss kommen, indem sie die Athener zwar zu sich riefen, aber zweierlei Meinungen hatten. Denn die einen von ihnen waren entschlossen, die Stadt zu verlassen und sich auf die Höhen von Euboia zu begeben, die anderen aber erwarteten eigene Vorteile vonseiten des Persers und bereiteten einen Verrat vor. Als nun Aischines, des Nothon Sohn, der unter den Eretriern zu den Ersten zählte, bemerkte, wie es auf beiden Seiten stand, legte er den ankommenden Athenern die ganze Lage, wie sie eben war, dar und ersuchte sie, sich in ihr Land zurückzuziehen. Die Athener folgten dem Rat des Aischines.

101. Sie setzten nach Oropos über und retteten sich auf diese Weise. Die Perser aber hielten auf ihrer Fahrt bei Tamynai, Choireai und Aigilia im

Gebiete von Eretria und luden, als sie diese Orte besetzt hatten, sogleich ihre Pferde aus und rüsteten sich zu einem Angriff gegen die Feinde. Die Eretrier jedoch fassten keinen Beschluss, hinauszuziehen und sich in einen Kampf einzulassen, sondern sie waren vielmehr darauf bedacht, wie sie ihre Mauern verteidigen könnten, nachdem die Ansicht durchgedrungen war, die Stadt nicht zu verlassen. Als nun ein heftiger Angriff gegen die Mauern entbrannte, fielen sechs Tage lang viele auf beiden Seiten, am siebten Tag aber verrieten Euphorbos, des Alkimachos Sohn, und Philagros, des Kyneas Sohn, zwei unter den Bürgern angesehene Männer, die Stadt an die Perser. Diese drangen in die Stadt ein und steckten, nachdem sie die Tempel geplündert hatten, diese als Vergeltung für die zu Sardes eingeäscherten Heiligtümer in Brand. Dann aber machten sie den Aufträgen des Dareios gemäß die Einwohner zu Sklaven. […]
119. Die zu Sklaven gemachten Eretrier aber führten Datis und Artaphernes, nachdem sie auf ihrer Fahrt Asien erreicht hatten, von da nach Susa. Nun hatte zwar der König Dareios, bevor die Eretrier gefangen genommen waren, einen gewaltigen Zorn auf sie, weil diese ihn zuerst beleidigt hatten, als er sie aber sah, wie sie zu ihm geführt wurden und in seiner Gewalt waren, tat er ihnen kein weiteres Leid an, sondern siedelte sie im kissischen Lande [heute die iranische Provinz Chuzestan] an. […] Hier siedelte der König Dareios die Eretrier an, die noch bis auf meine Zeit dieses Land innehatten und die alte Sprache bewahrten. Also verhielt es sich mit den Eretriern.
[*aus:* Herodot 6.94–101, 119]

Ach, wir verließen dereinst der Ägäis donnernde Woge,
und bei Ekbatana nun liegen wir mitten im Land.
Schöne eretrische Heimat, fahr wohl! Fahr wohl auch, Euboias Nachbar Athen!
Fahr wohl, du unsere Liebe – o Meer!
Aus Eretria sind wir, der Stadt auf Euboia, und liegen
nahe bei Susa, so fern, ach, von der heimischen Flut.
[*aus:* Platon, *Anthologia Graeca* VII 256, 259]

In der Forschung hält die Diskussion um die Echtheit der dem Philosophen Platon zugeschriebenen Epigramme an. Sicherlich ist die Mehrzahl von ihnen nicht authentisch.

Die Landung bei Marathon

102. Nachdem die Perser Eretria in die Gewalt bekommen hatten, verweilten sie dort nur wenige Tage und steuerten dann nach Attika. Dabei waren sie voller Ungeduld, weil sie glaubten, es mit den Athenern ebenso machen zu können, wie sie es mit den Eretriern gemacht hatten. Auch war Marathon die am besten geeignete Ebene in Attika, um die Reiterei zu entfalten und auch sehr nahe bei Eretria; dorthin führte sie Hippias, des Peisistratos Sohn.
103. Als dies die Athener erfuhren, so zogen sie eilends nach Marathon zur Verteidigung. Zehn Feldherren standen an ihrer Spitze, von denen der zehnte Miltiades war, dessen Vater Kimon, der Sohn des Stesagoras, vor Peisistratos, dem Sohn des Hippokrates, aus Athen hatte fliehen müssen. [...]
105. Zuerst nun schickten die Feldherren, als sie noch in der Stadt waren, einen Herold nach Sparta, und zwar den Philippides, einen Athener, der ein Schnellläufer war und dies als Beruf ausübte. [...]
106. Dieser Philippides [...] kam am zweiten Tag nach dem Aufbruch aus der Stadt der Athener nach Sparta. Dort angekommen sagte er Folgendes zur [spartanischen] Führung: »Lakedaimonier, die Athener bitten euch, ihr möget ihnen zu Hilfe kommen und nicht ruhig zusehen, wie die älteste unter den griechischen Städten in die Knechtschaft der Barbaren gerät, denn jetzt ist schon Eretria versklavt und Griechenland um eine angesehene Stadt ärmer geworden.« Also meldete er ihnen das, was ihm aufgetragen worden war. Sie beschlossen auch sofort, den Athenern Hilfe zu leisten, aber es war ihnen unmöglich, dies sogleich zu tun, weil sie das Gesetz nicht übertreten wollten. Es war nämlich der neunte Tag nach Monatsanfang. Am neunten Tage aber, sagten sie, könnten sie nicht ins Feld ziehen, solange der Monatskreis noch nicht voll sei.
107. Sie warteten nun auf den Vollmond. [...]
108. Den Athenern aber, die beim Heiligtum des Herakles aufgestellt waren, kamen die Plataier mit ihrer ganzen Heeresmacht zu Hilfe. Denn die Plataier hatten sich schon vorher unter den Schutz der Athener begeben und diese für sie bereits viele Mühen übernommen. [...]
109. Es waren aber die Ansichten der athenischen Feldherren geteilt. Die einen rieten von einem Kampf ab – sie seien nämlich zu wenige, um sich mit dem Heer der Meder in einen Kampf einzulassen – die anderen aber, und darunter auch Miltiades, verlangten ihn. Als nun die Meinungen geteilt waren und die schlechtere sich durchzusetzen begann, begab sich Miltiades – die elfte Stimme nämlich gehörte dem, der durch das Bohnenlos ins Amt des Polemarchen gelangt war [denn von alters her verliehen die Athe-

ner dem Polemarchen das gleiche Stimmrecht wie den Feldherren] – zu Kallimachos von Aphidnai, der damals Polemarch war, und sprach Folgendes zu ihm: »In deiner Hand liegt es nun, entweder Athen in Knechtschaft zu stürzen oder es zu befreien und dir ein Denkmal für alle Zeit zu hinterlassen, wie es nicht einmal [den Tyrannenmördern] Harmodios und Aristogeiton gelang. Denn die Athener sind jetzt in die größte Gefahr gekommen, seit die Stadt besteht. Beugen sie sich den Medern, so ist schon beschlossen, was sie erleiden werden, sobald sie an Hippias ausgeliefert sind. Siegt aber diese Stadt, so kann sie wohl die erste unter allen griechischen Städten werden. Wie dies nun geschehen kann und wie die Entscheidung über diese Dinge in deiner Hand liegt, will ich jetzt darlegen. Wir Feldherren, zehn an Zahl, sind in unseren Ansichten geteilt, da die einen den Kampf fordern, die andern davon abraten. Treten wir nun nicht in einen Kampf ein, so fürchte ich, dass große Zwietracht die Gedanken der Athener überkommt und so verwirrt, dass sie es mit den Persern halten werden. Beginnen wir aber den Kampf, noch bevor sich auch nur ein schlimmer Gedanke in manchen der Athener einnistet, so sind wir, wenn die Götter beiden Seiten gleiches [Glück] verleihen, imstande, den Sieg im Kampf zu erringen. Alles das liegt nun in deiner Hand und hängt von dir ab. Wenn du dich nämlich meiner Meinung zuneigst, so ist deine Heimat frei und unsere Stadt die Erste unter den Städten Griechenlands. Trittst du aber auf die Seite derer, die vom Angriff abraten, so wird das Gegenteil von all den aufgezählten Vorzügen eintreffen.«

110. Durch diese Worte brachte Miltiades den Kallimachos auf seine Seite, und da die Stimme des Polemarchen hinzugekommen war, stand der Entschluss zum Kampf fest. Danach traten diejenigen Feldherren, die für den Kampf eingetreten waren, den Oberbefehl – ein jeder an dem Tage, an dem ihm dieser zufiel – an Miltiades ab. Dieser nahm ihn zwar an, schritt aber nicht eher zum Kampf, als bis sein Tag des Oberbefehls gekommen war.

[*aus:* Herodot 6.102–110]

Unter solchen Umständen legte Datis, der von Dareios abgeschickt war, angeblich um die Athener zu bestrafen, weil sie Sardes verbrannt hatten, in der Tat aber, um Griechenland zu unterjochen, mit einer ganzen Flotte bei Marathon an und verwüstete die umliegende Gegend. Die Athener ernannten nun zu diesem Krieg zehn Feldherren, unter denen Miltiades das größte Ansehen hatte, Aristeides aber an Ruhm und Macht der Zweite war. Dieser trat wegen der Schlacht der Meinung des Miltiades bei und gab ihr dadurch ein großes Gewicht. Da sonst jeder Feldherr abwechselnd einen Tag das Kom-

mando führte, überließ er es, als die Reihe an ihn kam, freiwillig dem Miltiades, um seine Kollegen zu belehren, dass es nicht schimpflich, sondern ehrenvoll und heilsam sei, der Leitung verständiger und einsichtsvoller Männer zu folgen. So dämpfte er alle Eifersucht, ermunterte die anderen, immer nur der klügsten Meinung zu folgen, und vergrößerte durch die ungeteilte Amtsgewalt das Ansehen des Miltiades. Denn jeder entsagte nun dem Recht, für einen Tag zu kommandieren, und ordnete sich gern Miltiades unter.
[*aus:* Plutarch, *Aristeides* 5]

Die Feldherren des Großkönigs landeten auf Euboia, nahmen sofort Eretria, verschleppten alle Einwohner und schickten sie nach Asien zum Großkönig. Dann gingen sie nach Attika hinüber und führten ihre Truppen in die Ebene von Marathon, etwa zehn Meilen von Athen entfernt. Obwohl durch die unmittelbare Nähe solcher Gefahr in Angst versetzt, baten die Athener nur die Lakedaimonier um Hilfe und schickten einen Boten namens Pheidippos [bei Herodot Philippides] von der Berufsgruppe der Tagesläufer zu diesen, um zu melden, dass schnellste Hilfe vonnöten sei. In der Stadt selbst aber wählten sie zehn Strategen zur Führung des Heeres, unter ihnen Miltiades. Während unter diesen keine einheitliche Auffassung herrschte, ob man sich hinter den Mauern der Stadt verteidigen oder dem Feind entgegenziehen und in offener Feldschlacht kämpfen solle, bestand als einziger Miltiades mit allem Nachdruck darauf, man müsse möglichst schnell ins Feld rücken. Denn erst dann würden die Bürger wieder Mut fassen, weil sie sähen, dass man auf ihre Tapferkeit hoffe, die Feinde aber würden einen Teil ihres Selbstvertrauens einbüßen, wenn sie erkennen müssten, dass man mit so geringen Truppen überhaupt den Kampf gegen sie wage.
[*aus:* Cornelius Nepos, *Miltiades* 4]

Die Schlacht von Marathon

Der Beschluss des Miltiades [lautete], man müsse ausrücken.
[*aus:* Aristoteles, *Rhetorik* 3.10, 1411a (Der Beschluss zur Schlacht)]

111. Als nun die Reihe an [Miltiades] gekommen war, da stellten sich die Athener folgendermaßen zum Kampf auf: Den rechten Flügel führte der Polemarch Kallimachos, denn es war damals Brauch bei den Athenern, dass der Polemarch den rechten Flügel innehatte. Unter seiner Führung nun

folgten die Phylen, so wie sie gezählt wurden, in einer Reihe nacheinander; zuletzt waren die Plataier auf dem linken Flügel aufgestellt. Seit dieser Schlacht betet der attische Herold, wenn die Athener sich zu dem Fest, das alle vier Jahre stattfindet, versammeln und Opfer darbringen, auch für sie, indem er von den Göttern Gutes zugleich für die Athener und Plataier erfleht. Damals nun verhielt es sich mit der Aufstellung der Athener bei Marathon folgendermaßen. Das Heer nahm an seiner Front die gleiche Länge ein wie das medische Heer, aber die Mitte hatte nur eine geringe Tiefe, und hier war das Heer am schwächsten, während die beiden Flügel stark an Truppen waren.

112. Als sie aber aufgestellt waren und die Opfer günstig ausfielen, da stürzten die Athener, sowie der Befehl an sie ergangen war, im Laufschritt gegen die Barbaren vor. Es betrug aber der Zwischenraum nicht weniger als acht Stadien [ca. 1440 m]. Wie die Perser jene aber im Laufschritt herankommen sahen, rüsteten sie sich, sie zu empfangen. Sie hielten die Athener für ganz von Sinnen und selbstmörderisch, als sie bemerkten, wie gering sie an Zahl waren, und dazu noch im Laufschritt heraneilten, ohne allen Beistand von Reiterei und Bogenschützen. So dachten die Barbaren. Als aber die Athener dicht gedrängt mit den Barbaren in den Nahkampf kamen, hielten sie sich beeindruckend. Sie waren die Ersten unter allen Griechen, die wir kennen, die im Sturmschritt gegen den Feind anrückten und sie waren auch die Ersten, die den Anblick medischer Kleidung und so bekleideter Männer aushielten, während bis dahin allein schon der Name der Meder den Griechen, die ihn hörten, Schrecken einflößte.

113. Der Kampf bei Marathon dauerte lange Zeit. Im Zentrum des Heeres, wo die Perser selbst und die Saken aufgestellt waren, siegten die Barbaren. Dort nun siegten die Barbaren, indem sie die Reihen der Gegner durchbrachen und diese in das Land hinein verfolgten. Auf den beiden Flügeln aber siegten die Athener und die Plataier. Die Siegenden ließen den in die Flucht geschlagenen Teil der Barbaren fliehen, zogen aber dann ihre beiden Flügel zusammen und richteten den Kampf gegen diejenigen, die das Zentrum durchbrochen hatten. Hier siegten nun die Athener, verfolgten dann die fliehenden Perser und hieben sie zusammen, bis sie ans Meer kamen, Feuer anzündeten und die Schiffe in Brand zu setzen versuchten.

114. In dieser Schlacht kam zunächst der Polemarch Kallimachos ums Leben, der tapfer gekämpft hatte, ebenso aus der Reihe der Feldherren Stesilaos, des Thrasylaos Sohn. Ferner fiel hier Kynaigeiros, des Euphorion Sohn, als er die Verzierungen am Heck eines Schiffes erfasste und ihm mit einem Beil die Hand abgehauen wurde. Auch viele andere Athener von Rang und Namen fanden dort den Tod.

115. Auf solche Weise bekamen die Athener sieben Schiffe in ihre Hand, in den übrigen aber ruderten die Barbaren auf die hohe See hinaus, nahmen von der Insel, auf der sie sie zurückgelassen hatten, die Gefangenen von Eretria mit und segelten in der Absicht, vor den Athenern bei der Stadt anzukommen, um [Kap] Sunion herum.
Unter den Athenern erhob sich der Vorwurf, die Perser seien aufgrund einer Machenschaft der Alkmeioniden auf diesen Gedanken verfallen. Diese nämlich hätten eine Verabredung mit den Persern getroffen und, als diese sich bereits auf den Schiffen befanden, ein Zeichen mit einem Schild gegeben.
116. Die Perser segelten nun um [Kap] Sunion herum. Die Athener aber eilten, so schnell ihre Füße sie trugen, in die Stadt und sie kamen auch dort an, ehe die Barbaren angelangt waren. Sie schlugen, nachdem sie vom Heiligtum des Herakles bei Marathon gekommen waren, ihr Lager nun in einem anderen Heiligtum des Herakles auf, demjenigen in Kynosarges. Die Barbaren aber, die mit ihren Schiffen bereits auf der Höhe von Phaleron – damals der Hafen der Athener – erschienen waren, gingen auf hoher See vor Anker. Dann fuhren sie nach Asien zurück.
117. In dieser Schlacht bei Marathon fielen von den Barbaren an die 6400 Mann, von den Athenern 192. So viele fielen auf beiden Seiten. [...]
120. Von den Lakedaimoniern aber kamen nach dem Vollmond 2000 nach Athen. Sie hatten sich alle Mühe gegeben, noch zur rechten Zeit einzutreffen, sodass sie in nur drei Tagen von Sparta nach Attika gelangten. Obwohl sie nun erst nach der Schlacht eingetroffen waren, verlangten sie dennoch die Meder zu sehen. Sie gingen nach Marathon und schauten [sie] sich an. Danach lobten sie die Athener und ihre Tat und zogen wieder nach Hause.
[*aus:* Herodot 6.111–120]

Datis aber kehrte aus dem Pontos zurück und führte das medische Heer und verwüstete die Inseln und Griechenland. In Marathon aber trat ihm Miltiades entgegen, und [der] besiegt die Barbaren; und es fällt auch Datis selbst. Und sein Leichnam wird auf ihr Verlangen nicht den Persern gegeben.
[*aus:* Ktesias von Knidos FGrHist 688 F 13 § 18]

In der Schlacht selbst kam das Zentrum der Athener am meisten ins Gedränge, und die Barbaren leisteten hier der Leontischen und Antiochischen Phyle am längsten Widerstand. Auf dieser Seite standen auch Themistokles und Aristeides nebeneinander, denn jener war ein Leontide, dieser ein Antiochide, und beide stritten mit ausgezeichneter Tapferkeit. Endlich er-

griffen jedoch die Barbaren die Flucht und retteten sich auf ihre Schiffe. Als aber die Athener sahen, dass sie nicht nach den Inseln hin steuerten, sondern von Wind und Wellen nach dem Innern von Attika getrieben wurden, gerieten sie in Besorgnis, die Feinde möchten die von Verteidigern entblößte Stadt überrumpeln, und eilten sogleich mit neun Phylen nach Athen, welches sie auch noch am selben Tage erreichten.
[*aus:* Plutarch, *Aristeides* 5]

Die einzigen Verbündeten der Athener waren damals die Plataier, die 1000 Mann schickten. Durch deren Anmarsch erreichte das Heer eine Stärke von 10 000 Mann, eine Schar, die von wunderbarem Kampfeseifer erfüllt war. Miltiades aber stand aus diesem Grund in höherem Ansehen als seine anderen Kollegen, und auf seine Veranlassung hin führte man die Truppen aus der Stadt, worauf man an geeignetem Platz ein Lager schlug. Am nächsten Tag stellte man sich in bedecktem Gelände – verstreute Baumgruppen machten es unübersichtlich – zum Kampf, wobei man sich im Rücken durch Höhenzüge zu schützen suchte. Die Reiterei der Feinde würde durch Waldstriche an der Entfaltung gehindert sein. Datis sah zwar ein, dass die Geländeverhältnisse für sein Heer nicht günstig waren, nahm aber den Kampf gerne an, besonders da er es für wünschenswert hielt, die Entscheidung herbeizuführen, bevor die Lakedaimonier da sein würden. Er brachte daher 100 000 Mann Fußvolk sowie 10 000 Reiter in Stellung und begann den Kampf. Hier nun zeigten sich die Athener durch ihre Tapferkeit überlegen, warfen die zehnfache Zahl der Feinde und brachten diese so durcheinander, dass die fliehenden Perser nicht etwa in ihr Lager, sondern gleich zu den Schiffen eilten. Nichts lässt sich bis zum heutigen Tag an Großartigkeit mit dieser Schlacht vergleichen, denn niemals hat eine ähnlich kleine Schar derartige Massen zersprengt.
[*aus:* Cornelius Nepos, *Miltiades* 5]

Da nun die Athener Nachricht von der Ankunft des Dareios erhielten, erbaten sie von den Lakedaimoniern, die damals Verbündete Athens waren, Unterstützung. Als sie sahen, dass diese aus religiösen Gründen vier Tage zu Hause aufgehalten wurden, warteten die Athener die [versprochene] Hilfe nicht ab, sondern rückten, nachdem sie 10 000 Bürger zusammen mit 1000 Mann Hilfstruppen aus Plataiai rekrutiert hatten, gegen 600 000 Feinde auf die Ebene von Marathon zur Schlacht aus. Miltiades war sowohl der Heerführer als auch derjenige, der für den Beschluss verantwortlich war, nicht auf das Hilfskorps zu warten: Er besaß so große Siegeszuversicht, dass er mehr Hilfe in der Schnelligkeit als in den Verbündeten zu sehen glaubte. Groß war

also unter denen, die in die Schlacht zogen, die Kampfeslust, sodass sie, als der Abstand zwischen den beiden Schlachtreihen nur noch 1000 Schritte betrug, im Laufschritt gegen die Feinde stürmten, bevor diese ihre Pfeile abschossen. Und diesem Mut fehlte es nicht an Erfolg. Es wurde nämlich mit so großer Tapferkeit gekämpft, dass man hätte meinen können, auf der einen Seite stünden Männer, auf der anderen Schlachtvieh. Besiegt flüchteten sich die Perser zu ihren Schiffen, von denen viele versenkt, viele gekapert wurden. In dieser Schlacht war die Tapferkeit einzelner Männer so groß, dass sich schwer entscheiden ließ, wem das höchste Lob gebührte. Doch fiel unter allen Übrigen der Ruhm des jungen Themistokles ins Auge, an dem schon damals die Anlage zu seinem künftigen Rang als Feldherr sichtbar wurde. Aber auch Kynaigeiros, ein athenischer Schwerbewaffneter, wurde von den Historikern mit hohem Lob gerühmt. Nachdem dieser eine große Zahl Gegner im Kampf erschlagen und die fliehenden Feinde zu den Schiffen zurückgetrieben hatte, hielt er ein Lastschiff mit der Hand fest und ließ nicht eher los, als bis er diese verlor. Und dann, als ihm die rechte Hand abgeschlagen worden war, fasste er mit der linken zu, und als er auch diese verloren hatte, hielt er das Schiff schließlich mit seinen Zähnen fest. Eine so große Tapferkeit habe ihn beseelt, dass er nicht vom Töten so vieler Menschen ermüdet, nicht vom Verlust beider Hände entmutigt wurde und zuletzt – verstümmelt bis auf den Rumpf – einem wilden Tier ähnlich mit den Zähnen kämpfte. In dieser Schlacht bzw. durch Schiffshavarie verloren die Perser zweihunderttausend Mann. Gefallen ist auch Hippias, der Tyrann von Athen, Auslöser und Anstifter dieses Krieges: So bestraften ihn die Götter als Rächer der Vaterstadt.
[*aus:* Justin (Pompeius Trogus) 2.9]

Als Datis in Attika eingefallen war, erstiegen die Ionier, so wird behauptet, nach seinem Weggang Bäume und gaben den Athenern Zeichen, dass die Reiterei fern sei. Miltiades habe die Bedeutung ihres Abzuges erkannt, infolgedessen eine Schlacht geliefert und den Sieg errungen.
[*aus:* Suda s. v. Χωρὶς ἱππεῖς]

Chronologie

Aber am 6. des Boedromion (September/Oktober) feiert die Stadt noch jetzt den Sieg bei Marathon.
[*aus:* Plutarch, *Ob die Athener im Kriege oder der Weisheit berühmter waren* 7 (*Moralia* 349E)]

Nach der Schlacht

Aristeides wurde mit seiner Phyle bei Marathon zur Bewachung der Gefangenen und der Beute zurückgelassen und enttäuschte auch hier nicht die gute Meinung, die man von ihm hatte. Denn obwohl viel Gold und Silber herumlag, auch die Zelte und eroberten Schiffe mit allerlei Kleidern und ungeheuren andern Reichtümern angefüllt waren, gelüstete es doch weder ihn selbst, etwas davon anzurühren, noch gestattete er es den anderen, außer wenn einige ohne sein Wissen etwas auf die Seite brachten. Unter diesen befand sich auch Kallias, der Fackelträger. Einer der Barbaren fiel, wie man erzählt, vor ihm nieder, weil er ihn wegen des Haares und der Hauptbinde für einen König ansah. Nachdem ihm der Perser seine Ehrfurcht bezeigt hatte, fasste er ihn bei der Hand und zeigte ihm eine große Menge Goldes, die in einer Zisterne versteckt war. Kallias aber zeigte sich dabei als der grausamste und ungerechteste Mensch, schaffte das Gold weg und tötete den Mann, damit er die Sache nicht verraten könne. Aus diesem Grunde sollen alle, die zu seinem Haus gehörten, von den Komikern »die Zisternenreichen« genannt worden sein, mit einer spöttischen Anspielung auf den Ort, an dem Kallias seinen Reichtum gefunden hatte.
[*aus:* Plutarch, *Aristeides* 5]

(A) [Die A]then[er (haben dies) dem Apollon Pythi]os als Er[stlingsgaben der Schlacht bei Marathon (geweiht);] v[on den Medern]
[Inschrift aus dem Jahr 490: Weihung Athens für den Sieg bei Marathon]

Fragmente einer Kalksteinbasis vom Schatzhaus der Athener in Delphi. s. HGIÜ I 19

[Kallimachos hat mich ge]weiht, der Aphidnaie[r], der Athena, | [den] Bo[ten der Unsterblichen, die Olympische Häuser] bewohnen, | [– (der als?) Pole]marcho[s] der Athener im Kampf | von Marathon (?) –] | den Söhnen der Athener [–]
[Inschrift aus dem Jahr 490/89 (Weihung des Kallimachos)]

Fragmente einer ionischen Marmorsäule von der Akropolis. s. HGIÜ I 18 f.

Der Helm des Miltiades in Olympia

Miltiades hat [ihn] dem Zeus geweiht.
Aufschrift auf einem Bronzehelm, der im Stadion von Olympia gefunden wurde. Vermutlich wurde er von Miltiades in der Schlacht getragen.
[Inschrift aus dem Jahr 490 (Weihung des Miltiades)]

Hier haben Söhne Athens die Scharen der Perser vernichtet
und vom heimischen Land bittre Versklavung gewehrt.
[*aus:* Anonym, *Anthologia Graeca* VII 257]

Der Nachruhm des Miltiades

Angebracht scheint es auch, zu berichten, welchen Lohn man Miltiades für diesen Sieg zusprach. Denn hieraus lässt sich besonders deutlich erkennen, dass im Grunde ihres Wesens alle Staaten gleich sind. Wie wir feststellen können, waren ähnlich wie beim römischen Volk auch bei den Athenern die Auszeichnungen spärlich, schlicht und deshalb besonders ehrenvoll. Denn diesem Miltiades, der Athen und damit ganz Griechenland gerettet hatte, wurde als Ehrung lediglich zuerkannt, dass man auf dem Schlachtgemälde in der sogenannten Bunten Halle seine Gestalt unter den zehn Feldherrn besonders hervorhob und ihn darstellte, wie er die Soldaten ermahnte und das Zeichen zum Kampf gab.
[*aus:* Cornelius Nepos, *Miltiades* 6]

Die Marathonkämpfer *(Marathonomáchai)*

Amphitos: Da lauf' ich her, den Friedenswein
Dir abzuliefern, wittert ihn ein Trupp
Acharner, alte bärt'ge Kohlenbrenner,
Derbknorrige Bengel, Kerls, die mit gewesen
Bei Marathon; die schreien: ›Frieden bringst
Du, Schurke, mit dem Feind, der unsre Reben
Zerstört?‹
Zweiter Halbchor
Ja, ist es nicht Sünd', einen alten grauen
Mann zu verderben im Richtersaal, der sich einst wacker gehalten
Und von der glühenden Stirne gar oft männlichen, sauren Schweiß sich gewischt,
Der bei Marathon gefochten tapfer für das Vaterland?

Ja, bei Marathon, da hetzten wir die Feinde, während jetzt
Uns die bösen Buben hetzen.
[*aus:* Aristophanes, *Acharner* 177–182, 692–699]

Der Komödiendichter Aristophanes macht sich im Jahr 425 über die Veteranen lustig, die 65 Jahre nach der Schlacht die Athener noch immer mit ihren Kriegserlebnissen belu(ä)stigen.

Die Nemesis-Statue in Rhamnous

Gegen 60 Stadien [ca. 14–15 km] von Marathon entfernt auf der Küstenstraße nach Oropos liegt Rhamnous. Die Häuser am Meer gehören den Menschen, etwas vom Meer entfernt oberhalb liegt das Heiligtum der Nemesis, die von allen Göttern am unerbittlichsten gegen Frevler ist. Auch gegen die bei Marathon gelandeten Barbaren scheint sich der Zorn der Göttin gerichtet zu haben; sie wähnten nämlich, es sei eine Kleinigkeit für sie, Athen zu erobern, und brachten daher bereits parischen Marmor mit zur Herstellung des Siegesmals, als ob der Sieg bereits errungen sei. Diesen Block verarbeitete Pheidias zur Statue der Nemesis.
[*aus:* Pausanias 1.33.2]

Nemesis
Mich, den schneeweißen Marmor, brach einst ein persischer Steinmetz
mit der Schärfe des Stahls aus einem wachsenden Fels.
Dann durchfuhr ich die See, um ein Standbild zu werden,
das den endlichen Sieg über die Athener bezeugt.
Doch als Marathons Blitz in die flüchtigen Perser hineinschlug,
kehrten auf blutigem Meer ihre Geschwader zurück,
Und nun schuf mich Athen, die Mutter der Helden, zur Göttin
Adrasteia, die feind menschlichen Übermuts ist. Nemesis bin ich
für die Assyrer, jedoch Siegessymbol für Athen.
Das Kultbild in der Cella des Tempels wird dem Pheidias-Schüler Agorakritos von Paros zugeschrieben.
[*aus:* Theaitetos Scholastikos, *Anthologia Graeca* 16.221]

Adrasteia (»Unentrinnbare«) ist ein Beiname der Nemesis.

Das Marathon-Bild in der Stoa Poikile

Die Plataier waren ja die Einzigen, die uns bei Marathon zu Hilfe kamen, als Datis, der Feldherr des Königs Dareios, von Eretria herübergekommen war, sich Euboia unterworfen hatte und nun mit ungeheurer Heeresmacht alles verwüstend in unser Gebiet eindrang. Heute noch stellt das Gemälde in der Stoa Poikile ein Denkmal ihrer Rechtschaffenheit dar. Es ist nämlich auf dem Gemälde ausgedrückt, wie sie sich allesamt mit ihren boiotischen Helmen beeilten, so schnell wie möglich zu Hilfe herbeizukommen.
[*aus:* Apollodor, *Rede gegen Neaira* (Ps-Demosthenes 59.94)]

Das letzte der Gemälde [in der Stoa Poikile] sind die Marathonkämpfer; von den Boiotiern die Plataier und das attische Heer kämpfen mit den Barbaren. Und hier ist dargestellt, wie die Schlacht noch unentschieden auf beiden Seiten ist, im inneren Teil des Schlachtgemäldes dann die Barbaren, die fliehen und sich gegenseitig in den Sumpf stoßen. Am äußersten Rande des Bildes sieht man die phoinikischen Schiffe, und wie die Griechen die Barbaren töten, die in diese Schiffe flüchten wollen. Da ist auch der Heros Marathon gemalt, nach dem die Ebene heißt, und Theseus wie einer, der aus der Erde aufsteigt, und Athena und Herakles. Bei den Marathoniern wurde nämlich, wie sie selbst sagen, Herakles zuerst als Gott angesehen. Von den Kämpfenden sind in dem Gemälde vor allem kenntlich Kallimachos, der zum athenischen Polemarchen gewählt war, und Miltiades von den Strategen und der Heros Echetlos, den ich später noch erwähnen werde.
[*aus:* Pausanias 1.15.3]

Panainos, ein Bruder des Pheidias, hat auch die Schlacht der Athener gegen die Perser bei Marathon gemalt. So sehr schon hatte sich der Gebrauch der Farben verbreitet und so sehr schon hatte die Kunst sich vollendet, dass er die Feldherren in dieser Schlacht wie nach dem Leben dargestellt haben soll, nämlich von den Athenern den Miltiades, Kallimachos und Kynaigeiros und von den Barbaren den Datis und Artaphernes.
[*aus:* Plinius, *Naturgeschichte* 35.57]

Kritik an den Athenern

Aus Theopomps 25. Buch seiner *Philippiká:* [der] hellenische Eid, den die Griechen nach Angabe der Athener vor der Schlacht bei Plataiai gegen die Barbaren schworen, sei gefälscht, ebenso der Vertrag der Athener mit dem König [Dareios] [gegen die Griechen]; und auch die Schlacht bei Marathon sei nicht, wie alle es rühmend erzählen, vonstattengegangen »und alle möglichen anderen Ereignisse«, sagt er, »mit denen die Stadt der Athener die Griechen sich großtue und die Griechen betrüge.«
[*aus:* Theopomp FGrHist F 153]

Der Historiker Theopomp, der zeitweilig am Hof Philipps II. (383–336 v. Chr.) von Makedonien lebte, kritisiert in seinen monumentalen *Philippiká* (Philippische Geschichte) notorisch die Athener.

Kritik an Miltiades

Den Miltiades aber, den Sieger bei Marathon, hatten sie schon beschlossen, in der Grube umkommen zu lassen, und wäre nicht die Anordnung des Prytanen gewesen, so würde er auch (E) hineingekommen sein. Und doch würde diesen, wären sie so vortrefflich gewesen, wie du behauptest, dergleichen nicht begegnet sein.
[*aus:* Platon, *Gorgias* 516D f.]

Der Philosoph Platon kritisiert Miltiades (sowie Themistokles, Kimon und Perikles) wegen ihres Umgangs mit dem Demos. Die »Grube« ist das Barathron, eine Felsschlucht außerhalb der Mauerns Athens, in die verurteilte Verbrecher gestürzt wurden. Die Prytanen sind der geschäftsführende Ausschuss des Rates.

Die Schlacht bei den attischen Rednern des 4. Jahrhunderts

Als aber später der König gegen Griechenland zu Felde zog und man den Umfang der bevorstehenden Gefahren und der Zurüstung des Königs in Erwägung zog, beschlossen sie, die Verbannten wieder aufzunehmen, den Ehrlosen die bürgerlichen Rechte wiederzugeben und Rettung und Gefahren gemeinsam zu teilen. Indem sie dies taten und sich einander Zusicherungen und feierliche Eidschwüre leisteten, wurden sie vor allen Griechen der Ehre gewürdigt, den Barbaren bei Marathon entgegenzutreten, weil man glaubte, dass ihre Tapferkeit genügen werde, der zahllosen Menge der

Feinde zu widerstehen. So kämpften sie und siegten, befreiten Griechenland und retteten ihr Vaterland.
[*aus:* Andokides, *Rede über die Mysterien* 1.107]

Der Redner Andokides (ca. 440–nach 391 v. Chr.) bringt in seiner Rede aus dem Jahr 399 bewusst oder unwissend die Ereignisse von 490 und 480 durcheinander.

21. Der König Asiens nämlich, nicht zufrieden mit der Macht, die er besaß, sondern in der Hoffnung, auch Europa unterwerfen zu können, rüstete ein Heer von fünfhunderttausend Mann aus. Weil die Barbaren nun glaubten, wenn sie unsere Stadt entweder mit deren Einwilligung zur Verbündeten machten oder sie mit Gewalt unterwürfen, würden sie auch leicht der übrigen Griechen Herr werden, landeten sie bei Marathon und wähnten, wenn sie, solange Griechenland noch über die Frage, wie man sich gegen den andringenden Feind verteidigen solle, in Parteien geteilt sei, den Kampf wagten, so würden die Griechen am ehesten von Bundesgenossen entblößt dastehen. [...]
25. Sie zeigten sich als tapfere Männer [...] und errichteten gleich an den Grenzen ihres Landes zur Ehre von ganz Griechenland Siegeszeichen über die Barbaren, die aus Habsucht in fremdes Land eingefallen waren.
26. Sie [die Athener] bestanden den Kampf in so kurzer Zeit, dass dieselben Boten den anderen die Nachricht von der Ankunft der Barbaren in unserem Land und von dem Siege unserer Vorfahren brachten.
[*aus:* Lysias, *Epitaphios* 21–26]

Der athenische Redner Lysias (ca. 450–380 v. Chr.) verherrlicht in seiner Grabrede auf die Gefallenen des sog. Korinthischen Krieges gegen Sparta (395–386 v. Chr.) die Vergangenheit seiner Heimatstadt.

Versetzt euch nun im Geist in die Stoa Poikile [»Bunte Halle«], denn hier auf der Agora sind die Erinnerungszeichen an alle eure Heldentaten aufgestellt. Was will ich damit sagen, Athener? Dort befindet sich unter anderen ein Gemälde von der Schlacht von Marathon. Wer also war dort Feldherr? So befragt, würdet ihr alle antworten: »Miltiades!«, und doch steht sein Name nicht dabei. Wie? Verlangte er denn nicht diese Gunst? Freilich, doch das Volk gewährte sie ihm nicht, sondern genehmigte bloß, dass er, statt seinen Namen beizufügen, an der Spitze des Heeres sich malen lasse, und zwar in dem Moment, in dem er zu den Soldaten sprach.
[*aus:* Aischines, *Rede gegen Ktesiphon* 3.186]

Eure Vorfahren, ihr Männer, hörten solchen Dichtungen zu und strebten danach, solche Taten nachzuahmen. Auf diese Weise besaßen sie eine solche Tapferkeit, dass sie bereit waren, nicht nur für ihr eigenes Vaterland, sondern für ganz Griechenland als ihr gemeinsames Vaterland zu kämpfen. Als sie sich in Marathon zur Schlacht gegen die Barbaren aufstellten und den Heerzug aus ganz Asien besiegten, da haben sie unter Einsatz ihres eigenen Lebens die allgemeine Sicherheit für alle Griechen erworben.
[*aus:* Lykurg, *Rede gegen Leokrates* 104]

Der Redner Lykurg hielt diese Rede im Jahre 331 v. Chr. und beschwört mit dem Beispiel Marathon die Einheit der Athener (und der Griechen) gegen Alexander den Großen.

Der Marathonläufer

Die Zeit, in der der Gebrauch der Formel »*chaîre*« oder »*chaírete*« enger eingeschränkt wurde, wird durch die Anekdote vom Läufer *(Hemerodrómos)* Philippides bezeichnet, der den Sieg bei Marathon den versammelten und wegen des Ausgangs der Schlacht bekümmerten Archonten [gemeint sind Prytanen] mit diesen Worten ankündigte: »Freut euch! Wir siegen« *(Chaírete! Nikômen!)* und, sobald er sie ausgesprochen hatte, tot niederfiel und also seinen letzten Atem auf diese fröhliche Botschaft verwendet hatte.
[*aus:* Lukian, *Schutzrede für einen Fehler beim Grüßen* 3]

Die Nachricht von der Schlacht bei Marathon überbrachte, wie Herakleides Pontikos berichtet, Thersippos aus [dem Demos] Erchia; die meisten aber behaupten, es sei Eukles gewesen, der in voller Rüstung, noch erhitzt vom Kampf, gelaufen sei und der, kaum dass er das Prytaneion [Rathaus] erreicht hatte, nur noch sagen konnte: »Freut euch, auch wir freuen uns«, danach aber sogleich sein Leben ausgehaucht habe. Er hatte in der Schlacht, aus der er die Nachricht brachte, selbst mitgekämpft.
[*aus:* Plutarch, *Ob die Athener im Kriege oder in der Weisheit berühmter waren* 3 (*Moralia* 347C)]

Die Nachricht von der Schlacht von Marathon überbrachte [...] Thersippos; die meisten sagen aber, es sei Eukles gewesen, der mit den Waffen lief, und – noch erhitzt vom Kampf – das Rathaus erreichend nur noch sagen konnte: »Freut Euch, wir haben gesiegt«, dann sei er sofort gestorben. Er

Grabhügel von Marathon

kam als Augenzeuge in der Schlacht, in der er selbst gekämpft hatte, nicht irgendein Ziegen- oder Schafhirte, der auf einem Hügel ein ferner Beobachter des Kampfes war.
[*aus:* Pausanias 1.32. 4]

Marathon als Denkmal

Bevor ich mich der Beschreibung der Inseln zuwende, will ich noch einmal auf die Landgemeinden *(Dêmoi)* zu sprechen kommen. Es gibt einen Demos Marathon, der gleich weit von der Stadt Athen entfernt ist wie von Karystos auf Euboia. Hier landeten die Barbaren, wurden in der Schlacht besiegt und verloren bei der Abfahrt auch einige Schiffe. In der Ebene befindet sich ein Grab der Athener, und darauf stehen Stelen mit den Namen aller Gefallenen nach ihren Phylen, ferner ein anderes Grabmal der Plataier aus Boiotien und eines für die Sklaven; denn damals kämpften zuerst auch Sklaven mit. Und dann ist da das besondere Grabmal eines Mannes, des Miltiades, des Sohnes des Kimon, dessen Tod später fiel, nachdem er bei Paros gescheitert und deshalb von den Athenern vor Gericht gezogen war. Hier hört man jede Nacht Pferde wiehern und Männer kämpfen.
[*aus:* Pausanias 1.32.3–4]

Zwischen den Kriegen

Zwischen den Schlachten von Marathon und Salamis, die über Athens Schicksal entschieden, lag ein Jahrzehnt, in dem die Grundlage für die dominierende Stellung der Stadt in der Mitte des 5. Jahrhunderts gelegt wurde. Der Weg dorthin verlief jedoch nicht geradlinig. Dem Sieg von Marathon folgte mit der Überschätzung eigener Kräfte der schnelle Rückschlag. Miltiades' Versuch, aus dem Erfolg schnellstens Kapital (durchaus im Sinne der Wortes) zu schlagen – der Feldherr versprach, »Gold in Fülle« nach Athen zu schaffen – und gleichzeitig den eigenen Einfluss zu erhöhen, misslang. Ein Angriff auf die Kykladeninseln mit dem Ziel der Tributerhebung scheiterte im Frühsommer 489 am entschlossenen Widerstand der Insel Paros. Miltiades selbst wurde verwundet, seine Feinde in Athen, unter ihnen vor allem die Familie der Alkmeoniden, die ihn schon verfolgten, seit er 494/93 (oder wahrscheinlich später) auf der Flucht vor den Persern von seinen Besitzungen auf der thrakischen Chersones nach Athen zurückgekehrt war, strengten einen Prozess wegen Hochverrats gegen ihn an. Er wurde zur hohen Geldstrafe von 50 Talenten verurteilt, starb aber noch, bevor er sie bezahlen konnte, an seiner Verletzung. Mit seinem Tod wurde mittelfristig der Weg für Themistokles und seine Seemachtpläne frei.

Die Weichen für einen Aufstieg Athens, das nach der 50-jährigen Tyrannis der Peisistratiden (561–510) in seiner Entwicklung gegenüber anderen Poleis zurückgeblieben war, waren aber schon am Ende des vergangenen Jahrhunderts gestellt worden. Es brauchte freilich Zeit, bis die politischen und militärischen Neuerungen wirkten. Im Jahre 503/502 wurde ein bis zum Ende der athenischen Demokratie (322 v. Chr.) gültiger Eid eingeführt, der die Ratsherrn auf das Volk verpflichtete. Wenig später werteten die Athener das Feldherrnamt auf. Die zehn Strategen wurden nun nicht mehr allein von derjenigen Phyle gewählt, deren militärisches Aufgebot sie jeweils anführten, sondern vom gesamten Demos. Infolge einer weiteren Reform etwa im Jahre 487/86, nach der die bisher ranghöchsten Beamten, die neun Archonten, nun in einem kombinierten Wahl-Los-Verfahren ermittelt wurden, stiegen die Strategen allmählich zu den bestimmenden Magistraten auf, denn dieses Amt konnte Jahr für Jahr bekleidet werden, ohne dass der Zufall des Loses entschied.

Aktuell wirkte sich bereits ein politisches Instrument aus, das ein Athener Adliger namens Kleisthenes etwa 507 geschaffen hatte, um eine neuerliche Tyrannis zu verhindern. Das Scherbengericht (Ostrakismos) richtete sich zunächst gegen adlige Konkurrenten im innerathenischen Machtkampf – nur wer die Geldmittel und den Einfluss eines Aristokraten hatte, konnte ostrakisiert werden –, nach Einrichtung der Demokratie im Gefolge

der Perserkriege diente es dem Volk als Mittel zur Kontrolle der Adligen, bis es zum Mittel des Parteienkampfes verkam und abgeschafft wurde.
Zunächst blieb der neu geschaffene Ostrakismos nur eine Drohung. Zwei Jahrzehnte lang verzichteten die Athener darauf, ihn anzuwenden. Möglicherweise war es erst die persische Gefahr, die sie veranlasste, auf dieses Instrument zurückzugreifen. Der Erste, der mittels des Scherbengerichts verbannt wurde, war jedenfalls ein Mann aus der in Athen zurückgebliebenen Familie der Peisistratiden, und dies hatte wohl mit der bei Marathon gescheiterten Rückführung des Tyrannen Hippias zu tun. Auch die zwei in den beiden folgenden Jahren durchgeführten Verfahren richteten sich gegen Adlige, die der Zusammenarbeit mit den Persern verdächtigt wurden. Bei der Verbannung des Aristeides im Jahre 483/82 spielte dagegen offensichtlich der Streit um die richtige Strategie gegenüber einem befürchteten Angriff der Perser eine Rolle. Sieger in dieser innenpolitischen Auseinandersetzung war Themistokles, der nun – jährlich gewählt – von 483 bis 480 das Strategenamt bekleidete. Die Geschichte machte ihn zum Sieger von Salamis und entsprechend sah sie alle seine Maßnahmen aus dieser Perspektive. Formuliert hat das als Erster Thukydides, für den Themistokles zum Architekten des Athenischen Reiches wurde. Auch Herodot verbindet seinen Namen mit dem Flottenbau, der Athen erst zur Seemacht werden ließ. Inwieweit aber allein die Verteidigung gegen eine mögliche persische Invasion das Motiv für ihn war, lässt sich nicht sagen. Im doppelten Sinne näher lag die Aufrüstung gegen den benachbarten Erzfeind, die Insel Aigina.
Die Gelder für die Schiffe kamen nicht zuletzt aus den Silberminen im Südosten Attikas, auch die Reichen wurden zur Kasse gebeten. Nach Herodot wurden 200 Trieren neu gebaut. Richtiger liegt vielleicht der Atthidograph Androtion, auf den Aristoteles sich in seinem *Staat der Athener* stützt. Bei ihm schrumpft die Zahl auf die Hälfte.

Die Paros-Fahrt des Miltiades

132. Nach dem Sieg bei Marathon stieg Miltiades, der schon vorher bei den Athenern in Ansehen stand, noch weit mehr in der Achtung und so bat er die Athener um 70 Schiffe, um ein Heer und um Geld, ohne ihnen anzugeben, gegen welches Land er zu Felde ziehe, sondern nur erklärend, er werde sie reich machen, wenn sie ihm folgten. Er werde sie nämlich gegen ein Land führen, woher sie mit Leichtigkeit Gold in Fülle nach Hause bringen könnten. Mit dieser Erklärung verlangte er die Schiffe. Die Athener ließen sich verleiten und bewilligten sie ihm.
133. Miltiades übernahm das Heer und fuhr damit unter dem Vorwand nach Paros, dass die Parier zuerst gemeinsam mit den Persern mit einem Dreiruderer nach Marathon gekommen seien. Es war dies nur ein Vorwand, den er angab, tatsächlich hatte er vielmehr einen Groll gegen die Parier we-

gen Lysagoras, des Teisias Sohn, der seiner Herkunft nach ein Parier war und ihn bei dem Perser Hydarnes verleumdet hatte. Als nun Miltiades mit seinem Heer bei der Insel, zu der er fuhr, angekommen war, begann er die Belagerung von Paros, dessen Bewohner sich innerhalb der Mauern eingeschlossen hatten, und schickte einen Herold in die Stadt mit einer Forderung von 100 Talenten und der Erklärung, wenn sie ihm diese nicht geben wollten, so werde er sein Heer nicht eher wegführen, als bis er die Stadt eingenommen habe. Die Parier aber dachten gar nicht daran, dem Miltiades auch nur einen Heller Geld zu geben, sondern sannen vielmehr auf Mittel, die Stadt zu verteidigen. [...]

134. Bis hierher nun lauten die Angaben aller Griechen gleich, von da an aber geben die Parier selbst folgende Darstellung. Als Miltiades nicht weitergewusst habe, sei eine gefangene Frau zu einer Unterredung zu ihm gekommen. [...] Als sie nun vor Miltiades erschien, soll sie ihm den Rat gegeben haben, wenn ihm so viel daran gelegen sei, Paros einzunehmen, so solle er das tun, was sie ihm vorschlage. Darauf habe sie ihren Rat gegeben, Miltiades aber sei [Lücke im Text Herodots], als er zu dem Hügel vor der Stadt gekommen sei, über die Einfriedung des Heiligtums der Demeter gesprungen, weil er die Türen nicht zu öffnen imstande war. Nach diesem Sprung sei er dann zum Tempelhaus gegangen, um irgendetwas im Innern zu tun, sei es, dass er etwas von dem, was unverrückbar sein sollte, wegbringen oder, ich weiß nicht, sonst etwas tun wollte. Und wie er an der Tür war, habe ihn plötzlich ein Schauder überkommen und er sei schleunigst denselben Weg zurückgegangen. Als er aber von der Umfassungsmauer sprang, habe er sich den Oberschenkel verletzt; einige behaupten dagegen, er sei mit dem Knie aufgeschlagen.

135. Miltiades segelte nun, da er krank war, wieder zurück, ohne Geld für die Athener mitzubringen und ohne Paros erobert zu haben, nachdem er es 26 Tage belagert und die Insel verheert hatte. [...] 136. Die Athener aber zerrissen sich den Mund über den aus Paros zurückgekehrten Miltiades. Unter den Übrigen war es insbesondere Xanthippos, der Sohn des Ariphron, der Miltiades vor dem Volksgericht auf Leben und Tod anklagte, weil er die Athener betrogen habe. Miltiades war zwar selbst anwesend, verteidigte sich aber nicht, denn er war nicht imstande, es zu tun, da der Schenkel brandig geworden war. Während er auf der Liege lag, führten seine Freunde für ihn die Verteidigung, indem sie vielfach an die Schlacht bei Marathon sowie an die Einnahme von Lemnos erinnerten, wie er Lemnos erobert, Rache an den Pelasgern genommen und [die Insel] den Athenern übergeben hatte. Auch das Volk trat auf seine Seite, indem es ihn von der Todesstrafe freisprach, bestrafte ihn aber wegen seines ungerechten Vorgehens mit einer

Zahlung von 50 Talenten. Miltiades starb indes bald nachher, da die Hüfte vom Brand befallen und abgestorben war. Die 50 Talente bezahlte dann sein Sohn Kimon.
[*aus:* Herodot 6.132–136]

Miltiades plünderte bei der Landung einige andere Inseln, Paros aber, die damals reichste [und größte] Stadt der Kykladen, schloss er ein und belagerte sie lange Zeit, indem er sie vom Meer aus abschloss und zu Land Kriegsmaschinen gegen sie anrücken ließ. Schon fielen die Mauern und die Parier waren sich darüber einig, die Stadt zu übergeben, da fing um Mykonos ein Wald von selbst an zu brennen, und die Parier glaubten, Datis gebe ihnen ein Feuerzeichen, brachen die Übereinkünfte und waren nicht mehr bereit, Miltiades die Stadt zu übergeben. Von daher sagt man, dass wir bis zum heutigen Tag die sprichwörtliche Wendung benutzen, wenn wir von denjenigen, die Übereinkünfte brechen, sagen, sie brächen wie die Parier Verträge.
[*aus:* Ephoros FGrHist 70 F 63]

7. Nach dieser Schlacht gaben die Athener Miltiades eine Flotte von 70 Schiffen, damit er eine Aktion gegen die Inseln durchführe, welche den Barbaren Unterstützung gewährt hatten. In Erfüllung seines Auftrages konnte er die meisten zur Rückkehr in die Botmäßigkeit zwingen, einige musste er erstürmen. Als er dabei die Insel Paros, die sich im Vertrauen auf ihre Macht sicher glaubte, durch Verhandlungen nicht gewinnen konnte, setzte er Truppen an Land, umschloss die Stadt mit Befestigungswerken und sperrte ihr die Zufuhr. Darauf wurden Schutzdächer und Rammböcke aufgestellt, und man ging zum Angriff über. Gerade war er dabei, die Stadt zu nehmen, als in der Ferne auf dem Festland ein Hain, den man von der Insel aus sehen konnte, aus irgendeinem Zufall in der Nacht zu brennen begann. Beide, Städter und Belagerer, sahen die Flammen und meinten, dies sei das Zeichen der persischen Flotte, und die Folge war, dass die Parier wieder davon abkamen, sich zu ergeben, Miltiades aber in der Furcht, die persische Flotte sei im Anmarsch, alle Belagerungswerke verbrennen ließ und – wenn auch ohne Verlust an Schiffen – nach Athen zurücksegelte. Der Ärger, den er bei seiner Ankunft unter den Bürgern erregte, war groß. Man klagte ihn des Verrates an, weil er die Belagerung von Paros aufgegeben habe, obwohl die Einnahme möglich gewesen sei, und er demnach vom Perserkönig mit Gold bestochen sein müsse, da er unverrichteter Dinge abgefahren sei. Zu dieser Zeit lag er

selbst krank an den Wunden danieder, die er während der Belagerung empfangen hatte. Da er nicht vor Gericht auftreten konnte, verteidigte ihn sein Bruder Stesagoras. Man sprach ihn zwar am Ende des Verfahrens von der Schuld eines todeswürdigen Verbrechens frei, legte ihm aber eine Geldstrafe auf, deren Höhe auf 50 Talente festgesetzt wurde. Diesen Betrag hatte die Ausrüstung der Flotte gekostet. Da er die Summe nicht sofort bezahlen konnte, wurde er ins Staatsgefängnis gebracht, wo er auch gestorben ist.
8. Wenn man ihn auch wegen Verrates anklagte, so war doch der wahre Grund seiner Verurteilung ein anderer. Die Bürger fürchteten nämlich seit der Tyrannis des Peisistratos, die sie kurz vorher erlebt hatten, ganz besonders, dass zu viel Macht in die Hände eines einzigen Mannes gelegt werde. Von Miltiades aber, der vielfach Ämter und Feldherrenposten bekleidet hatte, nahm man an, es sei ihm nicht mehr möglich, ein Leben als Privatmann zu führen, besonders da er, ständig in leitenden Stellungen, zu einem gewissen Machtstreben geradezu getrieben zu werden schien. Denn auf der Chersones hatte er all die Jahre, die er dort weilte, die absolute Herrschaft innegehabt, und man hatte ihn trotz all seiner Gerechtigkeit doch »Tyrann« tituliert. Mochte er diesen Rang nicht durch Gewalttaten, sondern mit der Zustimmung der Seinen erlangt und durch seine Menschenfreundlichkeit gesichert haben – es gelten nun einmal die als Tyrannen, welche in einem freien Staat längere Zeit ununterbrochen die Macht haben.
[*aus:* Cornelius Nepos, *Miltiades* 7–8]

Offenbar geht die Version, die Nepos abweichend von Herodot hat, (mittelbar) auf die Universalgeschichte des Ephoros zurück.

Reformen in Athen

1. Nachdem diese Reformen [Phylenreform des Kleisthenes] durchgeführt waren, wurde die Verfassung viel demokratischer, als die solonische [gewesen war]; denn es kam ja hinzu, dass die Tyrannis die Gesetze Solons beseitigt hatte, da sie diese nicht anwandte, und dass Kleisthenes andere neue [Gesetze] erließ, wobei er auf die Gunst der Menge zielte; unter diesen wurde auch das Gesetz über das Scherbengericht [Ostrakismos] erlassen.
2. Zunächst also im fünften Jahr nach der Errichtung dieser Staatsordnung, unter dem Archonten Hermokreon [503/502?], entwarf man für den Rat der Fünfhundert den Eid, den sie auch heute noch leisten. Dann begannen sie, die Strategen nach Phylen zu wählen, je einen aus jeder Phyle, Führer des gesamten Heeres aber war der Polemarch.

5. Gleich im nächsten Jahre, unter dem Archonten Telesinos [487/86 v. Chr.] bestellten sie dann zum ersten Mal nach der Tyrannis durch das Bohnenlos die neun Archonten, je einen aus jeder Phyle, aus den 100 [Kandidaten], die die Gemeindemitglieder vorher gewählt hatten; die früheren [Archonten] waren alle gewählt worden.
[*aus:* Aristoteles, *Der Staat der Athener* 22.1–2,5]

Der Ostrakismos

3. Im zwölften Jahre danach [Reform der Strategenwahl], unter dem Archonten Phainippos [490/489], gewannen sie die Schlacht bei Marathon. Sie ließen zwei Jahre nach dem Sieg verstreichen, und als das Volk endlich an Mut gewann, wandten sie dann zum ersten Mal das Gesetz über das Scherbengericht an, das wegen des Misstrauens gegen die Inhaber der Machtstellungen erlassen worden war, da sich Peisistratos vom Volksführer und Strategen zum Tyrannen gemacht hatte.
4. Als Erster wurde also einer seiner Verwandten, Hipparchos, Sohn des Charmos, aus der Gemeinde Kollytos, durch das Scherbengericht verbannt [ostrakisiert], dessentwegen Kleisthenes auch vor allem das Gesetz erlassen hatte, da er ihn vertreiben wollte. Denn die Athener erlaubten es denjenigen Anhängern der Tyrannen, die sich in den politischen Unruhen nichts hatten zuschulden kommen lassen, weiter in der Stadt zu wohnen. So übten sie die gewohnte Milde des Volkes. Führer und Fürsprecher dieser [Anhänger der Tyrannen] war Hipparchos. […]
6. Auch wurde Megakles, Sohn des Hippokrates, aus der Gemeinde Alopeke, ostrakisiert. Während dreier Jahre ostrakisierten sie in der Tat die Anhänger der Tyrannen, derentwegen das Gesetz erlassen worden war, aber im vierten Jahr fingen sie an, auch andere (Bürger), die ihnen allzu mächtig erschienen, zu beseitigen; und als Erster von denjenigen, welche den Tyrannen fernstanden, wurde Xanthippos, Sohn des Ariphron, ostrakisiert.
7. […] In dieser Zeit [483/82] wurde Aristeides, Sohn des Lysimachos, ostrakisiert.
8. Im vierten Jahre danach, als Hypsichides Archon [482/81] war, holte man alle Ostrakisierten wegen des Feldzuges des Xerxes zurück und bestimmte für die Zukunft, dass die Ostrakisierten außerhalb von Geraistos und Skyllaion wohnen oder das Bürgerrecht ein für alle Mal verlieren sollten.
[*aus:* Aristoteles, *Der Staat der Athener* 22.3–4, 6–8]

Kleisthenes hat das Ostrakismos-Gesetz in Athen eingeführt. Es hatte folgenden Inhalt: Der Rat hatte regelmäßig an gewissen Tagen nach Prüfung der Lage denjenigen aus der Bürgerschaft, der verbannt werden sollte, auf Tonscherben aufzuschreiben und diese in die Umzäunung des Ratsgebäudes zu werfen. Der aber, gegen den sich mehr als 200 Scherben-Voten richteten, sollte auf zehn Jahre in die Verbannung gehen, ungehindert in der Nutzung seines Besitzes. Später jedoch hat das Volk als gesetzliche Regelung beschlossen, dass mehr als 6000 Scherben-Voten gegen den zu richten seien, der in die Verbannung geschickt werden sollte. (Übersetzung M. Dreher)
[*aus:* Vaticanus Graecus 1144 f. 222 Nr. 213]

In seinem dritten Buch erklärt [der Historiker] Philochoros den Ostrakismos folgendermaßen: »Vor der achten Prytanie beschließt das Volk, nachdem es eine Vorabstimmung abgehalten hat, ob es einen Ostrakismos durchführen will. Wenn dies aber beschlossen worden ist, wird die Agora [Marktplatz] mit Schranken eingezäunt und zehn Zugänge offengelassen, durch die [die Athener] phylenweise hereingehen und die beschriebenen Scherben *(Ostraká)* bringen, den eingetragenen Namen abgewandt. Den Vorsitz führen dabei die neun Archonten und die Boulé [Rat der 500].
Nachdem die Scherben ausgezählt sind, muss derjenige, auf den die meisten Stimmen entfallen, aber nicht weniger als 6000, innerhalb von zehn Tagen die Stadt verlassen, nachdem er Gelegenheit gehabt hat, alle seine privaten Rechtsstreitigkeiten, sei es als Kläger, sei es als Verteidiger, zu regeln, und er muss zehn Jahre abwesend sein. Später aber sind fünf festgelegt worden. Der Verbannte blieb im Besitz seiner Güter, durfte sich aber nicht über das Vorgebirge Geraistos in Euboia hinaus der Stadt nähern.
Als Einziger aber von den Männern ohne große Bedeutung wurde Hyperbolos verbannt, und zwar wegen seines schlechten Charakters, nicht weil er in den Verdacht gekommen war, nach der Tyrannis zu streben. Danach ist diese Einrichtung abgeschafft worden, die zuerst von Kleisthenes eingeführt worden war, der, nachdem er die Tyrannen vertrieben hatte, den Wunsch gehabt hatte, auch deren Freunde zu verbannen.
[*aus:* Philochoros FGrHist 328 F 30]

Harpokration s. v. Hipparchos – Über [Hipparchos] sagt [der Historiker] Androtion in seinem zweiten Buch, dass er ein Verwandter des Tyrannen Peisistratos gewesen ist und als Erster verbannt wurde. Das Gesetz über Ostrakismos war damals zum ersten Mal beschlossen worden wegen des Arg-

wohns gegenüber Peisistratos. Dieser nämlich übte damals als Führer des Demos und als Stratege die Tyrannis aus.
[*aus:* Androtion FGrHist 324 F 6]

In der sechsten Prytanie [ein Zehntel des Jahres] veranstalten sie zusätzlich eine Abstimmung darüber, ob ein Ostrakismos notwendig erscheint oder nicht. [...]
[*aus:* Aristoteles, *Der Staat der Athener* 43.5]

Die Verbannung des Aristeides

5. Gleich darauf erhielt Aristeides die Würde des ersten Archonten, nach welchem das Jahr benannt wird [Archon Eponymos]. Demetrios von Phaleron [Philosoph und Staatsmann des 4. Jh.s v. Chr,] sagt allerdings, dass er erst nach der Schlacht bei Plataiai kurz vor seinem Tode dazu gelangt sei. Allein in den öffentlichen Verzeichnissen ist nach dem Archon Xanthippides, unter dem Mardonios bei Plataiai geschlagen wurde, auch nicht ein einziger des Namens Aristeides zu finden, dagegen kommt nach Phanippos, unter welchem die Athener den Sieg bei Marathon gewannen, sogleich Aristeides als Archon vor.
6. Unter all den großen Eigenschaften dieses Mannes fiel dem Volk am meisten seine Gerechtigkeit auf, weil sie den dauerhaftesten und ausgedehntesten Nutzen gewährte. Daher bekam auch ein so armer Mann aus dem Volk den in der Tat königlichen, ja göttlichen Beinamen des Gerechten, den keiner der Könige oder Tyrannen der Mühe wert geachtet hat. Diese hörten sich lieber Städteeroberer, Blitze und Sieger, ja manche sogar Adler und Falken nennen, indem sie, wie es scheint, den Ruhm der Macht und Gewalt höher schätzten als den der Tugend. [...]
7. Aristeides hatte jedoch das Schicksal, dass eben der Beiname, der ihn anfänglich so beliebt machte, ihm später Neid und Missgunst zuzog, besonders als Themistokles unter dem Volk aussprengen ließ, Aristeides habe dadurch, dass er alle Streitigkeiten schlichtete und beilegte, die Gerichte aufgehoben und sich unbemerkt eine Alleinherrschaft ohne Leibwache erworben. Schon war auch das Volk, das sich auf seinen Sieg [bei Marathon] viel einbildete und selbst der höchsten Ehre würdig zu sein glaubte, allen denjenigen gegenüber aufsässig, die sich durch ihren Ruhm und Namen über die große Menge erhoben. Daher kamen nun die Athener von allen Orten in der Stadt zusammen und verbannten Aristeides durch das Scherbengericht, in-

dem sie den Neid über seinen Ruhm unter dem Namen der Furcht vor Tyrannei versteckten. Denn der Ostrakismos war keine Strafe für begangene Verbrechen, sondern man nannte ihn zur Beschönigung nur eine Einschränkung und Demütigung des Stolzes und allzu großer Macht; im Grunde aber war er eine milde Befriedigung des Neids, der seinen Missmut über den beleidigenden Gegenstand ohne Härte und grausame Mittel, bloß durch eine Entfernung auf zehn Jahre ausließ. [...]

Bei dieser Art der Verbannung ging es, um eine kurze Beschreibung davon zu geben, auf folgende Weise zu. Jeder Bürger nahm eine Scherbe, schrieb darauf den Namen des Mannes, den er aus der Stadt entfernen wollte, und trug sie an einen mit Schranken umschlossenen Platz auf dem Markt. Die Archonten zählten nun erst die Menge der abgegebenen Scherben zusammen; denn wenn die Abstimmenden weniger als sechstausend waren, konnte der Ostrakismos nicht vollzogen werden. Hierauf ordneten sie die Scherben nach den Namen und machten durch öffentlichen Ausruf denjenigen bekannt, der durch die meisten Stimmen auf zehn Jahre, jedoch mit freier Verfügung über sein Vermögen, verbannt wurde.

Als damals über Aristeides gestimmt wurde, reichte, wie man erzählt, ein ganz unwissender Landmann, der nicht einmal die Buchstaben kannte, dem Aristeides, den er für einen gemeinen Bürger ansah, seine Scherbe hin, und bat ihn, den Namen des Aristeides darauf zu schreiben. Dieser fragte ihn voll Verwunderung, ob ihm denn Aristeides etwas zuleide getan hätte? »Gar nichts«, antwortete er, »ich kenne den Mann nicht einmal, aber es ärgert mich, dass ich ihn überall den Gerechten nennen höre«. So schrieb nun Aristeides, ohne ein Wort zu erwidern, seinen Namen auf die Scherbe und gab sie ihm. Als er die Stadt verließ, hob er die Hände gen Himmel und betete ganz anders als einst Achilleus, die Athener möchten nie in eine Lage kommen, welche das Volk zwänge, sich des Aristeides zu erinnern.

8. Drei Jahre darauf, als Xerxes durch Thessalien und Boiotien gegen Attika anrückte, hoben die Athener das Gesetz auf und gestatteten den Verbannten die Rückkehr, hauptsächlich aus Besorgnis, Aristeides möchte sich auf die Seite der Feinde schlagen und viele Bürger verleiten, zu den Persern überzulaufen. Aber sie irrten sich sehr in dem Mann, der nicht nur vor dieser Entscheidung die Griechen unablässig zur Behauptung ihrer Freiheit ermunterte, sondern auch später, als Themistokles zum Oberfeldherrn ernannt war, diesen in allen Dingen mit Rat und Tat unterstützte und um des Gemeinwohls willen seinen ärgsten Feind zum berühmtesten Manne machte.

[*aus:* Plutarch, *Aristeides* 5–8]

Sein Ansehen ward auch immer größer, und er wusste sich bei dem Volke so sehr in Gunst zu setzen, dass er es endlich gegen Aristeides aufhetzte und ihn durch den Ostrakismos aus der Stadt verbannte.
[*aus:* Cornelius Nepos, *Themistokles* 5]

Aristeides, der Sohn des Lysimachos aus Athen, war ungefähr ein Zeitgenosse des Themistokles und stritt mit diesem um die erste Stelle im Staatswesen. Indem sie so mit allen Mitteln gegeneinander kämpften, wurden die Vorteile redegewandten Auftretens gegenüber denen bloßer Rechtschaffenheit deutlich. Denn obwohl Aristeides von solcher charakterlichen Sauberkeit war, dass er als einziger, soweit sich nach meiner Kenntnis die Menschen erinnern können, den Beinamen »der Gerechte« erhielt, wurde er dennoch von Themistokles durch das berühmte Scherbengericht zu Fall gebracht und mit zehnjähriger Verbannung bestraft. Als er dabei erkennen musste, dass die gegen ihn aufgehetzte Volksmenge nicht zu beruhigen sei, und die Volksversammlung verließ, sah er, wie ein Mann seinen Namen auf die Scherbe schrieb und die Verbannung forderte. Da soll er ihn gefragt haben, warum er das wolle und was dieser Aristeides denn verbrochen habe, dass man eine solche Strafe in seinem Falle für angemessen halte. Der antwortete ihm, er kenne den Aristeides zwar nicht, aber es gefalle ihm nicht, wenn einer so eifrig darauf hinarbeite, dass er vor allen anderen »der Gerechte« genannt werde. Freilich brauchte er die vom Gesetz vorgeschriebenen zehn Jahre nicht voll abzubüßen, denn nachdem Xerxes in Griechenland eingefallen war, etwa fünf Jahre nach der Verbannung, wurde seine Rückkehr durch Volksbeschluss angeordnet.
[*aus:* Cornelius Nepos, *Aristeides* 1]

(A) Xanthippos, Sohn des Arrhiphon
(B) Xanth[ippos], Sohn des [Arrhi]phron tut von den verfluchten Führern, so sagt [dieses] Ostrak[on], am meisten Unrecht.
[Ostraka 487/86]

(A) Aufschrift einer Scherbe aus dem Ostrakismos des Jahres 487/86, gefunden im sogenannten Perserschutt

(B) Verse am Fuß einer Kylix (Trinkschale), gefunden am Westhang des Areiopag. s. HGIÜ I 19 f.

Die Flottenreform

1. Themistokles stammte aus Athen und war der Sohn des Neokles. Charakterschwächen des Jünglingsalters wurden durch große Qualitäten in solchem Maße ausgeglichen, dass man ihm auch heute noch wenige vorzieht und es nicht viele gibt, die man für gleichwertig ansehen könnte. Doch wir wollen der Reihe nach berichten. [...]
2. Den ersten Schritt, die Leitung des Staates in seine Hände zu bringen, unternahm [Themistokles] im Krieg gegen Kerkyra [gemeint ist Aigina]. Vom Volk zu dessen Führung ernannt, verstand er es, nicht nur für den augenblicklichen Kampf, sondern auch für die Zukunft das Volk kriegslustiger zu machen. Die öffentlichen Gelder nämlich, die aus den Einkünften der Erzbergwerke in die Staatskasse flossen, waren bisher durch die Geldverteilungen der Behörden nutzlos vertan worden; er aber brachte die Athener so weit, dass sie mit diesem Geld eine Kriegsflotte von 100 Schiffen bauten. Eine solche war sehr schnell aufgestellt. Er brach zuerst die Macht der Kerkyreer [Aigineten], dann verfolgte er die Seeräuber und sicherte das Meer, wobei er die Athener nicht nur mit Beute bereicherte, sondern sie auch Erfahrung im Seekrieg erwerben ließ. Von welch entscheidendem Nutzen dies für ganz Griechenland sein sollte, erfuhr man bald darauf im Perserkrieg.
[*aus:* Cornelius Nepos, *Themistokles* 1–2]

Themistokles bewog sie, auch die noch fehlenden Bollwerke des Piräus auszubauen; begonnen hatte man dort schon früher in seinem Archontat [493/92], welches er Jahr für Jahr in Athen ausübte; denn er war der Meinung, dieser Platz sei vortrefflich, da er drei natürliche Häfen hatte, und werde ihnen, da sie Seefahrer geworden seien, bei der Machtgewinnung sehr zustattenkommen – (4) dass man sich der See bemächtigen müsse, wagte er nämlich als Erster zu behaupten –, und so schuf er geradezu die Grundlage für das Reich.
[*aus:* Thukydides 1.93.3–4]

Es hatte aber Themistokles schon vorher einen anderen Vorschlag zur rechten Zeit vorgebracht, als im Staatsschatz der Athener große Summen vom Ertrag der Bergwerke in Laureion eingelaufen waren, die nun verteilt werden sollten, zehn Drachmen für jeden Bürger. Da riet Themistokles den Athenern, von dieser Verteilung abzusehen und von diesem Geld 200

Schiffe bauen zu lassen, angeblich zum Krieg gegen Aigina. Denn dieser Krieg, der sich entsponnen hatte, rettete damals Griechenland, weil er die Athener zwang, Seefahrer zu werden. Nun wurden zwar die Schiffe zu dem Zweck, zu dem sie gebaut waren, nicht gebraucht, aber sie kamen umso mehr Griechenland zugute. Diese Schiffe hatten also die Athener vorher gebaut, und nun sollten sie noch andere dazu bauen lassen.
[*aus:* Herodot 7.144]

Im dritten Jahr danach, unter dem Archontat des Nikodemus [483/82 v. Chr.], als die Silberminen in Maroneia entdeckt wurden und die Stadt einen Gewinn von 100 Talenten aus den Gruben erzielte, empfahlen einige, das Geld unter das Volk zu verteilen, aber Themistokles verhinderte dies, ohne zu sagen, wozu er das Geld verwenden wolle. Er schlug jedoch eindringlich vor, jedem der 100 reichsten Athener je ein Talent zu leihen. Wenn dann das Geld zufriedenstellend verwendet worden sei, so solle die Ausgabe zu Lasten der Stadt gehen; wenn nicht, solle man das Geld von den Schuldnern wieder einziehen. Unter diesen Bedingungen erhielt er das Geld und ließ 100 Trieren bauen, wobei jeder der 100 [reichsten Athener] eine baute; und mit diesen [Trieren] kämpfte man in der Seeschlacht bei Salamis gegen die Barbaren.
[*aus:* Aristoteles, *Der Staat der Athener* 22]

Denn die Aigineten, Athener und einige andere Staaten besaßen nur eine unbedeutende Flotte, und davon waren die meisten Schiffe Fünfzigruderer. Erst ziemlich spät bewog also Themistokles die Athener während des Krieges gegen die Aigineten – angesichts des drohenden Persereinfalles –, die Schiffe zu bauen, mit denen sie dann die Seeschlachten lieferten.
[*aus:* Thukydides 1.14.3]

Als die Athener während des Aiginetischen Krieges den Ertrag ihrer Silberbergwerke, 100 Talente, unter sich teilen wollten, so hielt sie Themistokles davon ab und beredete sie, den 100 reichsten Männern je eine Talent zu geben. Und fände das, was sie ausführen wollten, Beifall, so sollten die Kosten dem Staat in Rechnung gebracht werden: wo nicht, sollten die Empfänger das Geld zurückzahlen. Dies gefiel. Die 100 Männer aber stellten jeder einen Dreiruderer, bei dessen Ausrüstung sie in Rücksicht auf Schönheit und Schnelligkeit miteinander wetteiferten. Die Athener freuten sich, dass sie

eine neue Flotte zustande gebracht hatten, und nicht allein gegen die Aigineten, sondern auch gegen die Perser machten sie von diesen Dreiruderern Gebrauch.
[*aus:* Polyainos, *Kriegslisten* 1.30.6]

Polyainos wurde um 100 n. Chr. in der römischen Provinz Bithynien geboren und wirkte in den Sechzigerjahren (und früher) als Rhetor in Rom. Er verfasste ein Werk über Kriegslisten *(Strategemata).*

Den ersten Schritt, die Leitung des Staates in seine Hände zu bringen, unternahm er im Krieg gegen Kerkyra (Aigina). Vom Volk zu dessen Führung ernannt, verstand er es, nicht nur für den augenblicklichen Kampf, sondern auch für die Zukunft das Volk kriegslustiger zu machen. Die öffentlichen Gelder nämlich, die aus den Einkünften der Erzbergwerke in die Staatskasse flossen, waren bisher durch die Geldverteilungen der Behörden nutzlos vertan worden; er aber brachte die Athener so weit, dass sie mit diesem Geld eine Kriegsflotte von 100 Schiffen bauten. Eine solche war sehr schnell aufgestellt. Er brach zuerst die Macht der Kerkyreer [gemeint sind die Aigineten], dann verfolgte er die Seeräuber und sicherte das Meer, wobei er die Athener nicht nur mit Beute bereicherte, sondern sie auch Erfahrung im Seekrieg erwerben ließ. Von welch entscheidendem Nutzen dies für ganz Griechenland sein sollte, erfuhr man bald darauf im Perserkrieg.
[*aus:* Cornelius Nepos, *Themistokles* 2]

Die Thronbesteigung des Xerxes

Mit dem ersten Kapitel des siebten Buches beginnt die Schilderung der entscheidenden Phase der Perserkriege. Ein Drittel seines Werkes widmet Herodot einem Zeitraum von knapp zwei Jahren. Der Mann, der im Mittelpunkt steht, ist der Großkönig Xerxes. Er – nicht Miltiades, nicht Leonidas, Themistokles oder Pausanias – ist der Held der *Historien*, wenn auch ein tragischer.

Kurz schweift Herodots Blick zurück zur Marathonschlacht. Dareios, der Vater des Xerxes, erhält die Nachricht von der Niederlage und beschließt, sich zu rächen. Große Rüstungen werden in Gang gesetzt. Drei Jahre befand sich Asien in Aufruhr, schreibt Herodot, doch dann fallen die Ägypter ab, und Dareios muss sich einem neuen Kriegsschauplatz zuwenden. Bevor er gegen die Aufständischen zieht, entscheidet er den Streit um die Nachfolge: Xerxes, sein und Atossas, der Tochter des Kyros, Sohn wird ihn beerben. Es ist Dareios' letzte Amtshandlung, im Herbst 486 stirbt er. Die Gefahr für die Griechen scheint vorüber, Xerxes fühlt sich von den Athenern nicht gekränkt, er zeigt keine Neigung, gegen sie zu ziehen. Zwar drängt der Feldherr Mardonios, vom Wunsch beseelt, Satrap von Griechenland zu werden, auf einen Angriff, doch Xerxes lässt sich erst überreden, als die Thessalier Boten schicken und ihre Hilfe anbieten, die Peisistratiden an den Königshof kommen, um ihre Rückführung zu erbitten, und günstige Orakelsprüche einen Erfolg des Unternehmens verheißen. Zuerst freilich muss Ägypten unterworfen werden, und das geschieht bei Herodot in drei Zeilen. Danach begibt sich der Historiker sozusagen in das Innerste des Perserreiches und schildert, als wäre er Zuhörer gewesen, dem griechischen Leser die alles entscheidende Sitzung des persischen Kronrates. Erweitert um eine Traumsequenz bilden diese elf Kapitel (7.8–18) eine Art zweites Vorwort, den Höhepunkt des Werkes. Nicht der Historiker analysiert Motive, Anlässe und Gründe des großen Krieges, er lässt dies sein Werkpersonal, vorrangig Xerxes, in eigener Sache tun. Die Quellen des Historikers kennen wir nicht, sodass die Authentizität des Geschilderten mehr als fraglich bleiben muss. Vermutlich spricht Herodot selbst.

Wie Xerxes die Ereignisse tatsächlich sah, ist unklar. Es gibt keine historiographischen Quellen aus Persien und somit statt der Perser- auch keine Griechenkriege. Einen Einblick in das Denken der Großkönige geben allerdings die großen Inschriften der Achaimeniden. Sie sind Selbstdarstellungen wie die *Res gestae* des Augustus, ein inschriftliches Monument, das allein noch auf ehemals persischem Reichsgebiet, nämlich in Ankara, erhalten geblieben ist.

Das Bild, das Herodot aus der Rückschau zeichnet, ist gegenüber den späteren Vereinfachungen in der antiken Überlieferung differenziert. Zwar bleibt Xerxes das, was der Großkönig in den Augen der Griechen des 5. Jahrhunderts war, nämlich ein *Despótes*, d. h. ein Herr über Sklaven, seine Untertanen nämlich, aber er ist Argumenten der Vernunft zugänglich und macht sie zum Maßstab seines Handelns. Seine Einsicht scheitert freilich am Willen der Götter. Sie veranlassen ihn, indem sie mit ihren Mitteln, d. h. mit Traumgesicht und Orakel, eingreifen, einen Krieg zu führen, den er eigentlich nicht führen will, und bestrafen ihn dann für seine Hybris. Im Gedächtnis der Griechen verankerte sich, nachdem dies Aischylos bereits in seinen *Persern* von 472 zum Thema gemacht hatte, diese Hybris als Grund des Scheiterns. Der Großkönig wird für eine doppelte Grenzüberschreitung – Xerxes überschreitet den Hellespont, der Europa und Asien trennt, und er überschreitet das den Menschen gesetzte Maß – von den Göttern bestraft. Die Hybris zieht die Nemesis nach sich.

Die Machtübernahme

2. Während nun Dareios sich zum Zug gegen Ägypten und Athen rüstete, entstand unter seinen Söhnen ein großer Streit über die Herrschaft, weil nach der Sitte der Perser er erst dann, wenn er einen König ernannt hatte, ins Feld ziehen sollte. Dareios hatte nämlich schon früher, ehe er zur Regierung gelangt war, drei Söhne von seiner früheren Frau, einer Tochter des Gobryas, und dazu waren, seit er König geworden war, vier andere von der Atossa, der Tochter des Kyros, gekommen. Unter den früheren nun war Artabazanes der älteste, unter den nachher geborenen Xerxes. Diese, die also nicht von derselben Mutter waren, stritten miteinander: Artabazanes, insofern er von der gesamten Nachkommenschaft der Älteste sei, und weil es ja von allen Menschen so gehalten werde, dass der älteste die Herrschaft bekomme; Xerxes aber, weil er der Sohn der Atossa, der Tochter des Kyros, sei, und Kyros es gewesen sei, der den Persern die Freiheit erworben habe.
3. Dareios zögerte noch, seine Meinung auszusprechen, als zu derselben Zeit, in welcher dies vorfiel, auch Demaratos erschien, des Ariston Sohn, der nach Susa hinaufgegangen war, nachdem er seines spartanischen Königtums beraubt worden und er sich selbst eine Verbannung aus Lakedaimon auferlegt hatte. Als dieser Mann von dem Zwist der Söhne des Dareios gehört hatte, kam er, wie die Kunde geht, zu Xerxes und riet ihm, den Worten, die er gesagt hatte, noch hinzuzufügen, dass er dem Dareios geboren worden sei, als dieser bereits König war und die Macht über die Perser besaß, Artabazanes aber, als Dareios noch ein Privatmann war. Mithin sei es weder billig noch gerecht, dass irgendein anderer ihm, Xerxes, im Besitz der königlichen Würde vorangehe. Denn auch in Sparta, wie Demaratos angab,

werde es so gehalten, dass, wenn Söhne geboren würden, ehe ihr Vater König geworden sei, und diesem später, wenn er König sei, ein Sohn nachgeboren würde, dieser Nachkömmling dann die Nachfolge im Königreich erlange. Von diesem Rat des Demaratos machte Xerxes Gebrauch, und Dareios ernannte ihn in der Überzeugung, dass diese Behauptung richtig sei, zum König. Nach meinem Ermessen wäre indessen Xerxes auch ohne diesen Rat König geworden, denn Atossa hatte alle Macht in Händen. [*aus:* Herodot 7.2–3]

Die persische Sicht: Das Selbstverständnis des Xerxes

§ 1
Der große Gott (ist) Ahuramazdā,
B der diese Erde erschaffen hat,
C der jenen Himmel erschaffen hat,
D der den Menschen erschaffen hat,
E der das Glück erschaffen hat für den Menschen,
F der Xerxes (zum) König gemacht hat,
G den einen (zum) König über viele,
H den einen (zum) Gebieter über viele.
§ 2
A Ich (bin) Xerxes,
B der große König,
C König der Könige,
D König der Länder mit vielen Stämmen,
E König auf dieser großen Erde auch weithin,
F des Dareios, des Königs, Sohn,
G ein Achaimenide.
§ 3
A Es kündet Xerxes, der König:
B Nach dem Willen Ahuramazdās
C habe ich diese »All-Länder«-Torhalle errichtet.
D In großer Zahl (ist) auch anderes Gutes/Schönes geschaffen (worden)
E (hier) in diesem Persepolis,
F das ich geschaffen habe
G und das mein Vater geschaffen hat;
H welches Werk nun gut/schön erscheint,
I das alles
J haben wir nach dem Willen Ahuramazdās geschaffen.

§ 4
A Es kündet Xerxes, der König:
B Mich soll Ahuramazdā schützen
C und mein Reich.
D Und was von mir geschaffen (worden ist)
E und was von meinem Vater geschaffen (worden ist),
F auch das soll Ahuramazdā schützen.
[Inschrift (XPa) des Xerxes aus Persepolis]

§ 3
A Es kündet Xerxes, der König:
B Nach dem Willen Ahuramazdās, –
C dies (sind) die Länder,
D deren König ich war
E außerhalb von Persien;
F ich habe über sie geherrscht;
G mir brachten sie Tribut;
H was ihnen von mir gesagt wurde,
I das taten sie;
J das Gesetz, das mein (von mir) ist, –
K das hielt sie (fest):
L Medien, Elam, Arachosien, Armenien,
M Drangiana, Parthien, Areia,
N Baktrien, Sogdien, Chorasmien,
O Babylonien, Assyrien, Sattagydien,
P Lydien, Ägypten,
Q die Ioner, die im Meer wohnen
R und die jenseits des Meeres wohnen,
S die Mekrāner, Arabien, Gandāra, Indien,
T Kappadokien, die Daher, die amyrgischen Saken,
U die spitzmützigen Saken, Thrakien,
V die Ākaufaka-Leute, Libyer, Karer, Nubier.
§ 4
A Es kündet Xerxes, der König:
B Als ich König geworden war, –
C es ist da unter diesen Ländern,
D die oben niedergeschrieben (aufgezählt) (worden sind),
E (eines, das) in Aufruhr war.
F Da(raufhin) hat Ahuramazdā mir Beistand gebracht;

G nach dem Willen Ahuramazdās
H habe ich dieses Land geschlagen
I und es (wieder) an den (rechten) Platz gesetzt.
[Inschrift (XPh) des Xerxes aus Persepolis]

Die erste der beiden dreisprachigen Inschriften findet sich an den Innenwänden der östlichen und westlichen Torpfosten des großen »All-Länder-Tors« (Schmitt 19, 152–154). Beim zweiten Text (Schmitt 165–167) handelt es sich um einen Ausschnitt der sogenannten »Daiva«-Inschrift auf mehreren ca. 50 × 50 cm großen, vierseitig beschriebenen tontafelförmigen Steinplatten, die als Gründungsurkunden gedacht waren und in den Garnisonsquartieren gefunden wurden (Schmitt 20).

Die griechische Sicht: Die Hybris des Xerxes

Atossa: Denn, Dareios, allen Jammer sage dir ein kleines Wort: (713)
Nieder im Staub liegt Persis' Hoheit allzerstört. Du weißt es jetzt.
Dareios: Wie geschah's? Kam Todesschauer, kam Empörung über euch?
Atossa: Pest und Streit nicht – um Athen war's, dass dahinsank unser Heer.
Dareios: Wer von meinen Söhnen führte dorthinaus die Völker? Sprich!
Atossa: 's war der kühne Xerxes; alles Land der Feste leert' er aus.
Dareios: Hat mit Landmacht oder Seemacht diese Torheit er gewagt?
Atossa: Beides; doppelt Stirn und Antlitz bot des Heeres Doppelzug.
Dareios: Aber wie konnt' auch das Landheer wagen einen Übergang?
Atossa: Brücken ließ er über Hellas' Fluten jochen seinem Heer.
Dareios: Und vollbracht es und verschloss so dort den mächtgen Bosporos?
Atossa: Also ist's; doch seinem Sinnen hat ein Dämon sich gesellt.
Dareios: Weh, gesellt ein großer Dämon, der ihm verwirrte allen Rat!
Atossa: Ja, der Ausgang lehrt es jetzt, wie bitter ihm's vollendet ward!
Dareios: Was geschah denn, was betraf sie, dass bejammern ihr sie müsst?
Atossa: Seine Flotte riss die Landmacht mit in den Untergang hinab.
Dareios: Gar und ganz hat so des Feindes Lanze nun sein Heer vertilgt? (729)

Chor: Doch nun? O Fürst Dareios, wohin wendest du (787)
Des Wortes Ausgang, wie am besten retten denn
Wir persisch Volk uns jetzt vor diesem Leiden noch?
Dareios: Wenn nun und nimmer ihr gen Hellas' Täler zieht,
Und wär an Zahl noch größer euer medisch Heer;
Denn ihrer Heimat Erde kämpft für sie im Bund.
Chor: Wie sagst du dies Wort! Wie verbündet kämpft das Land;

Dareios: Es schlägt mit Hunger all die Allzutrotzenden.
Chor: Doch schickten wir ein mächtges wohlversehnes Heer.
Dareios: Selbst aber das Heer, das in Hellas' Feldern jetzt
Noch weilt, der Rückkehr frohen Tag erblickt es nie.
Chor: Wie sagst du? Zieht denn nicht der Perser ganze Macht,
Heimkehrend aus Europa, über Hellas' Furt?
Dareios: Von vielen wenige, wenn den Göttersprüchen man,
Die traurig dartun dies Geschick der Gegenwart,
Darf traun; und nicht geschieht das eine, andres nicht.
Und wenn es so ist, einen besten Teil des Heers,
Auf leere Hoffnung trauend, lässt er dann zurück;
Sie bleiben, wo die Ebene rings Asopos' Flut,
Die liebe Tränkung des Boioterlandes, netzt,
Wo aller Leiden schwerster Schlag noch ihrer harrt,
Der Lohn des Hochmuts und der Gotteslästerung,
Die in Hellas nicht sich scheuten, Götterbilder frech
Zu plündern, Göttertempel zu verbrennen. Ja,
Altäre sind verschollen, ewger Götter Sitz
Ruchlos von Grund aus umgestürzt und umgewühlt. (812)
Drum müssen Gleiches, die so übel taten, jetzt
Erwarten und erdulden; noch ist nicht ihr Kelch
Erschöpft; es bleibt noch eine Neige bittrer Schuld.
Das wird der heilge Opferguss des Perserbluts
Vom Speer der Dorer auf Plataias Felde sein.
Und Totenhügel werden spät den Enkeln bis
Ins dritte Glied noch stummberedte Zeugen sein,
dass nicht zu hoch sich heben soll des Menschen Stolz.
Hochmut nach kurzer Blüte setzt die Ähre an
Der Schuld, die bald zu tränenreicher Ernte reift.
Die jetzt ihr diese Strafe blinden Stolzes saht,
Gedenkt an Hellas, an Athenai, hütet euch,
Der Gegenwart Genuss verschmähend, fernen Glücks
Begierig, umzustürzen eignes, größres Glück.
Zeus selbst ist Rächer allzu kühn aufstrebenden
Hochmutes, fordert streng der Taten Rechenschaft.
Darum so lehrt denn ihr, die weise wisst zu sein,
Mit weisem Rate meinen Sohn, von sich zu tun
Des edlen Sinnes gottverworfnen Übermut.
Du aber, greise Mutter, welche Xerxes liebt,
Geh zum Palast, wähl' einen Schmuck, der seiner Macht

Geziemt, und eile deinem Sohn entgegen; denn
Im Schmerz des Unglücks riss er zu Fetzen lumpenhaft
Um Brust und Nacken seines Kleides Goldgeweb.
Du, Mutter, musst ihn freundlich mir besänftigen,
Dich nur, ich weiß es, anzuhören trägt er jetzt.
Ich aber geh von hinnen in des Grabes Nacht;
Lebt wohl, o Greise; ob in Leid auch, dennoch gönnt,
Solang es Tag ist, eurer Seele frohen Mut,
Weil doch den Toten stirbt die Lust an Gold und Gut. (842)
Der Schatten des Königs verschwindet
[*aus:* Aischylos, *Die Perser* 713–729, 787–842]

Aischylos kämpfte bei Marathon und bei Salamis, und er lieferte auch, im Jahre 472, den ersten und einzigen Augenzeugenbericht. Aischylos schrieb eine Tragödie, kein Geschichtswerk; was er darin über Salamis zu sagen hat, ist verkürzt, dramatisch verformt, in der Skizzierung des Verlierers verzeichnet. Mit der sittlich-religiösen Deutung des Geschehens durch ihn kommt der Mythos von der bestraften persischen Hybris in die Welt, es entsteht ein Stimmungsbild, nach dem es die athenischen Sieger im Jahrzehnt nach Salamis verlangte.

Als danach der spätere Feldzug unternommen wurde, den Xerxes persönlich führte, nachdem er seinen königlichen Palast verlassen hatte und es wagte, als Feldherr aufzutreten und alle [Völker] Asiens um sich scharte, welcher [Redner], auch wenn er sonst zu Übertreibungen neigte, blieb nicht, sofern er von ihm sprach, hinter der Wahrheit zurück? Xerxes verstieg sich zu solchem Übermut *(Hyperêphania)*, dass er es für eine kleine Aufgabe hielt, Griechenland zu unterwerfen, und, vom Wunsch beseelt, ein Denkmal zu hinterlassen, das von mehr zeuge, als die menschliche Natur vermöge, ruhte er nicht eher, als bis er ersonnen und erzwungen hatte, was noch in aller Mund ist, nämlich mit der Flotte über das Festland zu segeln und mit dem Heer über das Meer zu marschieren, nachdem er den Hellespont überbrückt und den Athos durchstochen hatte.
[*aus:* Isokrates, *Panegyrikós* (Festrede 380 v. Chr.) 4.88–89]

Mit Blick auf den König kann man zwar den Reichtum, nicht aber den Anführer preisen. An Reichtum freilich gab es in seinem Reich eine solche Menge, dass zwar die Flüsse von der Masse der Menschen aufgebraucht wurden, Geld aber immer noch übrig blieb. Der König selbst aber war stets der Erste, wenn es ans Fliehen ging, stets war er als Letzter im Kampf zu

sehen, in Gefahr ängstlich, sobald die Angst ausgestanden war, hochmütig. Schließlich verhielt er sich vor den Erfahrungen dieses Krieges im Vertrauen auf seine Macht so, als wäre selbst über die Natur der Herr: Er ebnete Berge ein, füllte Täler auf, legte da Brücken übers Meer, verband dort Meeresteile zu bequemerer Schifffahrt durch abkürzende [Kanäle].
[*aus:* Justin (Pompeius Trogus) 2.10.21–24]

Pompeius/Justin bedient sich hier mit Topoi aus dem Handbuch des guten/schlechten Feldherrn. S. die Charakteristik, die Livius 21.4.8 von Hannibal gibt: »Als Erster ging er in den Kampf, als Letzter verließ er die Schlacht, wenn sie beendet war.«

Drauf gingen andere viel zugrunde der Herrscher, zugrunde Mächtige dieser Welt, die gewaltigen Völkern befahlen. Jener auch selbst, der einst durch das riesige Meer eine Straße breitete und eine Bahn den Legionen gab, über Tiefen hin zu gehn, der zu Fuß über salzige Buchten zu schreiten lehrte und höhnte mit stampfenden Rossen das Tosen des Meeres, hauchte, beraubt des Lichts, aus sterbendem Körper die Seele.
[*aus:* Lukrez 3.1029–1033]

[…] Xerxes, der Schrecken zu Wasser und zu Lande, vor dem die Menschen zitterten, und der dem Neptun Ketten und dem Himmel Finsternis androhte. […]
[*aus:* Valerius Maximus 3.2.3 ext.]

Xerxes aber ließ sogar das Meer geißeln und auspeitschen, an das (Athos-)Gebirge sandte er einen Brief: »Göttlicher, zum Himmel reichender Berg Athos, setze meinen Taten nicht mächtige und harte Felsen entgegen, denn sonst lasse ich dich selbst zerhauen und ins Meer werfen.« Vieles aus Zorn Begangene ist nämlich furchtbar, vieles auch lächerlich. Darum wird dieser Affekt am stärksten gehasst und verachtet.
[*aus:* Plutarch, *Von der Bezähmung des Zorns* (*Moralia* 455D)]

[…] und mitten durch den Athos fuhren der Meder Verderben bringende Schiffe.
[*aus:* Kallimachos von Kyrene, Aitien F 110, 45 f.]

Der Perserkönig als *Despótes* (Herr über Untertanen)

Wenn der Großkönig aber befiehlt, jemanden auszupeitschen, bedankt sich dieser wie für eine Wohltat, weil der König seiner gedachte.
[*aus:* Nikolaos von Damaskos, *Völkersitten* FgrHist 90 F 103x.3]

Anlässe und Gründe

Atossa: Verhasster Daimon, wie hast Du der Perser Sinn
getäuscht! Bitter war die Rache, die mein Sohn
Fand bei der stolzen Stadt Athen; noch genügte nicht,
was von den Barbaren Marathon hinweggerafft;
Mein Sohn gedachte jetzt zu rächen ihren Tod
Und zog auf sein Haupt dieses Jammers Übermaß.
[*aus:* Aischylos, *Die Perser* 472–477]

(Xerxes:) »Ich aber, seit ich den Thron bestiegen, dachte stets daran, nicht hinter denjenigen zurückzubleiben, die früher diese Würde bekleidet, und keine geringere Macht den Persern zu gewinnen.«
[*aus:* Herodot 7.8]

Atossa: Dazu ward durch böser Männer bösen Rat dein kühner Sohn
Irregeleitet; denn sie sprachen: Großen Reichtum hättest du
Sonst im Spiel des Kriegs gewonnen, während er mutlos daheim
Kriege spiele, nicht das Erbteil mehre, das er einst empfing.
Hören musst er diesen Vorwurf böser Männer viel und oft,
Drum beschloss er, zu diesem Feldzug gegen Hellas auszuziehn.
[*aus:* Aischylos, *Die Perser* 753–758]

1. Als die Nachricht von der Schlacht bei Marathon zu König Dareios, dem Sohn des Hystaspes, gelangt war, geriet er, da er wegen des Zuges gegen Sardes schon vorher auf die Athener erbost war, noch stärker in Zorn und wurde noch mehr angetrieben, gegen Griechenland zu Feld zu ziehen. Und alsbald sandte er Boten in alle Städte mit dem Befehl, ein Heer in Bereitschaft zu setzen. Dazu legte er einer jeden von ihnen noch weit mehr auf, als sie früher an Schiffen wie an Pferden, an Getreide und Fahrzeugen zu

stellen hatten. Als nun dieser Befehl überall herum verkündet wurde, befand sich Asien drei Jahre lang in Aufruhr und es wurde die beste Mannschaft auserlesen und gerüstet, da sie gegen Griechenland zu Feld ziehen sollte. Im vierten Jahr aber fielen die von Kambyses unterworfenen Ägypter von den Persern ab: Da wurde der König noch weit mehr angetrieben. [...]

4. Nachdem Dareios den Xerxes zum König der Perser ernannt hatte, wollte er sofort ins Feld ziehen. Allein, nach diesen Vorfällen und nach dem Abfall Ägyptens ein Jahr danach, begab es sich, dass Dareios selbst mitten unter diesen Rüstungen starb, nachdem er insgesamt sechsunddreißig Jahre geherrscht hatte. So war es ihm nicht mehr vergönnt, an den abgefallenen Ägyptern wie an den Athenern Rache zu nehmen. Nach dem Tod des Dareios aber ging das Königreich auf seinen Sohn Xerxes über.

5. Xerxes nun war anfangs keineswegs so eifrig darauf bedacht, gegen Griechenland zu Felde zu ziehen, sondern er zog vielmehr sein Heer gegen Ägypten zusammen. Da erschien aber der Mann, der bei ihm den meisten Einfluss unter allen Persern hatte, Mardonios, des Gobryas Sohn, ein Vetter des Xerxes und Sohn einer Schwester des Dareios, und wandte sich mit folgenden Worten an ihn: »Herr *(Despótes)*! Es ist nicht recht, dass die Athener, die den Persern schon so viel Übles angetan haben, für ihre Taten nicht büßen müssen; darum magst du wohl jetzt das ausführen, womit du beschäftigt bist. Hast du aber Ägypten, das sich übermütig erhoben hat, wieder zur Ruhe gebracht, so ziehe mit deinem Heer gegen Athen, damit du einen guten Ruf unter den Menschen gewinnst und sich später ein jeder hüte, gegen dein Land zu Felde zu ziehen.«

Diese seine Rede war von Rachegefühl geprägt. In seine Argumentation ließ er aber noch einfließen, dass Europa ein sehr schönes Land sei, das Obstbäume aller Art trage, reiches Ackerland habe und unter den Sterblichen allein der Großkönig verdiene, es zu besitzen.

6. So sprach er, weil er nach außerordentlichen Unternehmungen begierig war und selbst Statthalter von Griechenland sein wollte. Im Laufe der Zeit gewann er Xerxes für sich und beredete ihn, dies zu tun, denn es war auch noch anderes dazugekommen, das sein Bemühen, Xerxes zu überreden, unterstützte. Zum einen waren nämlich von den Aleuaden aus Thessalien Boten gekommen, die des Königs Hilfe gegen Griechenland anriefen und darauf allen Eifer verwendeten. Diese Aleuaden aber waren Könige von Thessalien. Dann aber waren auch die Peisistratiden nach Susa hinaufgekommen und führten dieselben Reden wie die Aleuaden, ja sie drangen noch weit mehr mit ihren Bitten in ihn, weil sie den Onomakritos bei sich hatten, einen Weissager aus Athen, der die Orakelsprüche des Musaios gesammelt und veröffentlicht hatte. [...]

7. Als Xerxes zum Feldzug gegen Griechenland entschlossen war, da unternahm er zunächst im zweiten Jahr nach dem Tod des Dareios zuerst einen Zug gegen die abgefallenen [Ägypter]. […]
[*aus:* Herodot 7.1, 4–7]

Der Kronrat der Perser

8. Nach der Eroberung Ägyptens wollte Xerxes den Zug gegen Athen in die Hand nehmen und er berief die Angesehensten der Perser zu einer Versammlung ein, um deren Meinungen zu vernehmen und selbst vor allen seinen Willen zu erklären. Wie sie nun versammelt waren, sprach Xerxes Folgendes: »Perser! Nicht für mich gedenke ich diesen Brauch *(Nómos)* bei euch einzuführen, sondern, da ich ihn übernommen habe, mich nach ihm zu richten. Denn, wie ich von den Älteren höre, sind wir nie ruhig geblieben, seit wir die Vorherrschaft *(Hegemonía)* von den Medern bekommen haben, nachdem Kyros den Astyages gestürzt hatte. Es führt uns aber ein Gott *(Theós)*, und das alles, was wir eifrig betreiben, schlägt uns zum Besseren aus. Was nun Kyros und Kambyses und mein Vater Dareios sich verschafft und welche Völker sie unter ihre Herrschaft gebracht haben, das wisst ihr wohl und braucht euch niemand zu sagen. Ich aber, seit ich den Thron bestiegen habe, dachte stets daran, nicht hinter denen zurückzubleiben, die früher diese Würde bekleidet haben, und keine geringere Macht den Persern zu gewinnen. Beim Nachdenken aber fand ich, wie uns auf der einen Seite Ruhm zuteilwird und ein Land, das nicht kleiner und nicht schlechter ist als das, was wir jetzt besitzen, sondern noch ertragreicher, auf der anderen Seite aber auch zugleich Rache und Vergeltung erlangen. Deswegen habe ich euch jetzt versammelt, um euch vorzutragen, was ich zu tun gedenke.
Ich habe die Absicht, eine Brücke über den Hellespont zu schlagen und darüber ein Heer mitten durch Europa gegen Griechenland zu führen, um an den Athenern Rache für alles zu nehmen, was sie je den Persern und meinem Vater angetan haben. Ihr saht nun, dass auch Dareios daran dachte, gegen diese Männer zu Felde zu ziehen. Allein er ist gestorben, ohne dass es ihm vergönnt war, Rache zu nehmen; darum will ich für ihn und für die übrigen Perser nicht eher ruhen, als bis ich dieses Athen erobert und in Brand gesteckt habe, da es mich und meinen Vater zuerst beleidigt hat. Erstens zogen [die Athener] gegen Sardes zusammen mit Aristagoras von Milet, der doch unser Sklave war, und steckten nach ihrer Ankunft die Haine und Heiligtümer in Brand. Was sie uns aber danach angetan haben, als wir

unter Führung des Datis und Artaphernes in ihrem Gebiet landeten, das wisst ihr wohl alle. Um dieser Ursachen willen bin ich fest entschlossen, gegen sie zu Felde zu ziehen. Auch finde ich bei näherer Überlegung noch folgende Vorteile dabei: Wenn wir diese und ihre Nachbarn, die das Land des Phrygers Pelops bewohnen, unterwerfen, so werden wir es so weit bringen, dass das persische Land nur den Himmelsraum des Zeus zur Grenze hat, denn die Sonne wird kein Land bescheinen, das noch an das unsere grenzt, sondern ich werde sie alle zugleich mit euch zu einem einzigen Land verbinden, nachdem ich durch ganz Europa gezogen bin.

Wie ich nämlich höre, verhält es sich so, dass auch nicht eine Stadt von Männern und auch nicht ein Volk auf der Welt mehr da ist, das imstande wäre, sich mit uns in einen Kampf einzulassen, wenn diejenigen, die ich aufgezählt habe, beseitigt sind. Also werden sowohl die, die an uns schuldig geworden sind, das Joch der Knechtschaft tragen, als auch die, die es nicht geworden sind. Ihr aber seid mir zu Gefallen, indem ihr Folgendes tut: Sobald ich euch die Zeit angebe, zu der ihr kommen sollt, so soll ein jeder von euch bereitwillig erscheinen. Wer aber dann kommt und ein bestens gerüstetes Heer mitbringt, dem will ich die Geschenke geben, die in unserem Reich als die ehrenvollsten gelten. Dies also soll in dieser Weise geschehen. Damit ich aber nicht vor euch als ein Mann erscheine, der bloß seinem eigenen Willen folgt, lege ich euch die Sache vor und fordere einen jeden von euch auf, der möchte, seine Meinung zu sagen.« Mit diesen Worten schloss er.

9. Nach ihm aber sprach Mardonios: »Gebieter, du bist der Beste von allen Persern, nicht bloß von denen, die da gewesen sind, sondern auch von denen, die da sein werden. Hast du doch nicht nur in allem anderen auf das Schönste und Beste gesprochen, sondern auch darin, dass du nicht zugeben willst, dass die Ionier, die in Europa wohnen, uns verlachen, sie, die doch kein Recht dazu haben. Es wäre doch eine arge Sache, wenn wir, die wir Saken und Inder, Äthiopier und Assyrer und so viele andere große Völker, die den Persern gar nichts zu Leid taten, bloß um der Vermehrung unserer Macht willen unterworfen und untertänig gemacht haben, an den Griechen, die uns zuerst Unrecht zugefügt haben, uns nicht rächen wollten. Was hätten wir denn zu fürchten? Welche Zusammenrottung von Massen, welche Macht des Geldes? Kennen wir doch ihre Kampfesweise und wissen, wie schwach ihre Streitmacht ist. Wir haben ihre Abkömmlinge unterworfen, eben diejenigen, die auf unserem Boden wohnen und Ionier, Aiolier und Dorer genannt werden.

Ich selbst habe auch schon Erfahrungen mit ihnen gemacht, als ich auf Befehl deines Vaters gegen sie zu Feld zog, und während ich bis Makedonien gezogen war, und wenig fehlte, dass ich nach Athen selbst gekommen wäre, hat sich mir niemand zum Kampf entgegengestellt. Und doch pflegen die Griechen, wie ich höre, auf die unüberlegteste Weise Kriege miteinander anzufangen: aus Unverstand und Dummheit. Denn wenn sie einander den Krieg angekündigt haben, so begeben sie sich auf das schönste und ebenste Land, das sie ausfindig gemacht haben, und kämpfen hier, sodass [selbst] die Sieger mit großen Verlusten davonziehen. Von den Unterlegenen rede ich überhaupt nicht. Sie gehen in der Tat ganz zugrunde. Nun sollten sie doch, da sie die gleiche Sprache miteinander reden, lieber durch Herolde und Boten ihre Streitigkeiten miteinander schlichten und jedes Mittel eher anwenden als den Kampf. Sollten sie aber durchaus miteinander Krieg führen müssen, so sollten beide herausfinden, wo sie am schwersten zu besiegen sind und sich dort versuchen. Da nun die Griechen auf eine solche schlechte Weise verfahren, sind sie, als ich bis nach Makedonien zog, nicht einmal zu einem Entschluss darüber gekommen, sich mir zum Kampf zu stellen. Wer aber, König, sollte wohl dir entgegentreten und dich bekämpfen wollen, wenn du die Heeresmacht aus [ganz] Asien und alle die Schiffe mit dir führst? Wie ich meine, ist die Macht der Griechen zu einem solchen Maß an Kühnheit nicht fähig. Sollte ich mich aber wirklich in meiner Ansicht irren und jene sich aus Unüberlegtheit verleiten lassen, mit uns in den Kampf einzutreten, so würden sie wohl erfahren, dass wir in allem, was sich auf den Krieg bezieht, die Besten auf der Welt sind. Es soll nun aber nichts unversucht gelassen werden. Denn von selbst kommt nichts, sondern den Menschen pflegt alles [nur] aus einem Versuch zuteilzuwerden.«

10. Also schloss Mardonios, nachdem er des Xerxes Meinung in einer so gefälligen Weise darzustellen gewusst hatte. Während die übrigen Perser schwiegen und es nicht wagten, eine der vorliegenden Meinung entgegengesetzte auszusprechen, trat Artabanos auf, des Hystaspes Sohn, der ein Onkel väterlicherseits des Xerxes war, sich darauf auch in der Tat verließ und sprach: »König, wenn keine einander entgegenstehenden Meinungen ausgesprochen werden, so ist es nicht möglich, bei einer Wahl die bessere zu wählen, sondern man muss die vorgetragene hinnehmen. Sind aber mehrere Meinungen ausgesprochen, so ist [eine Wahl] möglich, geradeso wie wir das reine Gold an sich selbst nicht erkennen: Reiben wir es aber an anderem Gold, so erkennen wir das bessere.

Auch deinem Vater, meinem Bruder, dem Dareios, riet ich vom Feldzug gegen die Skythen ab, weil diese Leute nirgends auf der Welt eine [feste] Stadt bewohnen. Er folgte mir jedoch nicht, weil er hoffte, die herumziehenden Skythen zu unterwerfen, und kehrte dann von seinem Heereszug nach dem Verlust vieler tapferer Krieger zurück. Du, König, willst nun gegen Männer zu Felde ziehen, die weit besser sind als die Skythen und zur See wie zu Land

für die besten gelten; darum halte ich es für Recht, dir zu sagen, was dabei zu befürchten ist.
Du erklärst, du willst über den Hellespont eine Brücke schlagen und dann ein Heer mitten durch Europa gegen Griechenland führen. Hier kann es nun allerdings sich zutragen, dass du eine Niederlage erleidest, es sei zu Land oder auch auf dem Meer oder auch auf beiden. Denn die Griechen sollen kampffähige Männer sein. Man kann dies auch daraus ersehen, dass die Athener allein ein so großes Heer, wie es mit Datis und Artaphernes in das attische Land eingefallen war, vernichtet haben. In beiden Fällen [zu Wasser und zu Land] ist es ihnen nun allerdings nicht gelungen. Aber wenn sie sich in ihre Schiffe werfen und nach einem Sieg zur See zum Hellespont fahren und dann die Brücken abbrechen, wird die Sache, König, wirklich bedenklich. Ich reime mir dies keineswegs nach eigenem Gutdünken zusammen, sondern weil wenig fehlte, dass uns einst ein solches Unglück traf, nachdem dein Vater eine Brücke über den thrakischen Bosporos geschlagen, den Fluss Istros [untere Donau] überbrückt hatte und dann darüber gegen die Skythen gezogen war. Damals suchten die Skythen auf alle Weise durch Bitten die Ionier, denen die Bewachung der Brücke über den Istros anvertraut war, zu bewegen, den Übergang abzubrechen. Und wenn damals Histiaios, der Tyrann von Milet, der Meinung der übrigen Tyrannen gefolgt wäre und sich nicht widersetzt hätte, so wäre es um die Macht der Perser geschehen gewesen. Wahrhaftig, es ist schon arg genug, erzählt zu hören, dass die ganze Macht des Königs an einem einzigen Mann hing. Darum sei du nicht gewillt, dich in irgendeine Gefahr der Art zu stürzen, ohne dass es eine Notwendigkeit dafür gibt, sondern folge mir. Entlasse für jetzt diese Versammlung. Hernach aber, wenn es dir gefällt und du die Sache für dich vorher überlegt hast, eröffne uns, was dir am besten zu sein scheint. Denn nach meinem Ermessen ist es der größte Gewinn, sich wohl zu beraten.
Mag sich dann auch etwas in den Weg stellen, so ist die Beratung darum doch nicht weniger gut gewesen und der Ratschluss ist [nur] dem Zufall unterlegen. Wer sich aber schlecht berät, der hat, wenn ihn der Zufall begünstigen sollte, einen glücklichen Fund getan, sich aber nicht weniger schlecht beraten. Du siehst ja, wie der Gott die hervorragenden Lebewesen mit dem Blitz trifft und nicht zulässt, dass sie sich überheben, die kleinen Tiere ihn aber nicht reizen. Du siehst, wie er stets auf die größten Gebäude und auf ebensolche Bäume seine Geschosse schleudert. Denn der Gott liebt es, alles, was hervorragt, niederzuhalten. So wird nun auch ein großes Heer von einem kleinen zugrunde gerichtet, und zwar auf folgende Weise: Wenn aus Neid die Gottheit Furcht oder Donner unter sie wirft, so gehen sie auf eine ihrer selbst unwürdige Weise zugrunde, denn der Gott lässt keinen anderen stolz denken

als sich selbst. Übereilung nun bringt bei jeder Sache Fehler hervor, aus denen große Nachteile zu entstehen pflegen. In der Zurückhaltung aber liegt Heil, das man, wenn es auch nicht im ersten Augenblick als solches erscheint, doch mit der Zeit zu erkennen vermag. Dieses also, König, ist mein Rat.
Du aber, Mardonios, Sohn des Gobryas, höre auf, solche nichtigen Reden über die Griechen zu führen, die es wahrhaftig nicht verdienen, so geringschätzig angesehen zu werden. Dadurch nämlich, dass du die Griechen verleumdest, reizt du den König selbst zu einem Feldzug, und darauf eben scheinst du mir allen Eifer anzuwenden. […]
Wenn aber nun durchaus ein Feldzug gegen jene Männer stattfinden soll, nun gut, so soll der König selbst im Land der Perser bleiben. Wir beide aber wollen unsere Kinder als Sicherheit stellen und du selbst sollst das Heer führen, nachdem du die Männer ausgewählt, die du willst, und ein Heer erhalten hast, so groß, als du es nur wünschst. Und wenn dem König die Sache so ausgeht, wie du sagst, so sollen meine Söhne getötet werden, und ich selbst auch. Wenn es aber geht, wie ich vorhersage, so sollen deine Söhne dies erleiden und mit ihnen auch du, wenn du zurückgekehrt bist. Willst du aber dies nicht auf dich nehmen, sondern durchaus ein Heer gegen Griechenland führen, so, glaube ich, wird noch mancher von denen, die hier zurückgeblieben sind, hören, dass Mardonios, nachdem er großes Unheil über die Perser gebracht hat, von Hunden und Vögeln zerrissen worden ist, entweder irgendwo im Land der Athener oder auch der Lakedaimonier, wenn nicht schon vorher auf dem Weg, nachdem du erkannt hast, was das für Männer sind, gegen die zu Felde zu ziehen du den König beredest.«
11. Dieses sprach Artabanos, Xerxes aber, von Zorn ergriffen, erwiderte ihm Folgendes: »Artabanos, du bist ein Bruder meines Vaters. Dies wird dich retten, sodass du nicht den verdienten Lohn für so törichte Reden empfängst. Dafür lege ich dir, weil du feige und mutlos bist, diese Schmach auf, dass du nicht mit mir gegen Griechenland ziehst, sondern hierzubleiben hast bei den Frauen. Ich aber werde auch ohne dich alles vollenden, was ich angekündigt habe, denn ich möchte nicht ein Sohn des Dareios sein, des Sohnes des Hystaspes, des Sohnes des Arsames, des Sohnes des Ariaramnes, des Sohnes des Teispes, des Sohnes des Kyros, des Sohnes des Kambyses, des Sohnes des Teispes, des Sohnes des Achaimenes, wenn ich nicht Rache an den Athenern nehme, da ich wohl weiß, dass, wenn wir ruhig bleiben werden, jene gewiss nicht ruhig bleiben, sondern erst recht gegen unser Land zu Felde ziehen werden, wenn man aus dem, was jene unternommen haben, einen Schluss ziehen darf, da sie ja Sardes in Brand gesteckt haben und nach Asien gezogen sind. Daher ist es für keine Seite möglich auszuweichen, sondern es gilt, jetzt zu handeln oder zu leiden. Entweder muss all

dieses Land unter die Herrschaft der Griechen oder jenes alles unter die Herrschaft der Perser kommen, denn ein Mittleres gibt es bei unserer Feindschaft nicht. Daher wird es uns wohl anstehen, für das, was wir bereits früher erlitten haben, uns zu rächen, damit ich dann auch die Gefahr erkenne, in die ich geraten werde, wenn ich gegen solche Männer mein Heer führe, die doch schon der Phryger Pelops, ein Sklave meiner Väter, in solcher Weise unterworfen hat, dass bis auf den heutigen Tag die Menschen selbst und auch ihr Land den Namen dessen tragen, der sie unterworfen hat.«

12. So weit wurde das Gespräch geführt. Kaum aber war die Nacht eingetreten, so verfolgten Xerxes die Worte des Artabanos noch immer, und da er in der Nacht sich die Sache überlegte, fand er, dass es für ihn nicht gut sei, gegen Griechenland zu Felde zu ziehen. Nachdem er aber zu einem anderen Entschluss gekommen war, fiel er in den Schlaf und in dieser Nacht sah er, wie von den Persern erzählt wird, folgendes Traumgesicht. Es kam ihm vor, wie wenn ein großer und wohlgestalteter Mann neben ihm stehe und zu ihm spräche: »Also, andern Sinnes bist du, Perser, und willst kein Heer gegen Griechenland führen, nachdem du den Persern vorher geboten hast, ein Heer zu sammeln? Du tust nicht wohl daran, nun anderen Sinnes zu werden, und es ist auch nicht einer da, der dir beistimmen wird. Wie du am Tag entschlossen warst zu handeln, diesen Weg gehe weiter.« Nachdem das Traumgesicht diese Worte gesprochen, flog es, so kam es Xerxes vor, davon.

13. Als aber der Tag angebrochen war, schenkte Xerxes dem Traum keine Beachtung mehr, sondern rief die Perser, die er auch vorher versammelt hatte, zusammen und sprach zu ihnen Folgendes: »Perser, verzeiht mir, dass ich meine Beschlüsse rasch ändere. Ich bin noch nicht zur höchsten Stufe meiner Weisheit gelangt, und diejenigen, die mir raten jenes zu tun, weichen keinen Augenblick von mir. Zwar brauste, als ich die Meinung des Artabanos gehört hatte, sofort meine Jugend in mir auf, sodass ich hässlichere Worte gegen einen alten Mann ausstieß, als es hätte geschehen sollen. Indessen bin ich jetzt zur Einsicht gekommen und will seiner Meinung folgen. Da ich mich also anders besonnen habe und nicht gegen Griechenland zu ziehen gedenke, so unternehmt auch ihr nichts.« Als die Perser dies gehört hatten, fielen sie ihm voller Freude zu Füßen.

[*aus:* Herodot 7.8–13]

Die Träume des Xerxes

14. Als es aber Nacht geworden war, trat wiederum dasselbe Traumgesicht zu Xerxes im Schlaf und sprach zu ihm: »Sohn des Dareios, du hast also

wirklich vor den Persern kundgegeben, dass du den Feldzug absagst und meine Worte für nichts achtest, wie wenn du sie von niemandem gehört hättest. Darum wisse nun wohl, dass, wenn du nicht sogleich den Feldzug unternimmst, daraus Folgendes für dich erwachsen wird: Wie du in geringer Zeit groß und mächtig geworden bist, so wirst du auch wieder schnell niedrig werden.« 15. Da geriet Xerxes in große Furcht über das Traumgesicht, sprang von seinem Lager auf und schickte einen Boten ab, den Artabanos zu rufen. Als dieser dann gekommen war, sprach Xerxes zu ihm Folgendes: »Artabanos! Es war im ersten Moment unbesonnen von mir, gegen dich um deines guten Rates willen törichte Reden zu führen. Indes, nach nicht langer Zeit wurde ich anderen Sinnes und erkannte, dass ich das tun musste, was du mir angeraten hast. Nun aber bin ich in der Tat nicht imstande, dies zu tun, auch wenn ich wollte, denn seit ich umgestimmt wurde und meinen Entschluss geändert habe, suchte mich ein Traum heim, der durchaus nicht will, dass ich dies tue; jetzt ist er sogar unter Drohungen weggegangen. Wenn nun der, der den Traum schickt, ein Gott ist, und dessen Wille es durchaus ist, dass ein Feldzug gegen Griechenland stattfindet, so wird derselbe Traum auch zu dir kommen, mit ähnlichen Aufträgen wie an mich. Dies könnte aber, wie ich mir denke, in der Weise geschehen, wenn du meine ganze Kleidung nimmst und anlegst, hernach dich auf meinen Thron setzt und alsdann auf meinem Lager schläfst.«

16. Dies sprach zu ihm Xerxes. Artabanos aber wollte der an ihn ergangenen Aufforderung zuerst nicht Folge leisten, weil er es nicht angemessen fand, sich auf den königlichen Thron zu setzen. Als er aber am Ende genötigt wurde, tat er, was ihm befohlen war, nachdem er Folgendes gesagt hatte: »König, bei mir gilt es gleich viel, weise zu sein und dem, der einen guten Rat gibt, bereitwillig zu folgen. Beides kommt zwar auch dir zu, allein der Umgang mit schlechten Menschen führt dich irre, gerade wie dem Meer, das doch unter allem das nützlichste für die Menschen ist, einfallende Winde, wie man behauptet, nicht gestatten, so zu bleiben, wie es von Natur aus ist. Mich aber verletzte, als ich von dir geschmäht wurde, nicht so sehr der Schmerz über die erlittene Kränkung als der Umstand, dass, als zwei Meinungen den Persern vorlagen, von denen die eine die Hybris steigerte, die andere sie beschwichtigte und nachwies, wie schlimm es sei, die Seele zu lehren, stets noch mehr gewinnen zu wollen als man hat, du unter solchen vorliegenden Meinungen die für dich und die Perser nachteiligere wähltest.

Jetzt nun, nachdem du zur besseren dich gewendet hast, kommt, wie du sagst, während du den Zug gegen die Griechen einstellen wirst, über dich auf Geheiß eines Gottes ein Traumgesicht, das dir nicht gestatten will, den

Zug aufzugeben. Aber, mein Sohn, dies ist eben nichts Göttliches. Denn die Träume, welche die Menschen umschwirren, sind so beschaffen, wie ich dir erklären will, da ich um viele Jahre älter bin als du. Es pflegen nämlich meistens solche Traumgesichter in Erscheinung zu treten, die sich auf das beziehen, woran man bei Tag denkt. Wir aber haben in den Tagen zuvor uns gar zu sehr mit diesem Feldzug beschäftigt.

Wenn dies aber wirklich nichts der Art ist, wie ich es erkläre, sondern irgendwie ein Gott daran Anteil hat, so hast du – dies alles kurz zusammengefasst – dahin dich ausgesprochen, dass dann auch mir wie dir das Traumgesicht mit dem gleichen Befehl erscheine. Es soll nun aber auch mir ebenso wie dir mit seinen Anweisungen erscheinen. Doch wird es mir gewiss in meinen Kleidern ebenso erscheinen wie in deinen und auf meinem Lager ebenso wie auf deinem. Was es auch ist, was im Schlafe dir erscheint, es ist doch wahrhaftig nicht so einfältig, dass es, wenn es mich sieht, angesichts deiner Kleidung auf den Gedanken kommen wird, du wärest es. Ob es aber mich ganz und gar nicht beachten und auch nicht einer Erscheinung würdigen wird, mag ich nun meine Kleidung anhaben oder die deine, sondern es dich (weiterhin) besuchen wird, das muss man nun erproben. Denn, wenn es dich wirklich unablässig besuchen sollte, so würde auch ich selbst zugeben, dass es göttlich ist. Falls es nun aber einmal von dir beschlossen ist, dass es so geschehen soll, und es nicht möglich ist, dies abzuwenden, sondern ich nun auf deinem Lager schlafen soll, wohlan, so soll es von meiner Seite aus geschehen und das Traumgesicht dann auch mir erscheinen. Bis dahin aber werde ich bei meiner Meinung bleiben.«

17. Nachdem Artabanos, in der Hoffnung, den Xerxes eines Besseren zu belehren, dies gesagt hatte, tat er, wie ihm befohlen war, zog die Kleidung des Xerxes an und setzte sich auf den königlichen Thron. Sobald er eingeschlafen war, kam zu ihm im Schlaf dasselbe Traumgesicht, das auch den Xerxes besucht hatte, stellte sich über sein Haupt und sprach Folgendes: »Du bist also wirklich jener eine, der den Xerxes vom Zug gegen Griechenland abbringen will, als ob du dich um ihn sorgtest. Aber es wird dir weder nachher noch jetzt gelingen, abzuwenden, was das Schicksal will. Was Xerxes, wenn er nicht hört, erdulden soll, ist ihm selbst offenbart.«

18. Diese Drohung glaubte Artabanos wirklich von dem Traumgesicht zu vernehmen, und es war ihm, als wollte dieses ihm die Augen mit glühenden Eisen ausbrennen. Mit einem lauten Schrei sprang er auf, setzte sich neben Xerxes und, nachdem er ihm den Traum erzählt hatte, sprach er noch Folgendes zu ihm: »Ich habe, König, da ich im Leben schon so viele große Dinge vor kleineren in den Staub sinken sah, dir widerraten, deiner Jugend in allem nachzugeben, weil ich weiß, wie schlimm es ist, nach vielem zu

trachten. Ich erinnere mich dabei des Ausgangs, welchen der Zug des Kyros gegen die Massageten nahm, sowie des Zuges des Kambyses gegen die Äthiopier, ich, der ich mit Dareios gegen die Skythen gezogen bin. Weil ich dies weiß, war ich der Ansicht, du würdest, wenn du Frieden hieltest, von allen Menschen glücklich gepriesen werden. Da nun die Gottheit uns treibt und die Griechen, wie es den Anschein hat, nach göttlicher Fügung Verderben trifft, so ändere denn auch ich meine Meinung. Du aber eröffne den Persern, was von Seiten des Gottes dir geschickt wurde, und gebiete ihnen, deinem früheren Befehl hinsichtlich der Rüstung nachzukommen. Sieh zu, dass du, da die Gottheit es dir ja gebietet, nichts von deiner Seite fehlen lässt.« Nach diesen Worten fühlten sich beide durch das Traumgesicht ermutigt, und sowie es Tag geworden war, trug Xerxes den Persern alles vor. Artabanos, der früher als Einziger offen abgeraten hatte, sprach sich nun ebenso offen dafür aus.

19. Während nun Xerxes sich anschickte, in den Krieg zu ziehen, erschien ihm im Schlaf ein drittes Traumgesicht, das die Magier, als sie es vernommen hatten, so deuteten: Es beziehe sich auf die ganze Erde und alle Menschen würden ihm untertan werden. Dieses Traumgesicht war folgender Art. Dem Xerxes kam es vor, als wäre er mit einem Ölzweig bekränzt. Von dem Ölbaum verbreiteten sich die Zweige über die ganze Erde. Nachher aber verschwand der Kranz, der um sein Haupt lag. Nachdem die Magier den Traum so gedeutet hatten, brach von den versammelten Persern sogleich ein jeder in seine Statthalterschaft auf und war voll Eifer, dem Befehle nachzukommen, weil ein jeder die in Aussicht gestellten Geschenke erhalten wollte. Auch Xerxes war bemüht, sein Heer zusammenzuziehen und durchforschte dazu jeden Ort des Festlandes.

[*aus:* Herodot 7.14–19]

In der Darstellung des Aischylos scheitert Xerxes an seiner Hybris, seinem Hochmut. Bei Herodot ist das anders. Hier verschließt er sich rationalen Einwänden nicht. Zwar lehnt er aufbrausend Artabanos' Vorschläge zunächst ab, doch bei ruhiger Überlegung erkennt er sie als richtig und sagt den Heereszug, der schon mit großem Aufwand vorbereitet ist, ab. Auch die Mehrzahl der Großen des Perserreiches erweist sich als einsichtig. Die Sinnesänderung wird mit Freude begrüßt.

Nun kann Herodot nicht mit dieser Entscheidung des Perserkönigs enden, der Krieg hat ja stattgefunden. So schließt sich an die Thronratsszene eine Traumsequenz an. Die menschliche Vernunft scheitert am Willen der Götter. Sie treiben Xerxes in einen Krieg, für den sie ihn dann bestrafen.

Der Zug des Xerxes

Der Zug des Xerxes ist der erste Weltkrieg der Geschichte. Glauben wir den Zeugnissen der Antike, waren nicht nur die Völker der beiden großen Kontinente Asien und Europa – nach griechischer Vorstellung umfasste Europa damals nur Thrakien, Makedonien, das griechische Mutterland und dessen Kolonien – in ihn verwickelt. Auch der dritte Kontinent, der afrikanische, beteiligte sich an diesem Ringen. So überliefert Ephoros, der erste Verfasser einer Weltgeschichte, den Abschluss eines Bündnisses zwischen dem Perserkönig und Karthago mit dem Ziel, das mächtige syrakusanische Reich Gelons von einem Eingreifen zugunsten der mutterländischen Griechen (Syrakus war eine Kolonie Korinths) abzuhalten. Die Karthager sollten mit einer Flotte Sizilien angreifen und dann – einen Sieg vorausgesetzt – weiter gegen Griechenland segeln. Wenn es diesen Plan gab, war er geheim. Zwar landeten die Karthager 480 tatsächlich in Sizilien – die Schlacht soll nach Herodot zeitgleich mit der von Salamis stattgefunden haben –, doch lässt sich das sowohl als Beleg für die Echtheit des Plans interpretieren wie auch als Auslöser, einen solchen zu erfinden. Herodot kennt ihn nicht, er dokumentiert die Größe des Krieges auf andere Weise. Einen Großteil des siebten Buches verwendet er für die Schilderung der logistischen Vorbereitung des Zuges. Er zählt – Vorbild ist offenbar Homer – die Völker auf, die der Großkönig um sich versammelte, nennt die Namen aller Kommandierenden, die Eigentümlichkeiten der jeweiligen Bewaffnung. Dazu bedurfte es persischer Quellen, auch wenn wir nicht wissen, welchen Zugang Herodot zu ihnen hatte. Daneben gab es auch die griechische Fernaufklärung. Spätestens am Hellespont konnten sich Kundschafter ein Bild von der Lage machen. Die überlieferten Zahlen für die Fußtruppen sind aber ganz und gar unglaubwürdig. Ein solches Heer hätte sich selbst angesichts der jahrelangen Vorbereitung des Zuges, zu denen auch die Errichtung von Verpflegungsdepots auf der geplanten Route gehörte, niemals versorgen lassen. Moderne Schätzungen, die auf eine Truppenstärke von bis zu 100 000 Mann kommen, sind bloße Vermutungen. Alexander dem Großen genügten 150 Jahre später 35 000 (beim Aufbruch), um das Perserreich zu erobern.

Mehr noch als die Rüstungen beeindruckte die Griechen vielleicht die Perfektion der Vorbereitung. Xerxes verzichtete auf jedes Überraschungsmoment und gab seinen Gegnern vier Jahre Zeit, sich zu einigen und den Widerstand zu organisieren. In dieser Zeit setzte er zwei Projekte um, mit denen sich sein Name bis zum Ende der Antike verband. Nachdem die Flotte des Mardonios an den Klippen des Athos-Gebirges gescheitert war, ließ Xerxes einen Kanal durch die Halbinsel ausheben, den zwei Trieren nebeneinander fahrend passieren konnten. Am meisten bewundert und später zum Symbol seiner Hybris

Relief des Xerxes am Eingang des Palastes von Persepolis

wurde der Brückenschlag über den Hellespont. Phoinikische und ägyptische Ingenieure errichteten aus Hanfseilen und Papyrusbast ein Brückenpaar, das von 360 bzw. 314 Schiffen (eine der beiden Brücken führte wegen der Strömung in leicht schräger Richtung über die Meerenge) gebildet wurde. Als ein Sturm die erste Brücke zerstörte, ließ Xerxes den Hellespont mit 300 Geißelhieben züchtigen und Fußfesseln in seinen Wassern versenken. Nicht zufällig endet Herodots Werk damit, dass Xanthippos, der Vater jenes Mannes, nach dem die Friedensära nach den Kriegen die Perikleische genannt wurde, die Taue dieser Brücke als Siegestrophäe nach Athen bringt.

Die Chronologie des Xerxeszuges

Seit Xerxes die Brücke über den Hellespont schlug und [den Kanal] durch den Athos grub, und die Schlacht an den Thermopylen stattfand, und die Seeschlacht der Griechen gegen die Perser bei Salamis, in der die Griechen siegten, 217 Jahre, während Kalliades [eponymer] Archon in Athen war [480/479].
Seit die Schlacht von Plataiai der Athener gegen Mardonios, den Feldherrn des Xerxes, stattfand, in der die Athener siegten, während Mardonios fiel, und in Sizilien der Ätna Feuer spie, 216 Jahre, während Xanthippos [eponymer] Archon in Athen war [479/478].
[*aus:* Marmor Parium FgrHist 239 A 51–52]

Der Text bezieht sich auf das Jahr 264/63, in der die Chronik offenbar angelegt wurde.

Am dritten Tag desselben Monats [Boedromion; September/Oktober] siegten die Athener zu Plataiai. Der 16. des Munychion [April/Mai] war der Artemis geheiligt, weil an diesem Tag die Göttin den bei Salamis siegenden Griechen in vollem Glanz [als Vollmond] erschienen war.
[*aus:* Plutarch, *Ob die Athener im Kriege oder der Weisheit berühmter waren* 7 (*Moralia* 349E)]

Nachdem Lysander [...] die athenischen Mauern in seine Hand bekommen hatte, am 16. des Monats Munychion, an dem sie den Seesieg bei Salamis über die Barbaren errungen hatten [...]
[*aus:* Plutarch, *Lysander* 15]

Die Perser sind im Monat Boedromion am 6. bei Marathon, am 3. bei Plataiai und Mykale von den Griechen geschlagen worden […] Die Athener errangen den Seesieg […] bei Salamis am 20. [Boedromion]
[*aus:* Plutarch, *Camillus* 19]

Nach Busolt 703 f. Anm. 3 erfolgte die Schlacht bei Salamis am 28. oder 29. September.

Das Bündnis zwischen Xerxes und den Karthagern

Wahrscheinlich stieß Pindar auf die *Historien* des Ephoros und folgte ihm. Ephoros berichtet nämlich in etwa, dass damals, als Xerxes seine Flotte gegen die Griechen rüstete, Gesandte [aus Griechenland] sich bei dem Tyrannen Gelon eingefunden und ihn gebeten hätten, zur Versammlung der Griechen zu kommen; von den Persern und Phoinikiern aber seien Gesandte mit dem Auftrag zu den Karthagern gekommen, sie sollten eine möglichst starke Flotte aufstellen, damit nach Sizilien übersetzen, <und> wenn sie dort die griechische Partei besiegt hätten, zur Peloponnes segeln. Beide Parteien seien mit dem [jeweiligen] Vorschlag der Gesandten einverstanden gewesen und Hieron [Bruder des Gelon] habe sich zu einem Kriegsbündnis mit den Griechen bereitgefunden, doch da die Karthager entschlossen gewesen seien, mit Xerxes gemeinsame Sache zu machen, so habe Gelon 200 Schiffe, dazu 2000 Reiter und 10 000 Mann zu Fuß ausgerüstet und auf die Kunde, dass eine karthagische Flotte gegen Sizilien heransegle, eine Entscheidungsschlacht gewagt; dadurch habe er nicht nur die Sikelioten, sondern auch das gesamte Griechenland befreit. Es ist also anzunehmen, dass Pindar auf diese Geschichte [bei Ephoros] gestoßen ist.
[*aus:* Ephoros FGrHist 70 F 186]

Als in Athen Kalliades Archon war [480/79], wählten die Römer zu Konsuln den Spurius Cassius und den Proculus Verginius Tricostus; in Elis wurde damals die 75. Olympiade gefeiert, bei der Astylos von Syrakus Sieger auf der Rennbahn war. In diesem Jahr zog der König Xerxes gegen Griechenland zu Feld, und zwar aus folgender Veranlassung: Der Perser Mardonios, ein Vetter und Schwager des Xerxes, der wegen seiner Einsichten und seiner Tapferkeit bei den Persern hoch geachtet war, ein Mann von hochstrebendem Geist und in den besten Jahren, wünschte Anführer eines großen Heeres zu werden. Darum beredete er den Xerxes, die Griechen, die immer feindlich gegen die Perser gesinnt seien, zu unterjochen. Xerxes ließ

sich von ihm überreden und beschloss, alle Griechen aus ihren Wohnsitzen zu verjagen. Er forderte daher die Karthager durch eine Gesandtschaft zur Teilnahme auf, und verabredete mit ihnen, dass er gegen die Griechen, die Griechenland bewohnten, zu Feld ziehen wollte und die Karthager zu gleicher Zeit ein großes Heer rüsten und diejenigen Griechen, die in Sizilien und Italien wohnten, bekriegen sollten. Diesem Vertrag zufolge schafften die Karthager eine große Summe Geldes herbei und brachten Söldner aus Italien und Ligurien, aus Gallien und Iberien zusammen. Überdies hoben sie einheimische Truppen in ganz Libyen und in Karthago aus. Endlich, nachdem sie drei Jahre mit den Rüstungen zugebracht hatten, standen ihnen 300 000 Mann Fußvolk und 200 Schiffe zur Verfügung.
[*aus:* Diodor 11.1.2–5]

Diodor fußt in seinem Bericht auf dem verlorenen Werk des Ephoros. Das Schweigen Herodots ließ Zweifel an dem Bündnis aufkommen, H. Bengston (S. 170) hält im *Handbuch der Altertumswissenschaft* jedoch entschieden an der Historizität fest

165. Von denen, die in Sizilien wohnen, wird aber auch noch Folgendes erzählt: Gelon würde, wenn er auch unter den Befehl der Lakedaimonier hätte kommen sollen, dennoch den Griechen Beistand geleistet haben, wenn nicht der aus Himera vertriebene Terillos um eben diese Zeit gegen ihn ein Heer von 300 000 Phoinikiern, Libyern, Iberern, Ligyern, Helisyken, Sardiniern und Kyrniern unter der Führung des Hamilkar, des Sohnes des Hanno, der damals König der Karthager war, herangeführt hätte. […] Auf diese Weise sei es allerdings dem Gelon nicht möglich gewesen, den Griechen Beistand zu leisten, und darum habe er die Schätze nach Delphi geschickt.
166. Außerdem erzählen sie auch noch, wie es sich getroffen habe, dass an demselben Tage in Sizilien Gelon und Thero den Sieg über Amilkas und die Karthager errangen, an welchem die Griechen zu Salamis den Perser besiegten.
[*aus:* Herodot 7.165–166]

Gelon, Sohn des Deinomenes | hat (dies) dem Apollon geweiht, | ein Syrakusaner. | Den Dreifuß und die Nike(-statue) hat verfertigt | Bion, Sohn des Diodoros, ein Milesier.
[Inschrift: Weihung Gelons für seinen Sieg bei Himera]

Inschrift auf einer Kalksteinbasis in Delphi aus dem Jahr 480 v. Chr. s. HGIÜ I 21 f.

Die persischen Rüstungen

20. Denn vier volle Jahre nach der Eroberung Ägyptens war Xerxes mit der Ausrüstung des Heeres und mit allem, was für das Heer nötig war, beschäftigt; im Laufe des fünften Jahres erst begann er den Feldzug mit einer gewaltigen Menschenmasse. Denn unter allen Kriegszügen, welche wir kennen, war dieser in der Tat bei Weitem der größte. [...] Wo war ein Volk, welches Xerxes nicht aus Asien gegen Griechenland führte? Wo Wasser, das zum Trinken ausreichte, die großen Ströme ausgenommen? Denn die einen stellten Kriegsschiffe, die anderen waren zum Fußvolk eingeteilt, wieder anderen war Reiterei zu stellen auferlegt, den Vierten Schiffe zum Transport der Pferde zugleich mit den ins Feld ziehenden Reitern. Die Fünften mussten für den Brückenbau lange Schiffe stellen [z. B. für die Schiffsbrücke über den Hellespont], die Sechsten Lebensmittel und Schiffe. [...]
59. Doriskos ist ein Küstenland von Thrakien und eine weite Ebene, durch die der große Fluss Hebros fließt, an dem die königliche Feste erbaut worden war. [...] Dieser Platz schien dem Xerxes geeignet, um hier das Heer aufzustellen und abzuzählen, und er führte dies auch aus. Sämtliche Schiffe nun, die nach Doriskos gelangt waren, führten die Befehlshaber der Flotte auf Geheiß des Xerxes an das Gestade, das an Doriskos stößt, [...] brachten sie ins Trockene und besserten sie aus. Xerxes aber veranstaltete in dieser Zeit bei Doriskos eine Zählung des Heeres.
60. Wie hoch nun das Kontingent eines jeden einzelnen Volkes der Zahl nach sich belief, vermag ich nicht mit Bestimmtheit anzugeben, denn es wird von niemandem überliefert. Die Gesamtzahl des Landheeres aber stellte sich als 17 mal 100 000 Mann heraus. Die Zählung nämlich geschah in folgender Weise: Sie führten auf einen Platz eine Schar von 10 000 Mann, drängten diese, so gut sie konnten, zusammen und beschrieben dann um diese von außen her einen Kreis. Nachdem sie ihn gezogen hatten, ließen sie diese 10 000 heraus und zogen rings herum an dem Kreis ein Gehege, das so hoch war, dass es einem Mann bis an den Nabel ging. Nachdem sie dieses gemacht hatten, führten sie dann in den rings herum eingehegten Raum andere hinein, bis dass alle auf diese Weise gezählt waren. Nach der Zählung ordneten sie diese nach Völkern.
[*aus*: Herodot 7.20, 59–60]

61. Es waren aber, die ins Feld zogen, die Folgenden: Perser, die auf diese Weise gekleidet waren: Auf dem Kopfe hatten sie die sogenannte Tiara, das sind weiche Filzhüte, auf dem Leib bunte Röcke, mit Ärmeln versehen, … mit eisernen Schuppen, die wie Fischschuppen aussahen, um die Beine Hosen und statt der großen Schilde kleine geflochtene; unter diesen hingen Köcher. Dann hatten sie kurze Speere und große Bögen mit Pfeilen von Rohr, dazu noch Dolche, die an der rechten Hüfte vom Gürtel herabhingen. Ihr Führer war Otanes, der Vater der Amestris, der Gemahlin des Xerxes. Diese wurde von alters her von den Griechen Kephenen genannt, sie selbst und die, welche um sie herum wohnen, nennen sie Artaier. Als nämlich Perseus, der Sohn der Danae und des Zeus, zu Kepheus, dem Sohne des Belos, gekommen war und dessen Tochter Andromeda zur Frau nahm, wurde ihm ein Sohn geboren, dem er den Namen Perses gab. Diesen ließ er dort zurück, da Kepheus ohne männliche Nachkommenschaft war, und von diesem hatten sie ihren Namen.
62. Die Meder aber zogen in derselben Weise gekleidet zu Felde, denn diese Kleidung ist zunächst die medische und nicht die persische. Die Meder hatten zum Führer den Tigranes, einen Achaimeniden. Sie wurden von alters her von allen Arier genannt. Als aber die Kolcherin Medea aus Athen zu diesen Ariern kam, veränderten auch sie ihren Namen. So behaupten die Meder selbst von sich. Die Kissier, die sich im Heer befanden, waren im Übrigen gekleidet wie die Perser, nur trugen sie statt der Hüte Mitren. Diese Kissier befehligte Anaphes, des Otanes Sohn.
Auch die Hyrkanier waren angetan wie die Perser, zum Führer hatten sie den Megapanos, der später Statthalter von Babylon wurde. 63. Die Assyrer, die sich im Heere befanden, hatten auf dem Kopf eherne Helme, die fremdartig geflochten waren, auf eine Weise, die sich nicht gut beschreiben lässt. Dazu führten sie Schilde, Speere und Dolche, ähnlich den ägyptischen, dazu noch Keulen von Holz, die mit Eisen beschlagen waren, und Harnische aus Leinen. Diese wurden von den Griechen Syrer genannt, von den Barbaren aber Assyrer. [Unter ihnen befanden sich auch Chaldaier.] Es befehligte aber diese Otaspes, Sohn des Artachaios.
64. Die Baktrier zogen mit einer der medischen ganz ähnlichen Kopfbedeckung zu Felde, mit Bögen von Rohr nach Landessitte und kurzen Lanzen. Die Saken aber, die Skythen, sind, trugen auf dem Kopf spitz auslaufende, aufrechtstehende Turbane und hatten Hosen angelegt. Sie führten Bögen nach Landessitte und dazu auch noch Streitäxte. Diese, die eigentlich amyrgische Skythen waren, wurden Saken genannt, denn die Perser nennen alle

Skythen Saken. Die Baktrier und Saken befehligte Hystaspes, der Sohn des Dareios und der Atossa, der Tochter des Kyros.

65. Die Inder waren angetan mit Kleidern aus Baumwolle und hatten Bögen und Pfeile aus Rohr; oben befand sich eine Eisenspitze. So also waren die Inder gerüstet; im Heer waren sie dem Pharnazathres, dem Sohne des Artabates, zugeteilt.

66. Die Arier waren ausgerüstet mit medischen Bögen, im Übrigen aber wie die Baktrier. Es befehligte die Arier Sisamnes, der Sohn des Hydarnes. Die Parther und Chorasmier, die Sogder und Gandarier und die Dadiker, die den Feldzug mitmachten, hatten dieselbe Rüstung wie die Baktrier. Ihre Befehlshaber waren folgende: die Parther und Chorasmier befehligte Artabazos, des Pharnakes Sohn, die Sogder Azanes, des Artaios Sohn, die Gandarier und Dadiker Artyphios, des Artabanos Sohn.

67. Die Kaspier zogen in Pelzen gekleidet zu Feld und führten Bögen von Rohr nach Landessitte sowie persische Kurzschwerter. So waren sie gerüstet und hatten zum Führer den Ariomardos, den Bruder des Artyphios. Die Saranger aber stachen durch ihre gefärbten Kleider hervor. Sie hatten Schuhe, die bis zum Knie hinaufreichten, dann medische Bögen und Lanzen; Pherendates, des Megabazos Sohn, war ihr Führer. Die Paktyer trugen gleichfalls Pelze und hatten Bögen nach Landessitte sowie Dolche; zum Führer hatten sie den Artayntes, den Sohn des Ithamitres. 68. Die Utier, Myker und Parikanier waren gekleidet wie die Paktyer. Ihre Befehlshaber waren folgende: die Utier und Myker befehligte Arsamenes, des Dareios Sohn, die Parikanier Siromitres, des Oiobazos Sohn.

69. Die Araber trugen weite, am Leib mit einem Gürtel befestigte Mäntel und führten lange, nach rechts zu spannende Bögen. Die Äthiopier waren in Panther- und Löwenfelle gekleidet und hatten Bögen, welche aus dem Stiel des Palmbaums verfertigt waren in der Länge von nicht weniger als vier Ellen [ca. 1,80 m] und dazu kleine Pfeile von Rohr; statt des Eisens war ein scharfer Stein daran angebracht, mit welchem man auch die Siegelringe schneidet. Dazu hatten sie Speere, auf denen ein spitz auslaufendes Horn einer Gazelle als Lanzenspitze angebracht war; auch hatten sie noch (mit Eisen) beschlagene Keulen. Wenn sie in die Schlacht zogen, überstrichen sie den einen Teil ihres Leibes mit Gips, den andern mit Mennige. Die Araber und die oberhalb von Ägypten wohnenden Äthiopier befehligte Arsames, der Sohn des Dareios und der Artystone, einer Tochter des Kyros, von der Dareios, da er sie am meisten unter seinen Frauen liebte, ein Bild aus getriebenem Golde hatte fertigen lassen. Die oberhalb Ägyptens wohnenden Äthiopier und die Araber befehligte also Arsames.

70. Die Äthiopier aber, die vom Sonnenaufgang her kamen – denn es befanden sich im Heer zweierlei Äthiopier – waren den Indern zugeteilt; in ihrer Gestalt waren sie von den anderen gar nicht verschieden, sondern nur in der Sprache und im Haarwuchs. Denn die Äthiopier vom Sonnenaufgang her haben glattes Haar, die aus Libyen aber haben unter allen Menschen das am meisten gekräuselte Haar. Diese Äthiopier aus Asien waren meist wie die Inder gerüstet, auf dem Haupt aber trugen sie Kopfhäute von Pferden, die samt den Ohren und der Mähne abgezogen worden waren. Die Mähne diente als Helmbusch, während die Pferdeohren aufrecht in die Höhe standen. Statt der Schilde gebrauchten sie Kranichhäute als Schilde.
71. Die Libyer marschierten in einer Kleidung von Leder und führten Speere, die vorn angebrannt waren; zum Führer hatten sie den Massages, den Sohn des Oarizos. 72. Die Paphlagonier, die ins Feld zogen, hatten auf dem Kopf geflochtene Helme und führten kleine Schilde, nicht sehr große Lanzen und dazu noch Wurfspeere und Dolche mit sich. An den Füßen trugen sie Schuhe, die nach Landessitte bis zu den halben Waden hinaufreichten. Die Lygier, Matiener, Mariandyner und Syrer, die mit dem Heer zogen, hatten dieselbe Rüstung wie die Paphlagonier. Es werden aber diese Syrer von den Persern Kappadoken genannt. Die Paphlagonier nun und die Matiener befehligte Dotos der Sohn des Megasidros; die Mariandyner, Lygier und Syrier Gobryas, des Dareios und der Artystone Sohn.
73. Die Phryger hatten eine der paphlagonischen ganz nahe kommende Tracht und unterschieden sich nur wenig von ihnen. Diese Phryger wurden, wie die Makedonen behaupten, Bryger genannt, solange sie in Europa neben den Makedonen wohnten. Als sie aber nach Asien hinübergezogen waren, veränderten sie mit dem Land auch den Namen in Phryger. Die Armenier, die Abkömmlinge der Phryger sind, waren ebenso wie die Phryger gerüstet: Diese beiden zusammen befehligte Artochmes, der eine Tochter des Dareios zur Frau hatte. 74. Die Lyder waren beinahe wie die Griechen bewaffnet. Diese Lyder wurden vor alters her Maionier genannt; ihre jetzige Bezeichnung erhielten sie zur Zeit des Lydos, des Sohnes des Atys, unter dem sie ihren Namen änderten.
Die Myser hatten Helme nach Landessitte auf dem Kopf sowie kleine Schilde und führten vorn angebrannte Wurfspeere. Sie sind Abkömmlinge der Lyder und werden nach dem Berg Olympos Olympiener genannt. An der Spitze der Lyder und Myser stand Artaphernes, des Artaphernes Sohn, der mit Datis in Marathon eingefallen war.
75. Die Thraker zogen mit Fuchspelzen auf dem Kopf zu Felde, um den Leib trugen sie Röcke und darüber hatten sie Mäntel von bunter Farbe geworfen. An Fuß und Wade trugen sie Schuhe aus Hirschleder. Dazu hatten

sie noch Wurfspeere, kleine leichte Schilde und kleine Dolche. Sie wurden, nachdem sie nach Asien hinübergezogen waren, Bithyner genannt. Vorher hießen sie, wie sie selbst angeben, Strymonier, weil sie am Strymon wohnten. Sie wären aber, sagen sie, von den Teukrern und Mysern aus ihren Wohnsitzen vertrieben worden. Diese asiatischen Thraker befehligte Bassakes, der Sohn des Artabanos.
76. Die … [Textlücke] hatten kleine Schilde aus ungegerbtem Rindsleder, und ein jeder trug zwei in Lykien verfertigte Jagdspeere und auf dem Kopf einen ehernen Helm. Darauf saßen Ochsenohren und Hörner von Erz und darauf noch ein Helmbusch. Die Beine hatten sie mit purpurroten Lappen umwickelt. Im Gebiet dieser Männer befindet sich ein Orakel des Ares.
77. Die maionischen Kabeler, welche (auch) Lasonier heißen, trugen dieselbe Kleidung wie die Kiliker, die ich dann, wenn ich mit meiner Aufzählung zur Abteilung der Kiliker komme, beschreiben werde. Die Milyer hatten kurze Lanzen und Kleider, welche mit Spangen versehen waren; einige von ihnen hatten lykische Bögen und auf dem Kopf Lederkappen. Alle diese befehligte Badres, des Hystanes Sohn.
78. Die Moscher hatten Helme aus Holz auf dem Kopf und führten kleine Schilde und Lanzen, auf denen lange Spitzen waren. Die Tibarener, Makronen und Mosynoiken, die mit zu Felde zogen, waren gekleidet wie die Moscher. An ihrer Spitze standen folgende Führer: Die Moscher und Tibarener führte Ariomardos an, der Sohn des Dareios und der Parmys, der Tochter des Smerdis, des Sohnes des Kyros, die Makronen und Mosynoiken Artayktes, der Sohn des Cherasmis, der Statthalter von Sestos am Hellespont war.
79. Die Marer hatten geflochtene Helme nach Landesart auf dem Kopf, dann kleine lederne Schilde und Wurfspeere. Die Kolcher hatten hölzerne Helme auf dem Haupt, dann kleine Schilde aus ungegerbtem Rindsleder, kurze Lanzen und dazu noch Messer. Es befehligte die Marer und Kolcher Pharandates, des Teaspis Sohn. Die Alarodier und Saspeirer zogen bewaffnet wie die Kolcher zu Felde und standen unter dem Befehl des Masistios, des Sohns des Siromitres.
80. Die Inselvölker, die vom Roten Meere aus folgten, nämlich von den Inseln, auf denen der König die Landesverwiesenen, wie man sie nennt, ansiedelt, hatten eine der medischen ganz nahe kommende Kleidung und Bewaffnung. Diese Inselvölker befehligte Mardontes, des Bagaios Sohn, der im Jahr darauf als Heerführer in der Schlacht von Mykale fiel.
81. Dies waren die Völker, die zu Lande am Feldzug teilnahmen und dem Fußvolk zugeteilt waren. Die Befehlshaber dieses Heeres waren diejenigen, die genannt worden sind. Es waren eben diese, die das Heer geordnet und abgezählt hatten und die Kommandeure der Tausend- und Zehntausend-

schaften ernannten. Die Kommandeure der Zehntausendschaften aber setzten die Führer über die Hundert- und die Zehnerschaften ein. Alle die Genannten waren also die Befehlshaber.
82. Diese aber und das gesamte Landheer standen unter folgenden Feldherren: Mardonios, des Gobryas Sohn, Tritantaichmes, der Sohn des Artabanos, nach dessen Meinung der Feldzug gegen Griechenland gar nicht hätte stattfinden sollen, Smerdomenes, des Otanes Sohn. Diese beiden waren Brudersöhne des Dareios und Vettern des Xerxes. Dazu kamen Masistes, des Dareios und der Atossa Sohn, Gergis, des Ariazos Sohn, und Megabyzos, des Zopyros Sohn. 83. Dies waren die Feldherren über das gesamte Landheer, mit Ausnahme der »Zehntausend« Diese zehntausend auserlesenen Persern befehligte Hydarnes, des Hydarnes Sohn. Es wurden diese Perser darum die Unsterblichen genannt, weil, wenn einer von ihnen aus dieser Zahl ausschied, entweder durch Tod oder durch Krankheit, sofort ein anderer gewählt wurde. Daher waren sie nie mehr oder weniger als zehntausend. Diese Perser waren am meisten geschmückt vor allen andern und waren auch die tapfersten. Sie hatten eine solche Ausrüstung, wie sie beschrieben worden ist. Außerdem aber zeichneten sie sich durch vielen und reichlichen Goldschmuck aus, führten Reisewagen mit sich, darin ihre Nebenfrauen, und eine zahlreiche, wohl gekleidete Dienerschaft. Getrennt von der Verpflegung für das übrige Heer führten Kamele und Zugvieh die Lebensmittel für sie mit.
[*aus:* Herodot 7.61–83]

Das Heer in Zahlen

87. Die Zahl der Reiterei belief sich auf 80 000 Mann, ohne die Kamele und die Wagen. […]
89. Die Zahl der Dreiruderer lag bei 1200 und sieben. […]
96. Es befanden sich aber auf allen diesen Schiffen Perser, Meder und Saken als Soldaten. Die am besten fahrenden Schiffe unter diesen stellten die Phoinikier und unter den Phoinikiern die Sidonier. […] Die Zahl der Dreißigruderer, Fünfzigruderer, der kleineren Schiffe und der langen Schiffe zum Transport der Pferde belief sich auf 3000.
184. Bis zu diesem Punkt und bis zu den Thermopylen hatte das Heer nichts zu leiden gehabt, und doch war seine Menge, wie ich bei meiner Berechnung finde, damals so groß: Auf den Schiffen aus Asien, deren Zahl sich auf 1207 belief, befand sich, wer anfänglich von einem jeden der Völker gestellt worden war, in der Gesamtzahl 241 400 Mann, wenn man nämlich 200 Mann auf jedes Schiff rechnet. Es befanden sich aber auf diesen Schiffen

außer der einheimischen Mannschaft auf jedem noch 30 Mann, Perser, Meder und Saken. Dies macht weiter eine Schar von 36 210 Mann. Zu dieser und der früheren Zahl will ich noch die der Fünfzigruderer hinzufügen, indem ich, es mögen nun etwas mehr oder weniger gewesen sein, 80 Mann für jedes Schiff annehme. Es belief sich aber die Zahl dieser Fahrzeuge, wie dies auch früher von mir angegeben worden ist, auf 3000. Somit würden auf denselben 240 000 Mann sich befunden haben. Dies war nun die gesamte Seemacht aus Asien, alles zusammen 517 610 Mann. Die Zahl des Fußvolks betrug 1 700 000 Mann, der Reiterei 80 000. Dazu rechne ich noch die Araber, die Kamele ritten, und die Libyer zu Wagen, indem ich die Masse zu 20 000 Mann anschlage. Rechnet man nun die gesamte See- und Landmacht zusammen, so ergibt sich ein Heer von 2 317 610. Damit ist angegeben das Heer, das aus Asien selbst ausgezogen war, ohne den Tross, der folgte, und ohne die Frachtschiffe und deren Besatzungen.
185. Nun muss aber auch zu dieser ganzen Zahl noch das aus Europa mitgenommene Heer hinzugerechnet werden, was ich indessen nur so, wie ich es mir denke, angeben kann. […] Wird diese Zahl derjenigen des aus Asien kommenden Heeres hinzugefügt, so ergibt sich eine kampffähige Mannschaft von 2 641 610 Mann.
Während also diese kampffähige Mannschaft so stark war, so waren der Tross, der dieser folgte, dann die Besatzungen auf den Frachtschiffen sowie auf den übrigen Schiffen, die zugleich mit dem Heere fuhren, nach meinem Ermessen nicht geringer an Zahl als die kampffähige Mannschaft, sondern eher noch mehr. Nehme ich einmal an, dass diese Zahl jener gleich war, weder mehr noch weniger, so machten sie die gleiche Zahl wie die Streitmacht aus. Auf diese Weise hat Xerxes, des Dareios Sohn, ein Heer von 5 283 220 Mann bis nach Sepias und bis zu den Thermopylen geführt.
[*aus:* Herodot 87, 89, 96, 184–186]

Hier einst stritten im Kampfe mit mehr als drei Millionen bloß der Tausende vier, Peloponnesier.
[*aus:* Simonides von Keos (s. Herodot 7.228)]

[…] als der Perser [Xerxes] mit Truppen, nach fliegenden Pfeilen nur noch gezählt, heranzog.
[*aus:* Lucan, Der Bürgerkrieg 3.285 f.]

Der römische Dichter Lucan (39–65 n. Chr.) bemüht in seinem Epos über den Bürgerkrieg zwischen Pompeius und Caesar (49/48 v. Chr.) historische Beispiele.

Xerxes wetteiferte mit den Karthagern und übertraf sie bei den Rüstungen in allen Stücken umso mehr, je größer die Zahl seiner Völker im Vergleich mit den ihrigen war. Er fing an Schiffe zu bauen an der ganzen Meeresküste, die ihm unterworfen war, in Ägypten, Phoinikien, Zypern, Kilikien, Pamphylien, Pisidien, Lykien, Karien, Mysien und der Troas, außerdem in den Städten am Hellespont, in Bithynien und am Pontos. Ebenso wie die Karthager rüstete er sich drei Jahre lang und brachte über 1200 Kriegsschiffe zusammen.
[*aus:* Diodor 11.2.1]

Schon hatte Xerxes 700 000 Mann aus seinem Königreich unter Waffen, dazu 300 000 an Hilfstruppen, sodass nicht ohne Grund berichtet wird, ganze Flüsse seien von seinem Heer ausgetrunken worden und ganz Griechenland habe sein Heer kaum fassen können. Auch wird berichtet, er habe 1200 mit Rammspornen versehene Schiffe, Transportschiffe aber 3000 an der Zahl besessen.
[*aus:* Justin (Pompeius Trogus) 2.10.18–20]

Xerxes nämlich schickte sich an, Europa zu Wasser und zu Lande anzugreifen, und verwendete dazu Heeresmassen, wie sie weder vor noch nach ihm irgendjemandem zur Verfügung standen: Seine Flotte umfasste 1200 Kriegsschiffe, welchen 2000 Lastschiffe folgten; das Landheer setzte sich aus 700 000 Fußsoldaten und 400 000 Reitern zusammen.
[*aus:* Cornelius Nepos, *Themistokles* 2]

Der Athos-Kanal und die Brücke über den Hellespont

22. Weil bei der ersten Umfahrt um den Athos die Flotte Schiffbruch erlitten hatte, ließ Xerxes seit ungefähr drei Jahren am Athos Vorbereitungen treffen. Von den Trieren nämlich, die bei Elaius auf der Chersones ankerten, kamen mancherlei Leute vom Heer gezogen und hoben unter Peitschenhieben einen Graben aus. Andere kamen zur Ablösung. Sogar die Bewohner um den Athos hatten mitzugraben. Bubares, des Megabazos Sohn, und Artachaies, des Artaios Sohn, beide Perser, führten die Aufsicht über das Werk. Denn der Athos ist ein großer und namhafter Berg, der sich in das Meer hineinzieht und von Menschen bewohnt ist. Da aber, wo er in das feste Land übergeht, sieht er wie eine Halbinsel aus und ist eine Landzunge [in der Breite] von etwa 12 Stadien [etwa 2160 m].

23. Es gruben aber die Barbaren, nachdem sie den Platz nach den einzelnen Völkern abgeteilt und bei der Stadt Sane eine schnurgerade Linie gezogen hatten, auf folgende Weise: Weil nämlich der Graben tief wurde, standen die einen, welche gruben, ganz unten, und andere reichten das jedes Mal ausgeschachtete Erdreich denen, die über ihnen auf Leitern standen, und diese wieder anderen, bis es zu den ganz oben Stehenden kam, welche die Erde heraustrugen und wegwarfen. [...]
24. Wie ich nun bei näherer Erwägung finde, ließ Xerxes aus reiner Großmannssucht diesen Graben anlegen, weil er seine Macht zeigen und ein Denkmal hinterlassen wollte. Denn obwohl er ohne alle Mühe die Schiffe über die Landzunge hätte hinwegziehen lassen können, ließ er für den Durchfluss des Meeres einen Graben von einer Breite anlegen, dass zwei Dreiruderer zugleich mit ihrem Ruderwerk hindurchfahren konnten. Dieselben Arbeiter, welche den Graben anlegen mussten, hatten auch den Auftrag erhalten, über den Fluss Strymon eine Brücke zu schlagen. [...]
33. Hernach rüstete sich [Xerxes von Sardes aus] zum Zuge nach Abydos. Inzwischen aber hatten seine Leute über den Hellespont eine Brücke von Asien aus nach Europa geschlagen. Auf der Chersones am Hellespont nämlich zieht sich zwischen der Stadt Sestos und Madytos ein rauer Vorsprung der Küste ins Meer hinein, Abydos gegenüber, wo nicht lange Zeit später die Athener unter der Führung des Xanthippos, des Sohnes des Ariphron, den Perser Artayktes, den Statthalter von Sestos, gefangen nahmen und lebendig ans Kreuz nagelten, weil er in das Heiligtum des Protesilaos nach Elaius Frauen mit sich zu nehmen pflegte und gottlose Dinge [mit ihnen] trieb.
34. Zu diesem Küstenvorsprung nun führten die, die dazu beauftragt waren, von Abydos aus die Brücken, die Phoinikier mittels Tauen aus weißem Flachs die eine, die Ägypter die andere mittels Tauen aus Papyrus. Es beträgt aber die Strecke von Abydos nach dem jenseitigen Ufer sieben Stadien [ca. 1260 m]. Als aber die Meerenge gerade überbrückt war, erhob sich ein gewaltiger Sturm, der dies alles zerschlug und auseinanderriss.
35. Sobald Xerxes dies vernahm, wurde er sehr unwillig und befahl, dem Hellespont 300 Peitschenhiebe zu erteilen und ein Paar Fußfesseln ins Meer zu versenken. Ich habe aber noch weiter gehört, dass er zugleich auch Leute abschickte, die den Hellespont brandmarken sollten. Während sie ihn auspeitschten, sollten die Leute folgende barbarische und frevelhafte Worte ausrufen: »Du bitteres Wasser, unser Gebieter legt dir dies als Strafe auf, weil du ihn beleidigt hast, obschon dir von ihm nichts zuleide geschehen ist. König Xerxes wird dich überschreiten, magst du wollen oder nicht. Dir bringt mit Recht kein Sterblicher Opfer, weil du ein schmutziger und salziger Strom bist.«

Das Meer also befahl er auf diese Weise zu strafen und denjenigen, welche die Oberaufsicht über den Brückenbau über den Hellespont hatten, ließ er die Köpfe abschlagen.
36. Die nun, denen dieses traurige Amt übertragen war, vollzogen es, die Brücken aber erbauten andere Baumeister, und zwar auf folgende Weise: Sie stellten Fünfzigruderer und Dreiruderer zusammen, auf der nach dem Pontos Euxeinos [das Schwarze Meer] gerichteten Seite 360, auf der anderen 314, jene nach dem Pontos zu in schräger Richtung, die andere dem Hellespont zu nach der Strömung, um die Spannung der Taue zu erhalten. Nachdem sie die Schiffe zusammengestellt hatten, warfen sie Anker von gewaltiger Länge sowohl an der einen Brücke nach dem Pontos zu, wegen der aus seinem Inneren her wehenden Winde, als an der anderen Brücke nach Westen und zum Ägäischen Meer zu wegen des West- und des Südwindes. Dann ließen sie zum Durchfahren eine Lücke zwischen den Fünfzigruderern und Dreiruderern, und zwar an drei Stellen, damit man nach Belieben mit kleinen Schiffen in den Pontos und ebenso aus dem Pontos heraus fahren konnte.
Nachdem sie dies getan hatten, spannten sie vom Festland aus die Taue, die sie mittels hölzernen Winden drehten, wobei sie nicht mehr jede der beiden Arten von Tauen getrennt anordneten, sondern sie verteilten auf jede der beiden Brücken zwei aus weißem Flachs und vier aus Papyrus. An Dicke und schönem Aussehen waren sie gleich, nur waren die aus Flachs verhältnismäßig schwerer. Eine Elle [ca. 45 cm] von ihnen wog ein Talent [26,4 kg].
Nachdem aber die Meeresstraße überbrückt war, zersägten sie Baumstämme, machten diese gleich der Breite der Brücke, legten sie dann wohlgefügt über die ausgespannten Taue und, nachdem sie die Balken in eine Reihe nebeneinandergelegt hatten, verbanden sie diese wiederum miteinander. Als sie dies getan hatten, legten sie Holzbretter darauf, und als sie auch diese wohlgefügt nebeneinander geordnet hatten, schütteten sie Erde darüber. Alsdann stampften sie die Erde fest und zogen zu beiden Seiten einen Zaun, damit die Zugtiere und die Pferde nicht scheuten, wenn sie das Meer von oben sahen.
[*aus:* Herodot 7.22–24, 32–36]

Darauf kam Xerxes, König über Asien, der die Griechen gering achtete, sich aber in seiner Hoffnung getäuscht sah, überdies durch das Geschehen [Marathon] in seiner Ehre gekränkt war und Verdruss über die Niederlage empfand, deren Urhebern er grollte, er, der noch nie Unglück erfahren und

tapfere Männer kennengelernt hatte, im zehnten Jahr danach, zum Krieg gerüstet, mit 1200 Schiffen; dazu führte er Fußtruppen von solcher Zahl mit, dass auch nur die Völker aufzuzählen, die ihn begleiteten, eine große Aufgabe wäre. [...] Er achtete die Ordnung der Natur, die Anordnungen der Götter und die Meinungen der Menschen gering, bahnte sich einen Weg über das Meer, erzwang eine Passage für seine Schiffe durch das Land, überbrückte den Hellespont und durchstach das Athos-Gebirge.
[*aus:* Lysias, Epitaphios 2.27–29]

Es handelt sich hier um die Grabrede auf die athenischen Gefallenen des Korinthischen Krieges (395–386 v. Chr.).

Darauf fuhren die Athener heim nach Griechenland. Sie führten neben anderen Schätzen auch die Taue der Brücken mit, die sie in die Tempel stiften wollten.
[*aus:* Herodot 9.121]

Der Übergang über den Hellespont

37. Als aber die Arbeiten an den Brücken und am Athos fertig geworden und die Dämme an den Mündungen des Kanals errichtet waren, die der Brandung wegen gemacht wurden, damit die Mündungen des Kanals sich nicht anfüllten, und dann auch die Nachricht von der vollständigen Fertigstellung des Kanals selbst eingetroffen war, da brach das Heer nach der Überwinterung mit Frühlingsanfang wohlgerüstet von Sardes nach Abydos auf. Als es aber im Aufbruch begriffen war, verließ mit einem Mal die Sonne ihren Sitz am Himmel und verschwand, obwohl es keine Wolken gab, sondern bei ganz heiterem Wetter. Anstelle von Tag wurde es Nacht. Sowie Xerxes dies sah und erkannte, wurde er nachdenklich und fragte die Magier, was die Erscheinung bedeuten solle. Diese aber erklärten, dass den Griechen die Gottheit das Verschwinden ihrer Städte andeute. Sie behaupteten, die Sonne zeige für die Griechen die Zukunft, der Mond aber für sie. Als Xerxes dies vernommen hatte, war er voll Freude und setzte den Zug fort. [...]
44. Als sie aber bei Abydos angelangt waren, wünschte Xerxes das ganze Heer zu sehen. Es war nämlich schon vorher dort auf einem Hügel eigens ein erhöhter Sitz aus weißem Stein errichtet worden. Die Abydener hatten ihn nach einem vorherigen Auftrag des Königs errichtet. Hier nun nahm er Platz, blickte auf die Küste hinab und betrachtete das Landheer und die

Schiffe. Wie er nun beides betrachtete, verlangte es ihn, eine Schiffsschlacht zu sehen, und als dies geschah, und die Phoinikier aus Sidon siegten, hatte er seine Freude an dem Wettkampf wie an dem Heer.

45. Als er aber den ganzen Hellespont von Schiffen bedeckt sah und alle Küsten wie die Ebene der Abydener voll von Menschen, da pries sich Xerxes glücklich, nachher aber weinte er.

46. Wie dies Artabanos, sein Onkel, bemerkte, derjenige, der zuerst freimütig seine Meinung ausgesprochen und vom Feldzug gegen Griechenland abgeraten hatte, richtete er an Xerxes, den er weinen sah, die folgende Frage: »König! Wie steht doch das, was du jetzt und was du zuvor getan hast, völlig im Widerspruch miteinander! Denn erst hast du dich glücklich gepriesen, und dann weinst du.« Darauf antwortete Xerxes: »Es ergriff mich nämlich ein Gefühl des Mitleids, als ich bedachte, wie kurz das ganze menschliche Leben ist, da doch von diesen vielen keiner mehr in 100 Jahren am Leben sein wird.« Artabanos aber erwiderte ihm darauf: »Wir haben in unserem Leben noch anderes, was beklagenswerter ist als dieses, zu ertragen. In einem so kurzen Leben gibt es nämlich keinen noch so glücklichen Menschen, unter diesen sowohl wie unter allen andern, dem es nicht in den Sinn käme, oftmals und nicht nur einmal, lieber tot zu sein als lebendig. Denn die Unglücksfälle, die uns treffen, und die Krankheiten, die uns zerrütten, bewirken, dass das Leben, so kurz es auch ist, lang zu sein scheint. So ist der Tod, da das Leben voller Mühen ist, die ersehnte Zuflucht für den Menschen geworden; die Gottheit aber, die uns ein süßes Leben hat kosten lassen, stellt sich darin als neidisch heraus.« […]

54. An diesem Tage nun rüsteten sie sich zum Übergang; am folgenden aber warteten sie auf die Sonne, deren Aufgang sie sehen wollten, verbrannten vielfaches Räucherwerk auf den Brücken und bestreuten den Weg mit Myrten. Wie aber die Sonne aufging, spendete Xerxes aus einer goldenen Schale ein Trankopfer ins Meer und flehte zur Sonne, es möge ihm kein Unglück der Art begegnen, das ihn davon abhalte, Europa zu unterwerfen, bevor er an dessen Grenzen angelangt sei. Nachdem er das Gebet verrichtet hatte, warf er die Schale, einen goldenen Mischkrug und ein persisches Schwert, das sie »Akinakes« nennen, in den Hellespont. Ich kann nun nicht bestimmt angeben, ob er dies als Weihgeschenk für die Sonne ins Meer warf oder ob er es bereute, den Hellespont gegeißelt zu haben, und ob er dann dafür das Meer beschenkte.

55. Als er dies getan hatte, gingen auf einer der beiden Brücken, der nach dem Pontos zu, das Fußvolk hinüber und die gesamte Reiterei, auf der anderen Brücke, nach dem Ägäischen Meer zu, die Zugtiere und der Tross. An der Spitze zogen die 10 000 Perser, alle bekränzt, nach diesen kam das

aus vielerlei Völkern gemischte Heer. An diesem Tag also setzten diese über, am folgenden Tag kamen zuerst die Reiter und die, welche die Lanzen nach unten gekehrt hatten. Auch diese waren bekränzt. Danach folgten die heiligen Pferde und der heilige Wagen, auf diesem Xerxes selbst sowie die Lanzenträger und die 1000 Reiter, hinter diesen das übrige Heer. Auch die Schiffe fuhren zur gleichen Zeit nach der gegenüberliegenden Küste ab. Ich habe aber auch gehört, dass der König als Letzter von allen hinübergegangen sei.

56. Als Xerxes nach Europa übergesetzt war, betrachtete er das Heer, das unter Peitschenhieben hinüberzog. Es dauerte aber der Übergang seines Heeres sieben Tage und sieben Nächte, ohne allen Unterlass. Da soll, als Xerxes den Hellespont überschritten hatte, ein am Hellespont lebender Mann ausgerufen haben: »Zeus, warum nimmst du die Gestalt eines Persers und den Namen Xerxes anstelle von Zeus an, um Griechenland zu verwüsten, und wozu führst du die ganze Menschheit [mit dir]? Du könntest es ja auch ohne diese tun.«

[*aus:* Herodot 7.37, 44–45, 54–56]

Die Uneinigkeit der Griechen

Ab wann Griechen im Mutterland den Großkönig als Bedrohung empfanden, bleibt unklar. Sicher ist, dass es nicht alle taten. Bei Marathon hatten neben den Athenern nur die Plataier gekämpft. Warum sollten sich nun die Rüstungen des Xerxes, von denen Gerüchte über die Ägäis drangen, gegen alle Griechen richten?
Im Herbst 481 war Xerxes bis nach Sardes gekommen, 111 Tagesreisen von Susa entfernt, aber nur noch zwei bis Milet und zur Küste. Er schickte Boten an die griechischen Städte und forderte zum Zeichen der Unterwerfung Erde und Wasser von ihnen. Dies auszuhändigen war, verglichen mit den Kosten eines Krieges, verhältnismäßig preiswert, und so gab eine Reihe von Städten und Völkern dem Großkönig, was er verlangte. Die meisten griechischen Städte lagen mit ihren Nachbarn im Krieg, nicht mit den Persern. Zudem verbreitete das Orakel von Delphi, das gemeinsame Heiligtum, defätistische Nachrichten. Die Priester schätzten, wie schon im Falle des Lyderkönigs Kroisos, wo sie aber den Irrtum mit Hinweis auf die Doppeldeutigkeit des Orakelspruches kaschieren konnten, die Lage falsch ein und fürchteten um die in Delphi gehorteten Schätze, wenn es zu Krieg und Niederlage kommen sollte.
So war es nur eine Minderheit unter den griechischen Städten, die sich im Herbst 481 – Xerxes' Herolde waren noch unterwegs – auf dem Isthmos versammelte, um ein gemeinsames Vorgehen zu beraten und sich über den Oberbefehl zu einigen. Das Misstrauen unter den Teilnehmern schien noch größer als die Angst vor dem Perserkönig. Um überhaupt gemeinsame Maßnahmen ergreifen zu können, mussten zuerst die Unruhen in den eigenen Städten – Athen amnestierte die Verbannten – sowie die Fehden unter den Verbündeten, so zwischen Athenern und Aigineten, beendet werden. Leichter einigte man sich auf Drohungen gegen Städte, die nicht dem Bündnis beitreten wollten. Sie sollten als Buße den Zehnten an den Gott von Delphi zahlen. Was maßvoll klingt, war tatsächlich eine Drohung auf Leben und Tod. Der Zehnt für Delphi speiste sich nämlich aus der Summe, die für die Versklavung der Einwohner aus diesen Städten erzielt wurde.
Inner- und außerhalb des Mutterlandes wurden weitere Verbündete gesucht, doch die Resonanz war bescheiden. Argos redete sich mit der Rivalität zu Sparta heraus, die Kreter schützten ein ungünstiges Orakel vor, Gelon in Syrakus hatte nach der Landung der Karthager auf der Insel andere Probleme und die Kerkyreer taktierten. Sie schickten zwar Trieren, verzögerten deren Eintreffen aber so lange, bis sie wussten, wer als Sieger aus dem Kampf hervorgehen würde. Die Thessalier schließlich waren in ihrer Einstellung uneins und die Thebaner traten offen auf die persische Seite.

Eine genaue Vorstellung, wer zu den Verbündeten gehörte, abgesehen davon, dass sich kurzfristig noch jemand dazugemogelt hatte, um am Sieg zu partizipieren, gibt ein etwa 6 m hoher bronzener Zeuge. Ursprünglich in Delphi aufgestellt, befindet sich die Säule, die aus drei einander sich umschlingenden Schlangen besteht, im sogenannten *Admeidan*, dem antiken Hippodrom, in Istanbul. Der goldene Dreifuß an der Spitze der Säule wurde zwar bald eingeschmolzen und für andere Kriegszwecke verwendet, die Säule selbst aber unter Konstantin dem Großen nach Konstantinopel gebracht. Dort diente sie noch Ende des 16. Jahrhunderts als wundertätiges Monument, bevor die Schlangenköpfe abgeschlagen wurden und die Säule allmählich in den Boden einsank. Die Inschrift mit dem Katalog der Verbündeten findet sich auf elf Windungen am Fuß des Monuments und wurde erst 1856 wiederentdeckt. Das ursprünglich eingravierte Epigramm, mit dem der Spartaner Pausanias den Sieg von Plataiai für sich reklamierte, hatten noch die Spartaner selbst tilgen lassen. Der Sieg gehörte keinem Einzelnen, sondern den Städten und Inseln der griechischen Koalition.

Die Verbündeten

32. Sowie er in Sardes angekommen war, schickte (Xerxes) zuerst Herolde nach Griechenland, die Erde und Wasser verlangen und Anweisungen geben sollten, dem König Gastmähler zu bestellen. Nur nach Athen und Sparta sandte er keine Boten, um Erde zu verlangen, sonst aber nach allen anderen Orten. Er schickte aber deshalb zum zweiten Mal Boten und ließ Erde und Wasser verlangen, weil er fest glaubte, dass alle diejenigen, die früher, als Dareios gesandt hatte, dies nicht gegeben hatten, es nun aus Furcht tun würden; und weil er dies eben genau erfahren wollte, schickte er nochmals.
[...] 131. Auch die Herolde, die nach Griechenland geschickt worden waren, um Erde zu verlangen, kamen zurück, die einen mit leeren Händen, die anderen mit Erde und Wasser.
132. Zu denen, die es gaben, gehörten Folgende: Thessalier, Doloper, Ainianer, Perrhaiber, Lokrer, Magneten, Malier, die Achaier von Phthia, Thebaner und die übrigen Boiotier mit Ausnahme der Thespier und der Plataier. Gegen diese schlossen die Griechen, welche den Krieg mit den Barbaren aufgenommen hatten, einen Bund *(Symmachie)*, und es verhielt sich mit diesem Bund so: Alle, die als Griechen, ohne dazu genötigt zu sein, weil ihre Lage ganz gut war, sich dem Perser ergeben hätten, diese sollten dem Gott zu Delphi den Zehnten entrichten. So nun verhielt es sich mit diesem Bund der Griechen.
145. Als sich aber die Griechen im Mutterland, die gutgesinnt waren, an einem Ort versammelten, erteilten sie einander das Wort und gelobten sich

gegenseitig Treue. Bei der Beratung beschlossen sie zuallererst, ihre Feindschaften beizulegen und die Kriege, die sie untereinander führten, zu beenden. Es waren nämlich einige von ihnen in Kriege miteinander verwickelt, hauptsächlich aber die Athener und Aigineten. Hernach aber, als sie vernahmen, dass Xerxes mit seinem Heere zu Sardes verweile, beschlossen sie, Kundschafter nach Asien zu schicken, um die Macht des Königs auszuspähen, desgleichen Boten nach Argos zu senden, um ein Bündnis gegen den Perser abzuschließen, und andere nach Sizilien zu Gelon, dem Sohne des Deinomenes, und nach Kerkyra, um zur Hilfe für Griechenland aufzufordern, andere auch nach Kreta. Dabei überlegten sie, ob etwa das Volk der Griechen einig werden und sie alle einträchtig und gemeinsam handeln könnten, da ja doch allen Griechen die gleiche Gefahr drohte. Gelons Macht aber sollte groß sein, ja größer als irgendeine griechische Macht.
[*aus:* Herodot 7.32, 131–132, 145]

Die Neutralität der Argiver

148. Die Griechen, die sich eidlich gegen den Perser verbunden hatten, schickten nach der Absendung der Kundschafter zum zweiten Mal Boten nach Argos. Die Argiver aber gaben an, bei ihnen sei die Sache folgendermaßen gestanden: Sie hätten sogleich von Anfang an vom Unternehmen des Barbaren gegen Griechenland Kunde gehabt. Infolge dieser Kunde und weil sie bemerkten, dass die Griechen versuchen würden, sie am Krieg gegen den Perser zu beteiligen, hätten sie Gesandte nach Delphi geschickt, um den Gott zu befragen, wie sie am besten sich verhalten sollten, denn noch neulich seien 6000 der Ihrigen von den Lakedaimoniern und Kleomenes, dem Sohn des Anaxandridas, erschlagen worden. Deswegen eben hätten sie Gesandte geschickt. Auf diese Frage hin habe die Pythia folgende Antwort gegeben: »Feind der Umwohnenden, bist du ein Freund der unsterblichen Götter, halte noch drinnen den Speer und zeige dich wohl auf der Wache. Wahre du nur das Haupt, das Haupt wird erretten den Körper.«
Diesen Spruch habe die Pythia ihnen schon zuvor gegeben, danach aber, als die Boten nach Argos gekommen seien, wären sie vor die Ratsversammlung getreten und hätten ihre Aufträge angegeben. Sie, die Argiver, hätten hierauf die Antwort gegeben, sie seien bereit, dies zu tun, wenn sie mit den Lakedaimoniern einen Frieden auf 30 Jahre abgeschlossen hätten und sie den halben Anteil an der Führung des gesamten Bündnisses bekämen. Obwohl ihnen von Rechts wegen die ganze Führung zukomme, wollten sie sich doch mit der Hälfte begnügen.

149. Diese Antwort, behaupten sie, habe der Rat gegeben, obwohl das Orakel ihnen untersagte, in das Bündnis mit den Griechen einzutreten. Es sei ihnen aber daran gelegen gewesen, zu einem dreißigjährigen Vertrag zu kommen, sosehr sie auch das Orakel fürchteten, damit ihre Kinder innerhalb dieser 30 Jahre zu Männern heranwachsen könnten. Wenn es keinen Vertrag gebe, so dachten sie, würden sie, wenn zu dem bisherigen Unglück noch ein weiteres Unheil, nämlich [eine Niederlage] gegen die Perser, sie treffe, dann zukünftig den Lakedaimoniern untertan sein. Auf diese Erklärung des Rates sollen die von den Boten, die aus Sparta waren, Folgendes geantwortet haben: Hinsichtlich des Vertrages würden sie an die Volksversammlung berichten, hinsichtlich der Führung des Bundes sei ihnen aber eine Antwort aufgetragen, die sie auch ausrichten wollten. Sie hätten zwei Könige, die Argiver aber nur einen. Daher sei es doch nicht möglich, dem einen der spartanischen Könige die Führung zu entziehen, dagegen stehe nichts im Wege, dass der argivische König mit ihren beiden Königen gleiches Stimmrecht erhalte.
Nun behaupten die Argiver, sie hätten die Überheblichkeit der Spartaner nicht ertragen, sondern lieber unter die Herrschaft der Barbaren kommen wollen, als den Lakedaimoniern in etwas nachzugeben. So hätten sie den Boten befohlen, sich noch vor Sonnenuntergang aus dem Land der Argiver zu entfernen, wenn nicht, so würden sie als Feinde behandelt werden.
150. So viel erzählen die Argiver selbst über die Sache. Es ist aber darüber noch eine andere Darstellung in Griechenland verbreitet, wonach Xerxes einen Herold nach Argos geschickt habe, noch bevor sein Heer gegen Griechenland aufbrach. Dieser Herold soll nach seiner Ankunft folgendermaßen gesprochen haben: »Männer von Argos! König Xerxes lässt euch Folgendes sagen. Wir glauben, dass Perses, von dem wir abstammen, ein Sohn des Perseus, des Sohnes der Danae, ist, geboren von Andromeda, der Tochter des Kepheus. Auf diese Weise also dürften wir eure Nachkommen sein. Nun ziemt sich es weder für uns, gegen unsere Vorfahren zu Felde zu ziehen, noch für euch, anderen Beistand zu leisten und uns entgegenzutreten. Bleibt bei euch zu Hause und haltet Ruhe. Denn wenn es nach meinem Wunsch geht, so werde ich keine [anderen] höher achten als euch.«
Wie dies die Argiver vernommen hatten, betrachteten sie dies, so wird erzählt, als eine Sache von großer Wichtigkeit und hätten anfangs keine Versprechungen gemacht und keine Forderungen gestellt. Als aber die Griechen sie zum Anschluss veranlassen wollten, da erst hätten sie, in der Überzeugung, dass die Lakedaimonier die Führung nicht mit ihnen teilen würden, jene Forderung gestellt, um dann mit einem guten Vorwand neutral bleiben zu können.

152. […] Ob nun Xerxes einen Herold mit jenem Auftrag nach Argos geschickt hat, und [später] die Boten der Argiver nach Susa hinauf reisten und an Artaxerxes die Frage wegen der Freundschaft stellten, vermag ich nicht mit Bestimmtheit anzugeben, und ich äußere hier auch keine andere Meinung als die, die die Argiver selbst haben. Ich weiß aber so viel, dass, wenn alle Menschen ihre Leiden und Nöte auf einen Fleck zusammentragen würden, um mit ihren Nachbarn zu tauschen, ein jeder, wenn er sich die Leiden des Nachbars näher angesehen hätte, lieber wieder das, was er mitgebracht hatte, nach Hause mitnehmen würde. Dergestalt ist auch die Handlungsweise der Argiver nicht die schlimmste. Ich aber muss das erzählen, was erzählt wird. Zu glauben freilich brauche ich es durchaus nicht.
[*aus:* Herodot 7.148–152]

Die Versprechungen des Gelon von Syrakus

158. Gelon aber fuhr [die griechischen Gesandten] mit folgenden Worten hart an: »[…] Obwohl ich von euch geringschätzig [in der Frage eines früheren Bündnisses] behandelt worden bin, will ich euch doch nicht Gleiches antun, sondern ich bin bereit, Beistand zu leisten, indem ich 200 Trieren, 20 000 Schwerbewaffnete, 2000 Reiter, 2000 Bogenschützen, 2000 Schleuderer und 2000 leichte Reiter stelle. Auch verspreche ich, Nahrung für das gesamte griechische Heer, solange wir Krieg führen werden, zu liefern. Ich verspreche dies aber unter der Bedingung, dass ich Feldherr und Führer der Griechen gegen den Barbaren werde; unter keiner anderen Bedingung kann ich selbst kommen oder andere schicken.«
163. Nach diesen Unterhandlungen mit Gelon segelten nun die Gesandten der Griechen weg. Gelon aber, der infolgedessen besorgt war, die Griechen möchten nicht imstande sein, den Barbaren zu besiegen, auf der andern Seite aber es doch für arg und unerträglich hielt, als Tyrann von Sizilien auf die Peloponnes zu kommen und sich von den Lakedaimoniern Befehle erteilen zu lassen, gab diesen Weg auf und schlug einen anderen ein. So wie er nämlich erfahren hatte, dass der Perser den Hellespont überquert hatte, schickte er den Kadmos, den Sohn des Skythes, einen Koer, mit drei Fünfzigruderern nach Delphi. Er gab ihm viel Geld und freundschaftliche Weisungen mit. Er solle den Ausgang des Kampfes abwarten, und wenn der Barbar siege, solle er ihm nicht bloß die Schätze übergeben, sondern auch Erde und Wasser von allem, worüber Gelon herrsche. Wenn aber die Griechen Sieger blieben, so solle er alles wieder zurückbringen.
[*aus:* Herodot 7.158, 163]

Die Flotte der Kerkyreer

Die Kerkyreer aber gaben den Gesandten [s. oben Herodot 7.145] die folgende Antwort und handelten dann wie folgt. Denn dieselben Gesandten, die nach Sizilien gekommen waren, suchten auch sie zu gewinnen, indem sie dieselben Worte benutzten, die sie auch Gelon gegenüber gebraucht hatten. [Die Kerkyreer] versprachen sogleich, sie wollten Hilfe zur Unterstützung schicken, und bemerkten dabei, dass sie dem Untergang Griechenlands nicht ruhig zusehen dürften. Wenn dieses fiele, so hätten auch sie vom ersten Tag an sicherlich nur Knechtschaft zu erwarten; darum müssten sie nach besten Kräften Beistand leisten. Solch eine schön klingende Antwort gaben sie. Als sie aber nun Hilfe leisten sollten, hatten sie ganz andere Gedanken. Sie bemannten 60 Schiffe, aber kaum, dass sie in See gegangen waren und sich der Peloponnes genähert hatten, warfen sie bei Pylos und Tainaron im Lande der Lakedaimonier Anker, um den Ausgang des Krieges abzuwarten, weil sie keine Hoffnung auf einen Sieg der Griechen hatten, sondern glaubten, der Perser würde einen vollständigen Sieg erringen und dann Herr von ganz Griechenland werden. Sie taten es also mit Fleiß, damit sie zu dem Perser so etwa sprechen konnten: »König! Als uns die Griechen zu diesem Krieg aufforderten, wollten wir, obwohl wir nicht die geringste Streitmacht besitzen und auch nicht die wenigsten Schiffe haben, sondern nach den Athenern wohl die meisten, dir doch nicht entgegenziehen, noch etwas tun, das dir missfällt.« Durch solche Worte hofften sie, sich besser als die anderen Griechen zu stellen. Und dies wäre auch, jedenfalls nach meinem Ermessen, so gekommen. Gegenüber den Griechen aber hatten sie eine Entschuldigung ersonnen, von der sie auch wirklich Gebrauch machten. Als nämlich die Griechen sich über den unterlassenen Beistand beschwerten, versicherten sie, 60 Trieren bemannt zu haben, hätten aber wegen der Nordwinde nicht über Kap Malea [an der Südostspitze der Peloponnes] hinauskommen können. So wären sie nicht nach Salamis gekommen, und es sei nicht ihre Schuld, dass sie die Seeschlacht versäumt hätten. Auf diese Weise wiesen sie die Vorwürfe der Griechen ab.
[*aus:* Herodot 7.168]

Das Orakel der Kreter

Die Kreter aber taten, als die damit beauftragten Griechen sie aufforderten, Folgendes: Sie schickten gemeinsam Boten nach Delphi, den Gott zu befragen, ob es für sie gut sei, den Griechen beizustehen. Die Pythia gab ihnen

darauf folgende Antwort: »Ihr Toren, ihr beklagt euch über all den Jammer, den Minos in seinem Groll euch wegen der dem Menelaos geleisteten Hilfe geschickt hat. Die Griechen nämlich halfen ihm nicht, seinen Tod bei Kamikos zu rächen, ihr aber halft jenen, Rache zu nehmen, als ein Barbar [Paris aus Troja] eine Frau aus Sparta [Helena] raubte.« Als die Kreter diese Antwort des Orakels vernahmen, standen sie von aller Hilfe ab.
Auf seinem Kriegszug nach Sizilien, um des geflüchteten Daidalos habhaft zu werden, soll der kretische König Minos in der Stadt Kamikos hinterlistig von den Töchtern des dortigen Königs Kokalos getötet worden sein.
[*aus:* Herodot 7.169]

Die Treue der Plataier

95. Als dann wiederum Xerxes gegen Griechenland zog und die Thebaner es mit den Medern hielten, mochten [die Plataier] sich auch nicht entschließen, von der Freundschaft mit uns [den Athenern] abzufallen, sondern stellten sich als Einzige von allen Boiotiern dem anstürmenden Barbaren entgegen, kämpften und fielen teils neben den Spartanern und Leonidas bei den Thermopylen, teils nahmen sie auf euren Trieren, weil sie keine eigenen Schiffe hatten, bei Artemision und bei Salamis mit euch an der Seeschlacht teil, 96. und dadurch, dass sie in der letzten Schlacht bei Plataiai gegen Mardonios, den Feldherrn des Königs, mitkämpften, haben sie gemeinsam mit euch und den übrigen Befreiern Griechenlands geholfen, die Freiheit als Gemeingut den übrigen Griechen zu bewahren.
[*aus:* Apollodor, *Rede gegen Neaira* (Ps-Demosthenes 59) 95–96]

Die Rache an den Thebanern

Als die Griechen nun bei Plataiai ihre Toten bestattet hatten, berieten sie sich sofort und beschlossen, gegen Theben zu ziehen und die Auslieferung der medisch Gesinnten dort zu verlangen, vornehmlich aber des Timegenides und Attaginos, die die hauptsächlichen Anführer gewesen waren. Wenn man aber diese nicht ausliefere, so würden sie sich nicht eher von der Stadt entfernen, als bis sie diese eingenommen hätten. […] Als aber die Thebaner sie nicht ausliefern wollten, so verheerten sie das Land und griffen die Stadtmauer an.
[*aus:* Herodot 9.86]

Sie trugen nun die Gegenstände zusammen und nahmen davon den zehnten Teil für den Gott zu Delphi, und davon wurde der goldene Dreifuß geweiht, der auf der dreiköpfigen ehernen Schlange steht, ganz nahe dem Altar. Dann nahmen sie den Anteil für den Gott zu Olympia davon und weihten daraus den ehernen, zehn Ellen [ca. 4,80 m] großen Zeus, ebenso auch für den Gott auf dem Isthmos, woraus der sieben Ellen große eherne Poseidon gefertigt wurde.
[*aus:* Herodot 9.81]

Vor allem erinnerten sich [die Spartaner], dass [Pausanias] einst auf dem Dreifuß in Delphi, den die Griechen als Ehrengabe aus der Perserkriegsbeute aufgestellt hatten, selbst aus eigenem Ermessen folgende Inschrift hatte anbringen lassen: »Herr der Hellenen im Feld, Vernichter des persischen Heeres, stellt Pausanias hier, Phoibos, das Mahnmal dir auf«.
[*aus:* Thukydides 1.132.2]

96. Als aber Pausanias, der König der Spartaner, euch [die Athener] mit Dreistigkeit zu behandeln wagte und nicht damit zufrieden war, dass von den Griechen nur den Spartanern die Ehre der Anführerschaft *(Hegemonía)* zuteilwurde – während in Wahrheit doch die Stadt [Athen] für die Griechen die Anführerin zur Befreiung war, ohne sich jedoch den Spartanern im Bestreben um den Vorrang entgegenzustellen, um von ihren Bundesgenossen nicht beneidet zu werden –, [sondern diese Führungsrolle Spartas auch öffentlich gerühmt sehen wollte], 97. da schrieb, darüber aufgeblasen, Pausanias, der König der Spartaner, auf den Dreifuß in Delphi, den die Griechen, die bei der Landschlacht von Plataiai und der Seeschlacht von Salamis mitgekämpft hatten, gemeinsam dem Apollon als Siegeszeichen über die Barbaren weihten:
»Der Griechen Oberbefehlshaber, nachdem er die Heere der Meder [= Perser] vernichtet hatte, Pausanias, weihte dem Phoibos [Apollon] dieses Denkmal.«
[*aus:* Apollodor, *Rede gegen Neaira* (Ps-Demosthenes 59) 96–97]

Die Schlangensäule von Delphi

Aus der Beute wählten die Griechen den Zehnten aus und ließen davon einen goldenen Dreifuß fertigen, den sie nach Delphi stifteten. Er hatte folgendes Distichon als Inschrift: »Sieh', dies haben geweiht die Erretter des geräumigen Griechenland, die die Städte vom Gräuel knechtischer Bande befreit.«
[*aus:* Diodor 11.33.2]

Diese Weihinschrift soll die des Pausanias ersetzt haben. Sie wird für historisch gehalten, doch bleiben Zweifel, ob sie tatsächlich auf der Schlangensäule stand.

Gemeinsam weihten die Griechen aus der Schlacht bei Plataiai einen goldenen Dreifuß, der auf einer bronzenen Schlange stand. Was an dem Weihegeschenk aus Bronze war, war auch zu meiner Zeit noch unversehrt, das Gold aber haben die Führer der Phoker nicht ebenfalls übriggelassen.
Das Gold wurde von den in Mittelgriechenland beheimateten Phokern bei der Besetzung Delphis während des sogenannten Dritten Heiligen Krieges 356 v. Chr. eingeschmolzen.
[*aus:* Pausanias 10.23.9]

Diese führten den Krieg:
Lakedaimonier, Athener, Korinther,
Tegeaten, Sikyonier, Aigineten,
Megarer, Epidaurier, Orchomenier,
Phliusier, Troizenier, Hermioneer,
Tirynthier, Plataier, Thespier,
Mykener, Keier, Malier, Tenier,
Naxier, Eretrier, Chalkidier,
Styreer, Eleier, Potideiaten,
Leukadier, Anaktorier, Kythnier,
Siphnier, Ambrakioten, Lepreaten.
[Die Inschrift der Schlangensäule]

Die Maßnahmen der Verbündeten: Amnestie und Oberbefehl

Als aber später der Großkönig einen Feldzug gegen Griechenland unternahm und [unsere Vorfahren] die Größe des drohenden Unheils und die Rüstung des Königs erkannt hatten, fassten sie den Beschluss, die Verbannten wieder aufzunehmen, denen, welchen die Rechte aberkannt worden waren, ihnen diese wiederzugeben und Rettung wie Gefahren gemeinsam zu teilen.
[*aus:* Andokides, *Rede über die Mysterien* 1.107]

Der athenische Redner Andokides hielt die Rede im Jahre 399 v. Chr.

2. [...] Denjenigen Feldherrn, der den Oberbefehl hatte, stellten die Spartaner, nämlich den Eurybiades, den Sohn des Eurykleides. Denn die Verbündeten erklärten, sie würden, wenn der Lakone nicht den Oberbefehl erhalte, der Führung der Athener nicht folgen, sondern das Heer, das sich eben bilden sollte, auflösen.
3. Es war nämlich am Anfang, noch ehe man Gesandte nach Sizilien um Beistand schickte, die Rede davon gewesen, man müsse die Seemacht den Athenern anvertrauen. Als aber die Verbündeten dem entgegentraten, gaben die Athener nach, weil sie die Erhaltung Griechenlands hoch anschlugen und der Überzeugung waren, dass, wenn sie sich miteinander wegen des Oberbefehls entzweiten, Griechenland zugrunde gehen werde. Dies war eine ganz richtige Ansicht. Denn Zwietracht im Inneren ist um so viel schlimmer als ein einmütig geführter Krieg, wie Krieg schlimmer ist als Frieden. Weil sie nun eben dies einsahen, so widersetzten sie sich nicht, sondern gaben nach.
[*aus:* Herodot 8.2–3]

Diese Passage verrät *in nuce* die Einstellung Herodots. Für ihn waren es ohne Zweifel vor allem die Athener, die Griechenland vor den Persern retteten [s. 7.139], doch waren es auch die Athener, die durch ihr Verhalten nach dem gemeinsamen Sieg Griechenland in den späteren Bürgerkrieg führten.

Die Thermopylen

Von Therme [Thessaloniki] aus schickte Xerxes zunächst das langsamere Landheer und elf Tage später die Flotte in Richtung Mittelgriechenland. Das war in etwa Anfang August 480. Heftige Unwetter führten zu ersten Verlusten, bevor die Flotte im Golf von Pagasai Schutz vor den Stürmen suchen konnte. Vor den Thermopylen angekommen, lagerte Xerxes zunächst drei Tage bei Trachis im Gebiet der Malier. Die Thermopylen [»Heiße Tore«], benannt nach dort entspringenden heißen Schwefelwasserquellen, bildeten damals den einzigen, für Truppen geeigneten Durchgang von Nord- nach Mittelgriechenland. Der Weg verlief zwischen Gebirge und Meer und war an seiner engsten Stelle nur etwa 15 m breit. An einer dort errichteten, damals aber schon wieder halb verfallenen Mauer postierte sich unter der Führung des Leonidas ein Heer von ca. 7000 Griechen. Offiziell firmierte es als Vorhut. Die Masse des Bundesgenossenheeres sollte noch folgen.

Xerxes wartete zunächst ab. Vielleicht wollte er seinen Truppen eine Ruhepause gönnen, vielleicht hoffte er, die Griechen würden ohne die erwartete Verstärkung, die offensichtlich ausblieb, wieder abziehen. Am fünften Tag entschloss er sich, den Durchbruch zu versuchen, doch selbst die Garde der sogenannten Unsterblichen konnte ihn nicht erzwingen. Erst danach griff Xerxes auf eine Option zurück, die er von Anfang an besaß, nämlich über einen Umgehungspfad in den Rücken der Verteidiger zu gelangen. Leonidas kannte diese Schwachstelle sehr wohl und hatte ein Detachement von Phokern abgeordnet, den Pass zu decken. Diese ließen sich freilich von den Persern überraschen und flohen. Die Thermopylenstellung war damit unhaltbar geworden, aber noch bestand die Möglichkeit des Rückzugs. Eine große Mehrheit der Verteidiger beschloss, dies auch zu tun; nach einer anderen Version hätte Leonidas sie von sich aus entlassen. Warum er selbst in aussichtsloser Lage blieb, ist unklar. Herodot bietet zwei Erklärungen. Beide scheinen *post eventum* erfunden zu sein. Zum einen soll Leonidas den Rückzug als unehrenhaft betrachtet haben: Spartas Macht werde durch seinen und den Tod der Dreihundert nicht geschwächt. Das ist eine spartanische Wanderanekdote. So verkündete auch der spartanische Admiral Kallikratides, bevor er in der Seeschlacht bei den Arginusen (406 v. Chr.) über Bord fiel, Sparta gehe es nicht schlechter, wenn er selbst falle, zu fliehen aber sei schändlich. Zum anderen hätte sich Leonidas einem Orakel gebeugt, demzufolge entweder einer der Könige fallen müsse oder Sparta zerstört werde. Auch hier liegt offenkundig ein *vaticinium ex eventu* (Prophezeiung mit Kenntnis des Ereignisses) vor.

Gegen Mittag des dritten Tages nach dem Angriff begann die letzte Schlacht. Leonidas zog den Persern entgegen und fiel als einer der ersten. Die Spartaner bargen in schwe-

Die sogenannte Leonidas-Büste aus Sparta

ren Kämpfen den Leichnam ihres Königs und zogen sich schließlich auf einen Hügel zurück. Persische Bogenschützen töteten sie. Neben den Spartanern fielen 700 Schwerbewaffnete aus der Stadt Thespiai. Auf dem Kampfplatz wurde wenig später ein steinerner Löwe aufgestellt. Herodot selbst sah ihn und notierte sich die Inschriften, die er noch vorfand. Eine für die Gefallenen des Gesamtheeres, eine für den Seher Megistias und eine eigene für die Spartaner. Eine Erinnerung an die 700 Gefallenen aus der Stadt Thespiai fehlte.

Militärisch war der Tod des Leonidas und seiner Truppen sinnlos. Er hatte jedoch einen Nebeneffekt. Er stellte das Vertrauen zwischen Athenern und Spartanern wieder her. Es war brüchig geworden, weil die Athener – nicht zu Unrecht – argwöhnten, die Spartaner könnten sich auf eine Verteidigung des Isthmos beschränken und Athen kampflos den Persern überlassen. Ob Leonidas diese Zweifel entkräften wollte, ist allerdings fraglich. Dazu hätte er die 700 Thespier nicht mit in den Tod reißen müssen.

Es bleiben also die Fragen nach dem Motiv seines Ausharrens. Eine Erklärung ist, dass er den geordneten Rückzug der Peloponnesier sowie der Phoker und Lokrer habe decken wollen, eine andere, er habe die Perser so lange am Vormarsch hindern wollen, bis das letzte griechische Schiff auf der Fahrt nach Salamis die Meerenge zwischen Euboia und dem Festland durchfahren hatte. Herodot versucht sich an weiteren Deutungen, doch das besagt nur, dass er nichts Genaues wusste. Dies trifft nicht weniger auf die Nachwelt zu. Alles, was über die Motive des Leonidas gesagt wird, ist Spekulation. Sie freilich ermöglichte es erst, Leonidas zu dem Helden zu machen, der über Jahrhunderte allen als Vorbild taugte, die sich seiner für ihre Zwecke bedienen wollten. Auffällig ist, dass die Spartaner selbst, deren Überlieferung Herodot kannte, keine schlüssige Antwort besaßen. Das lässt die Vermutung zu, Leonidas habe lediglich den richtigen Zeitpunkt zum (geplanten) Rückzug verpasst. Belege dafür gibt es so wenig wie für jede andere Theorie. Was bleibt ist, dass Leonidas für die Nachwelt mehr Gewicht hatte als für seine Gegenwart.

Xerxes und der Spartanerkönig Demeratos

101. Als [Xerxes] aus dem Schiff ans Land gestiegen war, ließ er den Demaratos, des Ariston Sohn, der mit ihm gegen Griechenland zu Felde zog, zu sich rufen; und nachdem er ihn gerufen hatte, fragte er ihn Folgendes: »Demaratos, ich will dich jetzt gerne nach etwas fragen, was ich wissen will. Du bist ein Grieche, und wie ich von dir und den anderen Griechen, mit denen ich mich in ein Gespräch einließ, vernehme, weder aus der geringsten noch aus der schwächsten Stadt. Gib mir nun darüber Auskunft, ob die Griechen sich unterstehen werden, die Hände gegen mich zu erheben. Denn, wie ich glaube, auch wenn alle Griechen und die übrigen nach Wes-

ten zu wohnenden Menschen versammelt wären, so werden sie doch nicht stark genug sein, meinen Angriff auszuhalten, wenn sie nicht miteinander einig sind. Ich wünsche nun auch deine Ansicht zu erfahren, was du darüber denkst.« Dies war seine Frage. Jener aber erwiderte sogleich: »König, soll ich die Wahrheit sagen oder dir zu Gefallen reden?« Da forderte ihn der König mit der Versicherung, er werde ihm nicht weniger geneigt sein als zuvor, auf, die Wahrheit zu sagen. 102. Als dies Demaratos vernommen hatte, sprach er Folgendes: »König, da du verlangst, dass ich dir durchaus die volle Wahrheit sage und das angebe, worin ich später nicht als Lügner von dir entlarvt werde, so merke dir: Mit Griechenland von jeher verschwistert ist die Armut, die Tugend aber hat es sich angeeignet und gewonnen durch Weisheit sowie ein starkes Gesetz: Mittels dieser wehrt Griechenland die Armut und die Tyrannei von sich ab. Ich lobe nun zwar alle Griechen, die in jenen dorischen Gebieten wohnen, das Folgende aber will ich nicht von allen diesen sagen, sondern bloß von den Lakedaimoniern: Erstens, dass sie auf keinen Fall je deine Vorschläge annehmen werden, die Knechtschaft über Griechenland bringen; zweitens, dass sie dir in den Kampf entgegenziehen werden, auch wenn die übrigen Griechen alle auf deiner Seite sind. Hinsichtlich ihrer Zahl frage nicht, wie viel derer sind, die dies zu tun imstande sind. Denn selbst wenn es nur 1000 sind, die ins Feld gezogen sind, werden sie mit dir kämpfen, und seien es auch noch weniger als diese, oder auch noch mehr.«

103. Als Xerxes dies vernommen hatte, lachte er und sprach: »Demaratos, was für ein Wort hast du gesprochen! 1000 Männer sollten mit einem solchen Heer den Kampf wagen! Wohlan, nun sage mir doch: Du behauptest, selbst König dieser Männer gewesen zu sein; wirst du dich nun entschließen, sofort mit zehn Männern zu kämpfen? Fürwahr, wenn euer Staatswesen ganz von dieser Art ist, wie du es darstellst, so musst du als der König dich wohl der doppelten Anzahl entgegenstellen, (zumindest) nach euren Gesetzen. Denn wenn von jenen ein jeder zehn Männern meines Heeres gewachsen ist, so verlange ich denn, dass du es wenigstens mit zwanzig aufnimmst. So erst würde das, was du gesagt hast, sich als richtig erweisen. Wenn aber solche und so großartige Leute wie du und die anderen Griechen, die mich besuchen, sich dessen rühmen, so sind doch solche Reden offenbar nur eitle Prahlerei.

Wohlan, lass' mich einmal die Sache vernünftig betrachten: Wie können 1000 oder auch 10 000 oder auch 50 000, wenn sie alle gleich frei sind und nicht von einem beherrscht werden, einem so großen Heer entgegentreten? Da doch mehr als 1000 auf jeden Einzelnen kommen, auch wenn es jener 5000 sind. Wenn sie denn nach unserer Weise von einem Einzigen befehligt würden, so würden sie sich vor diesem fürchten und selbst gegen ihre Natur sich tapferer zeigen und – mit Peitschenhieben gezwungen – gegen zahlenmäßig Überlegene vorgehen, auch wenn sie schwächer wären. Der Freiheit überlassen werden aber sie wohl keines von beiden tun. Ich glaube aber, dass die Griechen, selbst wenn sie der Zahl nach gleich wären, schwerlich mit den Persern allein kämpfen würden. Nur bei uns kommt das vor, was du sagst, wenn auch nicht gerade häufig, sondern selten. Es gibt nämlich unter meinen persischen Lanzenträgern Männer, die lieber mit drei Griechen zugleich werden kämpfen wollen. Du kennst diese freilich nicht, und darum sagst du so einfältiges Zeug.« 104. Darauf sprach Demaratos: »König! Ich wusste von Anfang an, dass ich, wenn ich mich an die Wahrheit halte, dir nichts Angenehmes sagen werde. Da du mich aber genötigt hast, die volle Wahrheit zu sagen, so sagte ich das, was von den Spartanern gilt. Und doch weißt du selbst am besten, wie es eben jetzt mit meiner Liebe zu diesen steht, da sie mir Ehren und Würden, die mir vom Vater her zukommen, entzogen und mich zu einem heimatlosen Flüchtling gemacht haben. Dein Vater hat mich aufgenommen und mir Mittel zum Leben und ein Haus gegeben. Nun ist es aber doch nicht zu erwarten, dass ein vernünftiger Mann das Wohlwollen, das ihm erwiesen wird, von sich stößt, sondern dass er es besonders zu schätzen weiß. Ich kann es nicht auf mich nehmen, mit zehn oder mit zwei Männern zu kämpfen, ja, aus freien Stücken möchte ich mich auch nicht mit einem in einen Kampf einlassen. Wenn es aber notwendig sein sollte oder ein großer Preis zum Kampf treibt, so möchte ich am liebsten unter allen mit einem derjenigen Männer kämpfen, von denen ein jeder es mit drei Griechen aufnehmen will. Ebenso sind auch die Lakedaimonier, wenn sie Mann gegen Mann kämpfen, nicht minder tapfer wie irgendein andrer, wenn sie aber vereint sind, sind sie von allen Männern die tapfersten. Denn obwohl sie frei sind, sind sie doch nicht in allem frei, haben sie doch über sich einen Gebieter, das Gesetz, das sie weit mehr fürchten als deine Leute dich. Was dieses nun ihnen gebietet, das tun sie. Es stellt aber an sie stets dasselbe Gebot, vor keiner Menschenmenge aus dem Kampf zu fliehen, sondern in der Schlachtreihe auszuhalten und so entweder zu siegen oder zu sterben. Erscheint dir aber diese Rede als Faselei, so will ich das Übrige fürderhin lieber verschweigen; ich habe dies jetzt nur gezwungen gesagt. Indes, möge es dir, König, nach deinem Wunsche ergehen.«

105. Dies war seine Erwiderung. Xerxes aber geriet darüber ins Lachen und zeigte nicht den geringsten Unwillen, sondern entließ ihn in Milde. Nach dieser Unterredung setzte Xerxes den Maskames, den Sohn des Megadostes, zum Statthalter in jenem Doriskos ein, nachdem er den von Dareios be-

stellten entlassen hatte, und zog dann mit seinem Heere fort durch Thrakien gegen Griechenland.
[*aus:* Herodot 7.101–105]

Der Spartanerkönig Demaratos war, nachdem er einen Machtkampf in Sparta verloren hatte, da seine Gegner die Pythia in Delphi bestochen hatten (Herodot 6.61–66), zu Dareios geflohen und blieb auch am persischen Königshof, nachdem die Intrige aufgedeckt war. Xerxes wählte ihn, als er zu seiner Invasion aufbrach, als Berater. Das ist der historische Kern, die Gespräche zwischen dem Spartaner- und dem Perserkönig sind dagegen eine Fiktion Herodots. Demeratos übernimmt dabei die Funktion eines Warners, eine von Herodot geschaffene Figur, mit der er neue Aspekte in die Handlung bringen kann, ohne selbst als Autor zu sprechen. Das bloße Auftreten des Warners signalisiert Gefahr und erhöht damit die Spannung.

Die Griechen an den Thermopylen

201. König Xerxes schlug nun sein Lager im Gebiet von Trachis auf, im malischen Land, die Griechen aber lagerten im Engpass. Dieser Ort wird von der Mehrzahl der Griechen Thermopylen genannt, von den Einheimischen aber und der Bevölkerung der Umgegend Pylai [Tore]. An diesen Orten nun lagerten beide Heere. […]
202. Es waren aber folgende Griechen, die den Perser an dieser Stelle erwarteten: 300 Hopliten der Spartaner, 1000 Tegeaten und Mantineer, von jeder Stadt die Hälfte, aus Orchomenos in Arkadien 120 Männer und 1000 aus dem übrigen Arkadien. So viele mithin aus Arkadien. Aus Korinth waren es 400, aus Phleius 200 und aus Mykene 80. Diese waren aus der Peloponnes gekommen. Von den Boiotiern waren 700 Thespier erschienen und 400 Thebaner.
203. Dazu stießen die opuntischen Lokrer mit ihrer ganzen Streitmacht und 1000 Phoker. Die Griechen selbst hatten sie aufgefordert und ihnen durch Boten sagen lassen: Sie selbst seien als Vorläufer der anderen gekommen, die übrigen Verbündeten würden jeden Tag erwartet, das Meer aber stehe unter Kontrolle, da es von den Athenern, den Aigineten und den Übrigen, die der Flotte zugewiesen waren, überwacht werde. Sie hätten nichts zu befürchten, kein Gott sei es nämlich, der gegen Griechenland ziehe, sondern ein Mensch. Es gäbe aber keinen Sterblichen und würde keinen geben, dem nicht von seiner Geburt an etwas Schlimmes widerfahren sei, und zwar den Größten das Größte. So werde auch der, der heranziehe, sich notwendig in seiner Erwartung getäuscht sehen, da er ja ein Sterblicher sei. Wie sie dies hörten, eilten sie zu Hilfe nach Trachis.

204. Die Griechen besaßen auch noch andere Feldherren, je nach den einzelnen Städten. Der aber, der am meisten bewundert wurde und das gesamte Heer anführte, war der Lakedaimonier Leonidas, der Sohn des Anaxandridas. [...]
205. Dieser Leonidas zog damals zu den Thermopylen, nachdem er 300 Männer ausgewählt hatte, die schon in reiferem Alter standen und Söhne besaßen. Mit diesen war er gekommen, sowie mit den Thebanern, deren Zahl ich angegeben habe. Über sie hatte Leontiades, der Sohn des Eurymachos, den Befehl. Leonidas aber hatte deshalb darauf bestanden, einzig diese von den Griechen mitzunehmen, weil sie im dringenden Verdacht standen, mit den Persern zu sympathisieren. Daher forderte er sie zum Krieg auf, weil er erfahren wollte, ob sie Hilfe senden oder sich ganz offen dem Bündnis der Griechen verweigern würden.
206. Die Männer um Leonidas hatten die Spartaner deshalb als Erste zuerst abgeschickt, damit die übrigen Verbündeten, sobald sie diese sähen, ebenfalls ins Feld zögen und sich nicht den Persern anschlössen, wenn sie hörten, dass jene selbst [die Spartaner] noch zögerten. Danach aber – jetzt hinderte sie noch das Fest der Karneen –, wenn sie dieses Fest gefeiert und Wachmannschaften in Sparta zurückgelassen hätten, gedachten sie eilends mit dem gesamten Aufgebot zu Hilfe zu eilen. Auch die übrigen Verbündeten gedachten es ebenso zu machen, denn zu derselben Zeit gab es das Olympische Fest, das mit diesen Ereignissen zusammenfiel. Weil sie nun nicht glaubten, dass der Kampf bei den Thermopylen so schnell würde entschieden werden, schickten sie diese voraus.
207. Diese also hatten auf diese Weise zu handeln geplant.
Die Griechen aber, die bei den Thermopylen standen, gerieten, als der Perser dem Engpass nahe gekommen war, in Furcht und berieten über den Rückzug. Die übrigen Peloponnesier nun waren der Ansicht, zur Peloponnes zurückzugehen und den Isthmos zu bewachen. Da die Phoker und Lokrer dieser Ansicht heftig entgegentraten, fasste Leonidas den Entschluss, hierzubleiben und Boten in die Städte zu schicken mit der Bitte um weitere Hilfe: Allein seien sie zu schwach, das Heer der Meder abzuwehren.
208. Während sie dies berieten, schickte Xerxes einen Kundschafter zu Pferd ab, der sehen sollte, wie viele sie seien und was sie machten. Er hatte nämlich, als er noch in Thessalien war, gehört, dass hier nur ein kleines Heer versammelt sei und es von den Lakedaimoniern und Leonidas aus dem Geschlecht des Herakles geführt werde. Als der Reiter an das Lager herangeritten war, hielt er Umschau, überblickte aber nicht das ganze Lager. So war es nicht möglich, die zu sehen, die innerhalb der Mauer, die sie aufgerichtet hatten und bewachten, aufgestellt waren, sondern er bemerkte nur die,

die sich außerhalb dieser befanden und deren Waffen vor der Mauer lagen. Zufällig waren gerade zu dieser Zeit die Lakedaimonier außerhalb der Mauern aufgestellt. Da sah er nun, wie einige von den Männern Übungen machten, andere sich ihr Haar kämmten. Wie er dies erblickte, geriet er in Verwunderung und stellte ihre Zahl fest. Nachdem er aber alles genau registriert hatte, ritt er unbehelligt wieder zurück, denn niemand verfolgte ihn; er blieb gänzlich unbeachtet. Nach seiner Rückkehr erzählte er dem Xerxes alles, was er gesehen hatte.
209. Als Xerxes dies hörte, konnte er den wahren Grund nicht begreifen, dass sie sich bestmöglich darauf vorbereiteten, unterzugehen oder zu siegen. Aber weil ihm ihr Tun lächerlich vorkam, so ließ er den Demaratos, des Ariston Sohn, der sich im Lager aufhielt, zu sich rufen, und als dieser zu ihm gekommen war, fragte er ihn nach jeder Einzelheit, da er wissen wollte, was die Lakedaimonier trieben. Dieser aber sprach zu ihm: »Du hast von mir schon früher, als wir gegen Griechenland aufbrachen, von diesen Männern gehört. Und als du es gehört hast, lachtest du mich aus, weil ich darlegte, wie ich die Entwicklung dieser Dinge sah. Für mich ist es nämlich die wichtigste Aufgabe, die Wahrheit vor dir zu sagen. So vernimm sie auch jetzt. Diese Männer sind gekommen, um mit uns um den Engpass zu kämpfen, und dazu rüsten sie sich. Denn sie haben folgenden Brauch: Wenn sie ihr Leben einsetzen sollen, dann schmücken sie ihr Haupt. Wisse aber, wenn du diese und die, die in Sparta zurückgeblieben sind, unterwirfst, so gibt es kein Volk auf der Welt mehr, das es wagen wird, die Hände gegen dich, König, zu erheben. Denn jetzt rückst du gegen das herrlichste Königtum und die herrlichste Stadt in Griechenland und gegen die tapfersten Männer vor.« Diese Worte kamen dem Xerxes ganz unglaublich vor, und er fragte zum zweiten Mal, auf welche Weise eine solch geringe Zahl mit seinem Heere kämpfen werde. Demaratos aber erwiderte: »König, du sollst mich für einen Lügner halten, wenn dies nicht so kommt, wie ich es sage.« Mit diesen Worten überzeugte er Xerxes dennoch nicht.
[*aus:* Herodot 7.201–209]

Der Angriff

210. Xerxes ließ vier Tage verstreichen, weil er immer noch hoffte, sie würden davonlaufen. Am fünften Tag aber, als sie nicht abzogen, sondern aus Unverschämtheit und Unüberlegtheit, wie er glaubte, blieben, schickte er voll Zorn Meder und Kissier mit dem Befehl gegen sie, sie lebend zu fangen und vor sein Angesicht zu führen. Als sich nun die Meder mit aller Ge-

walt auf die Griechen stürzten, fielen viele [von diesen], aber andere rückten nach und ließen sich, obwohl sie große Verluste erlitten, nicht vertreiben. So machten sie einem jeden, und am meisten dem König selbst, klar, dass es [auf seiner Seite] zwar viele Menschen gab, aber nur wenige Männer. Der Kampf dauerte den ganzen Tag hindurch.
211. Übel zugerichtet zogen sich die Meder darauf zurück, und an ihre Stelle rückten – unter Führung des Hydarnes – die Perser vor, die der König die Unsterblichen nannte, in der Erwartung, sie würden leicht mit den Griechen fertigwerden. Als nun auch diese mit den Griechen in den Nahkampf kamen, vermochten sie ebenso wenig auszurichten wie die medischen Truppen, sondern es ging ihnen genauso, weil sie nämlich auf engem Raum kämpften, auch kürzere Lanzen hatten als die Griechen und von ihrer größeren Zahl keinen Gebrauch machen konnten.
Es kämpften aber die Lakedaimonier auf rühmenswerte Weise und bewiesen, dass sie den Kampf zu führen verstanden unter solchen, die es nicht verstanden, insbesondere auch dadurch, dass sie den Feinden mehrmals den Rücken kehrten und dem Anschein nach sämtlich die Flucht ergriffen, worauf die Barbaren, die sie fliehen sahen, mit Geschrei und Lärmen nachrückten. Dann aber, wenn sie eingeholt wurden, wendeten sie sich um, den Barbaren entgegen. Infolge dieser Wendung warfen sie unzählige Perser nieder; es fielen aber auch einige wenige von den Spartanern. Da nun die Perser ungeachtet aller Versuche sich des Engpasses nicht bemächtigen konnten, sosehr sie auch in einzelnen Abteilungen oder sonst wie angriffen, zogen sie sich zurück.
212. Bei diesen Angriffen soll der König, der zusah, aus Furcht um sein Heer dreimal von seinem Thron aufgesprungen sein. Damals nun kämpften sie mit solchem Ausgang. Am folgenden Tag aber ging es den Barbaren im Kampf nicht besser. Denn weil es nur so wenige [Griechen] waren, so hofften sie, diese seien verwundet und nicht mehr imstande, die Hände gegen sie zu erheben, und darum griffen sie an. Die Griechen aber standen wohlgeordnet nach Abteilungen und Völkern und kämpften alle der Reihe nach, ausgenommen die Phoker, die ins Gebirge beordert waren, um den Fußpfad zu bewachen. Als aber die Perser es nicht anders fanden als am Vortag, zogen sie sich zurück.
[*aus:* Herodot 7.210–212]

Der Verrat

213. Als der König nun in Verlegenheit war, was er in seiner gegenwärtigen Lage anfangen solle, kam Ephialtes, des Eurydemos Sohn, ein Malier, in der Hoffnung auf eine große Belohnung zu einer Unterredung zu ihm. Er gab ihm nämlich einen Pfad an, der durch das Gebirge zu den Thermopylen führte, und stürzte dadurch die hier zurückgebliebenen Griechen ins Verderben. Später floh er aus Furcht vor den Lakedaimoniern nach Thessalien. Nach der Flucht wurde von den Pylagoren [amphiktyonische Gesandte] bei der Versammlung der Amphiktyonen [Staatenverband zum Schutz eines Heiligtums] zu Pylaia ein Preis auf seinen Kopf ausgesetzt. Einige Zeit später wurde er, als er nach Antikyra gekommen war, von Athenades, einem Trachinier, erschlagen. Dieser Athenades tötete Ephialtes zwar aus einem anderen Grund, von dem ich später berichten werde, doch wurde er trotzdem von den Lakedaimoniern geehrt. Auf diese Weise kam Ephialtes später ums Leben.

214. Es ist aber auch noch eine andere Version darüber verbreitet, wonach Onetes, der Sohn des Phanagoras aus Karystos, und Korydallos aus Antikyra es gewesen waren, die dem König diese Angaben gemacht und die Perser um das Gebirge herumgeführt hätten, aber sie erscheint mir keineswegs glaubwürdig. Zum einen ist dies daraus zu schließen, dass die Pylagoren der Griechen, die es doch wohl ganz genau wissen mussten, das Kopfgeld nicht auf Onetes und Korydallos, sondern auf den Trachinier Ephialtes aussetzten. Zum anderen wissen wir sicher, dass Ephialtes dieser Anschuldigung wegen floh. Zwar könnte Onetes, auch wenn er kein Malier war, dennoch diesen Fußweg gekannt haben, wenn er sich viel in dieser Gegend aufgehalten hätte. Aber Ephialtes war es, welcher auf dem Pfad die Perser über das Gebirge geführt hat, und darum gebe ich ihn hier als den Verantwortlichen an.

215. Dem Xerxes gefiel, was Ephialtes auszuführen versprochen hatte, und voller Freude schickte er sofort den Hydarnes und die Leute, die er befehligte, ab. Sie brachen aber aus dem Lager auf zu der Zeit, in der man die Lichter anzündet. Diesen Fußpfad hatten einst die einheimischen Malier ausfindig gemacht und, als sie ihn entdeckt hatten, die Thessalier gegen die Phoker geführt, damals, als diese den Pass mit einer Mauer versperrt hatten und dadurch vor Krieg geschützt waren. Seit dieser Zeit jedoch haben offenbar die Malier keinen Nutzen mehr davon gehabt.

216. Mit diesem Fußweg verhält es sich aber also: Er fängt beim Fluss Asopos an, der durch die Schlucht fließt, und dieser Berg hat denselben Namen wie der Fußweg: Anopaia. Dieser Fußpfad Anopaia zieht sich auf dem

Kamm des Gebirges hin und endet zum einen bei der Stadt Alpenos, die die erste unter den lokrischen Städten ist, von den Maliern aus gesehen, zum anderen bei dem sogenannten Melampygos-Felsen und bei den »Sitzen der Kerkopen« [boshafte Kobolde]. Dort liegt auch die engste Stelle des Passes.

217. Auf diesem so verlaufenden Pfad zogen die Perser, nachdem sie den Asopos überschritten hatten, die ganze Nacht entlang. Zur Rechten hatten sie das Gebirge der Oitaier, zur Linken das der Trachinier. Gerade als der Morgen dämmerte, erreichten sie die Spitze des Berges. An dieser Stelle des Gebirges hielten, wie ich schon früher bemerkte, 1000 schwer bewaffnete Phoker Wache, um ihr eigenes Land zu schützen und den Pfad zu bewachen. Der Engpass unten wurde von denen, die ich angegeben habe, gehalten; den Fußweg durch das Gebirge zu bewachen aber hatten die Phoker aus freiem Stücken dem Leonidas versprochen.

218. Auf folgende Weise bemerkten die Phoker, dass die Perser auf der Höhe angelangt waren. Sie waren nämlich beim Aufstieg unbemerkt geblieben, da das ganze Gebirge mit Eichen bewachsen war. Es herrschte Windstille. Als aber [plötzlich] ein lautes Geräusch zu vernehmen war, wie es natürlicherweise von Blättern unter den Füßen von Gehenden hervorgerufen wird, da sprangen die Phoker auf und legten ihre Rüstung an. Und sogleich waren die Barbaren auch schon zur Stelle. Als diese nun Männer erblickten, die ihre Rüstung anlegten, gerieten sie in Verwunderung, denn sie hatten erwartet, keinen Feind hier zu treffen, und nun stießen sie mit einmal auf ein Heer. Da fragte Hydarnes voll Furcht, die Phoker möchten Lakedaimonier sein, den Ephialtes, von welchem Volk dieses Heer sei. Als er es aber mit Bestimmtheit erfahren hatte, stellte er die Perser wie zum Kampf auf. Die Phoker aber flohen, als ein dichter Hagel von Geschossen auf sie niederstürzte, eiligst zum Gipfel des Berges, da sie meinten, die Perser seien von Anfang an nur gegen sie angerückt, und bereiteten sich auf ihr Ende vor. Dies nun dachten sie, allein die Perser um Ephialtes und Hydarnes kümmerten sich nicht weiter um die Phoker, sondern stiegen eilends den Berg herunter.
[*aus:* Herodot 7.213–218]

Die Dreihundert

219. Den Griechen aber, die bei den Thermopylen standen, hatte der Seher Megistias, nachdem er die Opfer betrachtet hatte, den Tod verkündet: Er werde sie mit Sonnenaufgang treffen. Nun erschienen auch noch Überläufer, die sie von der Umgehung durch die Perser benachrichtigten. Diese

hatten es ihnen noch im Laufe der Nacht gemeldet. Als Drittes kamen aber auch noch die Späher von den Höhen herabgelaufen, sobald eben der Tag anbrach. Da beratschlagten nun die Griechen miteinander und ihre Meinungen waren geteilt. Die einen nämlich wollten die Stellung nicht aufgeben, die andern hielten dagegen. Danach aber trennten sie sich; die einen zogen ab und zerstreuten sich, jeder sich nach seiner Heimatstadt wendend, die anderen aber waren mit Leonidas entschlossen, hierzubleiben.

220. Es wird weiterhin berichtet, dass Leonidas selbst sie entlassen hatte, da er um ihr Leben besorgt war. Ihm aber und den anwesenden Spartanern stehe es nicht zu, die Stellung zu verlassen, zu deren Bewachung sie überhaupt gekommen seien. Und dies ist auch durchaus meine Meinung, dass Leonidas, wie er bemerkte, dass seine Verbündeten keinerlei Eifer zeigten und die Gefahr nicht mit ihm teilen wollten, ihnen abzuziehen befahl, ihm selbst aber ein Rückzug nicht ehrenhaft schien. Indem er an Ort und Stelle blieb, hinterließ er sich großen Ruhm, und Spartas Wohlergehen tat dies keinen Abbruch. Als die Spartaner das Orakel über den Krieg befragten, war ihnen gleich am Anfang von der Pythia der Spruch erteilt worden: Entweder werde Lakedaimon von den Barbaren zerstört werden oder ihr König umkommen. Diesen Spruch verkündete die Pythia in Hexametern und er lautete so:

Die ihr bewohnt das geräumige Sparta, vernehmt es von mir:
Euch wird entweder fallen die Stadt, die von allen gepriesen,
Durch der Persiden Hand, oder dies nicht, sondern betrauern
Wird das Lakonische Land den Fürsten aus Herakles' Stamme.
Denn nicht der Stiere Gewalt, noch der Löwen wird ihn bezwingen,
Denn er besitzet die Kraft eines Zeus; und ich denke nicht, dass er
Inne wird halten, bevor er das eine der beiden erlangt hat.

Dieses nun bedachte Leonidas, und da er den Ruhm allein den Spartanern zukommen lassen wollte, entließ er die Verbündeten. Dies glaube ich eher, als dass diese untereinander uneins geworden und so ohne alle Ordnung davongelaufen wären.

221. Als Zeugnis dafür, und nicht als das geringste, gilt mir auch Folgendes: Bekannt ist, dass Leonidas auch den Seher, der dieses Heer begleitete, Megistias aus Akarnanien, der von Melampos abstammen soll, ebenden, der aus den Opfern verkündet hatte, was ihnen geschehen solle, wegschicken wollte, damit er nicht mit ihm umkomme. Dieser aber verließ sie ungeachtet der [angebotenen] Entlassung nicht, seinen Sohn aber, der mit ins Feld gezogen war, schickte er, da es sein einziger war, zurück.

222. So zogen nun die entlassenen Verbündeten ab und leisteten dem Leonidas Folge; nur die Thespier und Thebaner blieben bei den Lakedaimoni-

ern. Von ihnen blieben die Thebaner ungern und wider Willen. Leonidas nämlich hielt sie zurück und betrachtete sie als Geiseln. Die Thespier blieben ganz aus freiem Willen und erklärten, sie würden Leonidas und seine Leute nicht verlassen und nach Hause gehen. Sie blieben und fanden mit ihnen den Tod; ihr Führer aber war Demophilos, des Diadromas Sohn.
223. Nachdem er bei Sonnenaufgang geopfert hatte, wartete Xerxes einige Zeit ab und rückte dann um die Stunde, in welcher der Markt sich füllt [etwa 10 Uhr morgens], heran, denn so war es ihm von Ephialtes angegeben worden. Den Berg herunter nämlich ist der Weg kürzer und die Strecke weit geringer als der Weg um den Berg herum und den Berg hinauf. Wie nun die Barbaren um Xerxes heranrückten, so zogen auch die Griechen um Leonidas ihnen entgegen, nun – weil sie in den Tod zogen – weiter vorwärts als am Anfang in den breiteren Teil der Schlucht. Die Schutzwehr der Mauer wurde nämlich in den vergangenen Tagen bewacht; die aber, die darüber hinaus vorgerückt waren, hatten in dem engeren Teil der Schlucht gekämpft. Jetzt aber stießen sie außerhalb der Enge zusammen und es fiel eine große Menge der Barbaren. Hinter ihnen schlugen die Führer der Heeresabteilungen mit ihren Geißeln auf einen jeden Mann ein und trieben die Leute immer wieder vorwärts. Da nun stürzten viele von ihnen ins Meer und ertranken, noch weit mehr aber wurden lebend von den eigenen Leuten zertreten. Niemand kümmerte sich um den, der zugrunde ging. Denn da die Lakedaimonier wussten, dass sie den Tod durch diejenigen zu erwarten hatten, die um den Berg herumgegangen waren, so zeigten sie im Kampf alle Kraft, die sie nur hatten, gegen die Barbaren, voll Todesverachtung und Tollkühnheit.
224. Es waren nun schon den meisten von ihnen die Lanzen zerbrochen, und so schlugen sie die Perser mit den Schwertern nieder. In diesem Gedränge fiel Leonidas, der sich als der Tapferste erwies, und mit ihm andere angesehene Spartaner, deren Namen ich erfahren habe, da sie sich als dessen würdig gezeigt hatten; ich habe aber auch die Namen aller 300 erfahren. Aber auch von den Persern fielen dort viele andere namhafte Männer, darunter auch zwei Söhne des Dareios, Abrokomes und Hyperanthes, die von Phratagune, der Tochter des Artanes, dem Dareios geboren worden waren. Es war aber dieser Artanes ein Bruder des Königs Dareios, ein Sohn des Hystaspes, des Sohnes des Arsames. Dieser hatte, als er seine Tochter dem Dareios in die Ehe gab, sein ganzes Vermögen mitgegeben, weil diese sein einziges Kind war.
225. Auch zwei Brüder des Xerxes fielen dort im Kampf.
Um den Leichnam des Leonidas entstand ein gewaltiges Handgemenge zwischen Persern und Lakedaimoniern, bis zuletzt die Griechen ihn dank

ihrer Tapferkeit herausrissen und viermal die Gegner in die Flucht schlugen. Dieser Kampf dauerte so lange, bis die Leute mit Ephialtes ankamen. Als die Griechen von deren Ankunft erfuhren, nahm der Kampf von da eine andere Gestalt an. Sie wichen nämlich zurück in den engeren Teil des Weges, zogen sich, die Mauer passierend, auf den Hügel zurück und setzten sich dort fest, alle miteinander zusammengedrängt, ausgenommen die Thebaner. Dieser Hügel befindet sich am Eingang [des Engpasses], da, wo jetzt der steinerne Löwe zu Ehren des Leonidas steht. Während sie sich an dieser Stelle mit Schwertern wehrten – soweit sie noch solche hatten – und mit Händen und Zähnen, überschütteten sie die Barbaren mit einem Hagel von Geschossen. Die einen drangen von vorne auf sie ein und rissen die Mauerbefestigung nieder, die andern aber umringten sie von allen Seiten.

226. So hielten sich die Lakedaimonier und Thespier. Dennoch aber – so wird berichtet – war der Spartaner Dienekes der Tapferste von allen. Er sagte, so erzählen sie, bevor die Schlacht mit den Medern begann, nachdem er von einem Mann aus Trachis erfahren hatte, dass die Barbaren, wenn sie ihre Geschosse aussendeten, durch die Menge der Pfeile die Sonne verdunkelten – so groß sei ihre Menge –, darüber unerschrocken und unbekümmert über die Menge der Meder. Der Gastfreund aus Trachis bringe lauter gute Nachrichten, da ja, wenn die Meder die Sonne verdunkelten, der Kampf nun im Schatten und nicht in der Sonne stattfinden werde. Diese und andere Worte ähnlicher Art soll der Lakedaimonier Dienekes als Erinnerung an sich hinterlassen haben.

227. Nach diesem sollen zwei lakedaimonische Brüder, Alpheos und Maron, des Orsiphantos Söhne, sich ausgezeichnet haben. Unter den Thespiern tat sich am meisten derjenige hervor, dessen Name Dithyrambos lautete, ein Sohn des Harmatides.

228. Sie wurden aber an genau der Stelle begraben, an der sie gefallen waren, und für sie und diejenigen, die gefallen waren, ehe die von Leonidas Entlassenen abgezogen waren, ist folgende Inschrift [in Stein] gemeißelt:

Hier einst stritten im Kampfe mit mehr als drei Millionen
Bloß der Tausende vier, Peloponnesier.

Diese Inschrift ist allen Gefallenen gewidmet; die Spartaner aber haben noch folgende besondere:

Fremder, melde den Lakedaimoniern, dass wir an diesem Ort liegen,
weil wir ihren Geboten Folge leisteten.

Dies ist nun die Inschrift für die Lakedaimonier; der Seher aber hat folgende:

Dies ist das Grab des berühmten Megistias, dem einst die Meder
Als sie den Strom Spercheios durchquert, den Tod bereiteten.
Auch wenn er als Seher den kommenden Tod erkannte,
Nicht verlassen wollte er Spartas Führer im Kampf.

Mit Inschriften und Stelen nun, ausgenommen die Inschrift für den Seher, haben die Amphiktyonen sie geehrt; die Inschrift auf den Seher Megistias aber hat aus Freundschaft Simonides, des Leoprepes Sohn, verfasst.

233. Die Thebaner aber, die Leontiades befehligte, hatten deswegen eine Zeit lang zusammen mit den Griechen gegen das Heer des Königs gekämpft, weil sie dazu gezwungen worden waren. Als sie aber sahen, dass die Perser die Oberhand gewannen, da trennten sie sich, während die Griechen mit Leonidas auf dem Hügel zusammengedrängt wurden, von diesen, streckten ihre Hände aus und näherten sich den Barbaren, indem sie sagten, was auch vollkommen der Wahrheit entsprach, dass sie medisch gesinnt seien und unter den ersten Erde und Wasser dem König gegeben hätten, zu den Thermopylen aber nur unter Zwang gekommen seien und ohne Schuld an dem Verlust seien, welchen der König erlitten habe. Mit dieser Behauptung retteten sie ihr Leben, denn sie hatten auch Thessalier als Zeugen dieser Angabe. Indessen kamen sie doch nicht in allem glücklich davon, denn als sie herankamen, ergriffen die Barbaren sie und töteten einige von ihnen. Die meisten aber brandmarkten sie auf Befehl des Xerxes mit dem königlichen Zeichen, angefangen beim Feldherrn Leontiades, dessen Sohn Eurymachos in späterer Zeit [431 v. Chr.] die Plataier erschlugen, als er an der Spitze der 400 Thebaner die Stadt der Plataier besetzt hatte. So kämpften also die Griechen bei den Thermopylen. […]

238. Als Xerxes dies gesagt hatte [Herodot schildert hier ein Gespräch zwischen dem Großkönig und dem Spartaner Demaratos], schritt er durch die Reihen der Toten hindurch und befahl, da er vernommen hatte, dass er König und Feldherr der Lakedaimonier war, dem Leonidas den Kopf abzuschlagen und ihn auf einen Pfahl zu stecken. Aus vielen andern Zeichen ist es mir klar geworden, und insbesondere auch aus diesem, dass der König Xerxes gegen Leonidas, als er noch lebte, den heftigsten Zorn hegte. Er hätte nämlich sonst niemals wider alle Sitte dessen Leichnam so misshandelt, da gerade die Perser unter allen, die ich kenne, am meisten Männer zu ehren pflegen, die sich im Krieg als tapfer erweisen. Die damit beauftragt waren, führten den Befehl aus.

[*aus:* Herodot 7.219–238]

Psychologische Kriegführung des Xerxes

24. Während sich [die Flotte] aber dort [in Histiaia auf Euboia] befand, schickte Xerxes, nachdem er Maßnahmen für die Totenbestattung getroffen hatte, einen Herold zur Flotte. Vorher hatte er aber Folgendes getan: Von all den Leuten seines Heeres, die bei den Thermopylen gefallen waren – es waren aber 20 000 –, von diesen ließ er etwa 1000 liegen, die Übrigen ließ er in Gräbern, die er hatte graben lassen, beerdigen, dann Laub darauf werfen und Erde aufschütten, damit sie nicht von den Flottenmannschaften erblickt werden könnten. Als nun der Herold nach Histiaia übergesetzt war, ließ er das ganze Heer zusammenkommen und sprach Folgendes: »Bundesgenossen! König Xerxes gestattet einem jeden von euch, der es will, seine Reihen zu verlassen, herüberzukommen und anzusehen, wie er mit den törichten Menschen kämpft, die gehofft hatten, des Königs Macht zu überwinden.«
25. Nachdem er dies verkündet hatte, gab es hernach einen wahren Mangel an Schiffen: So viele wollten es sehen. Als sie übergesetzt waren, sahen sie es sich an, indem sie durch die Reihen der Toten schritten. Alle glaubten aber, die hier Liegenden seien lauter Lakedaimonier und Thespier, wobei sie auch die Heloten [als solche] ansahen. Indessen blieb es doch keinem von denen, die herübergefahren waren, verborgen, was Xerxes mit seinen eigenen Toten angefangen hatte. Es war ja auch in der Tat lächerlich: Von den einen sah man [nur] 1000 Leichen daliegen, während die anderen alle zusammengedrängt an denselben Ort zusammengetragen dalagen: 4000 Mann. Diesen Tag nun verwendeten sie auf die Totenschau. Am folgenden Tag aber kehrten die Flottenmannschaften zurück zu den Schiffen nach Histiaia, das Landheer des Xerxes aber setzte seinen Weg fort.
[*aus:* Herodot 8.24–25]

Kritik an Herodots Darstellung

31. Die entlassenen Bundesgenossen, sagt Herodot [7.222], gehorchten dem Leonidas und gingen nach Hause, nur die Thespier und Thebaner blieben bei den Lakedaimoniern zurück. Die Thebaner jedoch blieben ungern und wider Willen, indem Leonidas sie als Geiseln behielt, die Thespier aber durchaus freiwillig, denn sie erklärten, den Leonidas und seine Leute auf keinen Fall zu verlassen. Verrät [Herodot] hier nicht offenbar einen besonderen Zorn und Groll auf die Thebaner, der ihn verleitet, nicht nur die Stadt fälschlich und ungerecht zu verdächtigen, sondern nicht einmal auf

die Wahrscheinlichkeit seiner Verleumdung bedacht zu sein, noch zu erkennen, dass nur wenige Menschen nicht bemerken werden, wie sehr er sich selbst widerspricht? Kurz vorher sagte er nämlich, Leonidas habe die Bundesgenossen nach Hause gehen heißen, weil er merkte, dass sie zauderten und die Gefahr nicht gern teilen wollten; wenige Zeilen darauf sagt er dagegen, Leonidas habe die Thebaner wider ihren Willen behalten, die er ja doch vernünftigerweise, selbst wenn sie bleiben wollten, fortjagen musste, falls sie verdächtig waren, es mit den Persern zu halten. Wenn er schon die Zaudernden entbehren konnte, was nützte es dann, verdächtige Leute unter die Kämpfenden zu mischen? Doch so verblendet war der König der Spartaner und Heerführer Griechenlands gewiss nicht, dass er mit seinen 300 Mann 400 Bewaffnete als Geisel hätte zurückhalten wollen, und das in einem Augenblick, da die Feinde bereits von vorn und im Rücken anzugreifen drohten. Und wenn er sie vorher auch als Geisel mitgeführt hätte, so würden sie gewiss in dieser äußerst gefährlichen Lage, ohne sich um Leonidas zu bekümmern, abgezogen sein, ja Leonidas hätte befürchten müssen, mehr von ihnen als von den Barbaren eingeschlossen zu werden. Davon abgesehen handelte Leonidas nicht lächerlich, wenn er die übrigen Griechen nach Hause gehen ließ, weil er den sicheren Tod vor Augen hatte, den Thebanern aber es verwehrte, damit sie von ihm, der dem Tod entgegenging, für die Griechen aufbewahrt würden? Wenn er die Männer wirklich als Geiseln oder gar als Sklaven bei sich hatte, so dürfte er sie nicht bei denen behalten, die zu sterben entschlossen waren, sondern musste sie den abziehenden Griechen übergeben. Auch die letzte noch mögliche Erklärung, er habe sie vielleicht dabehalten, um sie sterben zu lassen, widerlegt der Geschichtsschreiber, indem er über die Ruhmbegierde des Leonidas wörtlich sagt: »Dieses nun bedachte Leonidas, und da er den Ruhm allein den Spartanern zukommen lassen wollte, entließ er die Verbündeten und nicht wegen einer Meinungsverschiedenheit mit ihnen.« [Herodot 7.22.4] Es wäre doch der Gipfel der Torheit gewesen, gerade die Feinde zurückzubehalten, um ihnen Anteil am Ruhm zu geben, von dem er die Bundesgenossen ausschloss.

Dass aber Leonidas gegen die Thebaner keinen Verdacht hegte, sondern im Gegenteil sie für zuverlässige Freunde hielt, beweist folgende Tatsache. Er kam auf seinem Zug mit dem Heer durch Theben und erhielt da auf seine Bitte die Erlaubnis im Heraklestempel zu übernachten, was noch keinem anderen gestattet worden war. Dort hatte er einen Traum, den er den Thebanern erzählte. Es schien ihm, als ob auf einem stürmischen und aufgewühlten Meer die berühmtesten und größten Städte Griechenlands ordnungslos umhertrieben und auf und ab wogten, Theben aber über alle

hervorrage und bis an den Himmel emporgehoben werde, dann aber plötzlich verschwände. Und dieser Traum stimmte dann mit dem späteren Schicksal der Stadt in vielem überein.
32. Im Bericht von der Schlacht verdunkelt Herodot die berühmteste Tat des Leonidas, indem er sagt, sie seien alle dort im Engpass um den Hügel her gefallen. Tatsächlich war es ganz anders. Als sie in der Nacht die Umzinglung durch die Feinde bemerkten, erhoben sie sich und drangen ins Lager der Perser und bis zum Zelt des Königs vor, und zwar in der Absicht, ihn zu töten und über seinem Leichnam zu sterben. Auf dem Wege bis zum Zelt hieben sie jeden, der ihnen entgegentrat, nieder und jagten die Übrigen in die Flucht. Als sie Xerxes nicht fanden, suchten sie ihn in dem unermesslich großen Heerlager, wurden aber, als sie herumschweiften, auf allen Seiten von den Barbaren umringt und endlich niedergemacht. Die vielen anderen Taten und Aussprüche der Spartaner, die Herodot übergangen hat, sollen im Leben des Leonidas erzählt werden. […]
33. Von den Thebanern sagt er zuerst, sie hätten notgedrungen aufseiten der Griechen gekämpft. Wahrscheinlich hatte nicht nur Xerxes, sondern auch Leonidas Peitschenträger in seinem Gefolge, von denen die Thebaner gegen ihren Willen durch Hiebe zum Kampfe gezwungen wurden. Gibt es einen giftigeren Sykophanten [Denunzianten] als den, der behauptet, dass sie, die abziehen und fliehen konnten, nur gezwungen kämpften. Weiterhin schreibt er: »Während die Übrigen auf dem Hügel zusammengedrängt wurden, trennten sich die Thebaner von diesen, streckten ihre Hände aus und näherten sich den Barbaren, indem sie sagten, was auch vollkommen der Wahrheit entsprach, dass sie medisch gesinnt seien und dem König Erde und Wasser gebracht hätten, zu den Thermopylen aber nur unter Zwang gekommen seien und ohne Schuld an dem Verlust seien, den der König erlitten habe. Mit dieser Behauptung retteten sie ihr Leben, denn sie hatten auch Thessalier als Zeugen dieser Angabe.« [Herodot 7.233.1–2] Nun sehe man, mitten unter dem Geschrei der Barbaren, unter verworrenem Getümmel, unter Flucht und Verfolgung, wird eine solche Rechtfertigung gehört, ein Zeugenverhör angestellt und die Thessalier sprechen zugunsten der Thebaner, während sie in dem engen Raum einander töteten und zu Boden traten, etwa zum Dank dafür, dass die Thebaner kurz zuvor sie, die Griechenland bis nach Thespiai sich unterworfen hatten, nach einem Sieg hinausgedrängt und ihren Anführer Lattamyas getötet hatten. So standen damals die Boiotier und Thessalier miteinander, von Freundschaft und Gefälligkeit war keine Spur. Doch die Thessalier mögen für sie gezeugt haben: Wie war es mit der Rettung der Thebaner? Die einen wurden von den Barbaren, als sie auf sie zugingen, getötet, wie er selbst sagt, der größere Teil

aber auf Befehl des Xerxes mit dem königlichen Zeichen gebrandmarkt, angefangen mit ihrem Anführer Leontiades.
Zum einen hieß der Feldherr an den Thermopylen nicht Leontiades, sondern Anaxander, wie Aristophanes [FGrHist 379 F 6] nach den Aufzeichnungen der Behörden [Archonten] sowie Nikander von Kolophon [FGrHist 271/2 F 35] berichten. Zum anderen weiß außer Herodot kein Mensch etwas von Thebanern, die durch Xerxes gebrandmarkt wurden. Ansonsten wäre dies die beste Widerlegung der Verleumdung, und die Stadt dürfte auf jene Brandmale stolz sein, denn Xerxes hätte Leonidas und Leontiades für seine größten Feinde erklärt, indem er den einen als Leiche verstümmelte, den anderen lebend brandmarkte. Wer aber die Grausamkeit gegen Leonidas als Beweis anführt, dass der Barbar auf den lebenden Leonidas von allen Menschen am meisten erbittert war, von den Thebanern dagegen sagt, sie seien trotz ihrer persischen Gesinnung an den Thermopylen gebrandmarkt worden und hätten nach der Brandmarkung in Plataiai es wiederum mit den Persern gehalten, der scheint mir wie jener Hippokleides, der auf dem Tisch die Bewegungen der Hände mit den Beinen machte, die Wahrheit zu vertanzen und auszurufen: »Das kümmert den Herodot nicht«.
[*aus:* Plutarch, *Über die Böswilligkeit Herodots* 31–33 (*Moralia* 865A–867B)]

Herodot berichtet im sechsten Buch (Kap. 129) von der Einladung des Tyrannen von Sikyon, Kleisthenes, bei der sich Freier für seine Tochter vorstellen sollten. Unter ihnen war der genannte Athener Hippokleides: »Als sie aber zu trinken fortfuhren, befahl Hippokleides, welcher den Übrigen es bei Weitem zuvor tat, dem Flötenspieler, einen Tanz ihm zu spielen, und als der Flötenspieler gehorchte, tanzte er; er gefiel sich auch in dem Tanz, aber Kleisthenes, welcher die ganze Sache mit ansah, nahm es übel auf. Danach hielt Hippokleides eine Zeit lang inne und dann ließ er sich einen Tisch herbeibringen. Als der Tisch hereingebracht war, so tanzte er auf diesem zuerst lakonische Tänze, hernach andere attische, dann zum Dritten stellte er sich mit dem Kopf auf den Tisch und gestikulierte mit den Füßen. Kleisthenes, der schon bei dem ersten und zweiten Tanz Widerwillen empfand, dass Hippokleides sein Schwiegersohn werden sollte, um seines Tanzes und seiner Schamlosigkeit willen, hielt an sich, weil er nicht gegen ihn losbrechen wollte; wie er ihn aber erblickte, mit den Füßen gestikulierend, konnte er sich nicht mehr zurückhalten und sprach: ›O Sohn des Teisandros! Du hast wirklich deine Heirat vertanzt.‹ Hippokleides aber gab ihm sofort zur Antwort: ›Das kümmert den Hippokleides nicht.‹ Daher ist dieses Sprichwort gekommen.«

Späte Darstellung der Schlacht

5. Als die Perser am Fluss Spercheios ihr Lager bezogen hatten, schickte Xerxes Boten zu den Thermopylen, die zunächst erforschen sollten, welche Einstellung die Griechen zum Krieg gegen ihn hätten. Er hieß sie aber verkünden, König Xerxes befehle, dass alle die Waffen niederlegten. Dann sollen sie ohne Gefahr in ihre Heimat abziehen und Bundesgenossen der Perser sein. Wenn sie das täten, so verspreche er, den Griechen mehr und besseres Land zu geben, als sie zurzeit besäßen. Auf diese Botschaft antwortete Leonidas mit seinen Leuten, als Bundesgenossen brächten sie mit ihren Waffen dem König größeren Nutzen und, wenn sie denn Krieg mit ihm führen müssten, so würden sie mit den Waffen rühmlicher für ihre Freiheit kämpfen. Was aber das Land betreffe, das er ihnen zu geben verspreche, so seien die Griechen von den Vätern her gewohnt, nicht durch Feigheit, sondern durch Tapferkeit Land zu erwerben.
6. [...] Nachdem sein Heer ausgeruht hatte, rückte [Xerxes] gegen die Griechen an die Thermopylen heran. Die Meder stellte er allen anderen Völkern voran, sei es, dass er sie wegen ihrer Tapferkeit vorzog, sei es, dass er wünschte, sie kämen alle um. Es regte sich nämlich bei den Medern noch der Stolz auf die Oberherrschaft ihrer Vorfahren, die vor nicht so langer Zeit gestürzt worden war. Außer den Medern aber setzte er die Brüder und Söhne der in Marathon Gefallenen ein, denn diese, dachte er, würden aus Rache wütend gegen die Griechen kämpfen. So griffen denn die Meder, da ihnen diese Stelle angewiesen war, die Truppen an, welche die Thermopylen besetzt hielten, wo Leonidas wohlgerüstet die Griechen an der engsten Stelle des Passes zusammengezogen hatte.
7. Nun entbrannte ein hitziges Treffen. [...]
8. Und schon war der König im Zweifel und glaubte, es werde sich keiner mehr in die Schlacht wagen, da kam zu ihm ein gewisser Trachinier, der dort zu Hause war und die Gebirgsgegend kannte. Dieser trat zu Xerxes und versprach, auf einem schmalen und steilen Fußsteig den Persern den Weg zu weisen, dass sie, wenn sie mit ihm gingen, den Leuten des Leonidas in den Rücken kämen, und diese, auf solche Art eingeschlossen, leicht niedergemacht werden könnten. Der König war hocherfreut, gab dem Trachinier ein Geschenk zum Lohn und schickte zwanzigtausend Mann in der Nacht mit ihm ab.
Es war aber unter den Truppen der Perser ein rechtlicher, edel denkender Mann namens Tyrrhastiades, aus Kyme gebürtig, und der lief aus dem Lager der Perser in der Nacht zum Heer des Leonidas hinüber, wo man von dem Trachinier noch nichts wusste, und teilte das mit. [...]

9. Die Perser hatten mit dem Trachinier unterdessen die unwegsame Gegend umgangen, und auf einmal waren Leonidas und die Seinen eingeschlossen. Die Griechen aber dachten nicht mehr an die eigene Rettung, sie hatten nur den Ruhm im Auge und verlangten von ihrem Feldherrn einmütig, er sollte sie gegen die Feinde führen, ehe die Perser hörten, dass die Ihrigen auf der anderen Seite angekommen seien. Leonidas, mit der Entschlossenheit seiner Krieger wohl zufrieden, forderte sie auf, rasch das Frühstück einzunehmen, das Mittagsmahl würden sie dann im Hades halten. Er selbst tat, wozu er sie aufforderte, und nahm Nahrung zu sich. So, sagte er, würden sie noch lange Zeit Kräfte behalten und die Anstrengung des Kampfes ertragen können. Nachdem sie sich in Eile erfrischt hatten und alle bereit waren, befahl er seinen Leuten, in das Lager einzufallen, jeden, der ihnen in den Weg käme, niederzumachen und direkt auf das Zelt des Königs selbst loszugehen.
10. Sie fielen also dem Befehl gemäß in geschlossenen Reihen nachts in das Lager der Perser ein, und Leonidas ging voran. Die Barbaren, die nicht wussten, was vor sich ging, liefen bei der unerwarteten Erscheinung unter großem Lärm und ohne Ordnung aus den Zelten zusammen. Sie erschraken, weil sie meinten, die Soldaten, die mit dem Trachinier gegangenen waren, seien umgekommen, und die ganze Macht der Griechen sei zur Stelle. Es wurden daher viele durch die Truppen des Leonidas niedergemacht, noch mehr aber kamen durch ihre eigenen Leute um, die sie fälschlich für Feinde hielten, denn die Nacht machte es unmöglich, einander recht zuerkennen, und bei der Verwirrung, die im ganzen Lager herrschte, kam es verständlicherweise zu einem großen Blutbad. Sie machten sich gegenseitig nieder, weil man unter diesen Umständen keine genaue Unterscheidung treffen konnte, denn es gab keinen Befehl eines Feldherrn, kein Fragen nach der Losung, überhaupt keine Besinnung mehr. Wenn der König in seinem Zelt geblieben wäre, so hätte er leicht selbst von den Feinden getötet werden können, und der ganze Krieg hätte schnell ein Ende genommen. Allein Xerxes war auf den Lärm hin hinausgeeilt und nun fielen die Griechen in das Zelt ein und mordeten beinahe alle, die darin zurückgeblieben waren. Solange es Nacht war, streiften sie natürlich im ganzen Lager herum und suchten Xerxes. Als es aber Tag wurde und sich die ganze Lage enthüllte, achteten die Perser der Griechen nicht mehr, da sie sahen, dass ihrer so wenige waren. Doch wagten sie es aus Furcht vor ihrem Mut nicht, Stirn gegen Stirn zu kämpfen, sondern umstellten ihre Gegner von der Seite und von hinten her und töteten sie alle mit Pfeilschüssen und Lanzenwürfen. So beendeten Leonidas und die Seinen ihr Leben bei der Verteidigung der Thermopylen.
11. […] Daher haben nicht nur die Geschichtsschreiber, sondern auch viele Dichter ihre großen Taten gepriesen. Unter diesen ist der Lyriker Simonides,

der ihre Tapferkeit in einem Loblied würdig besungen hat, in welchem es heißt: »Denen, die bei den Thermopylen gefallen sind, wurde vergönnt ein ruhmreiches Los, ein herrlicher Tod: Ihre Grabstätte ward zum Altar, an die Stelle der Klagen trat ein treues Gedenken, das Mitleid wurde zum Lobpreis. Solchem Grabmal von Helden wird niemals Moder, niemals die alles bezwingende Zeit den Untergang bringen. Denn es gewann der heilige Platz die Ehre von Griechenland sich zu eigen. Leonidas auch bezeugt es, der König Spartas; er hinterließ den Glanz einer gewaltigen Tat und ewigen Ruhm.«
[*aus:* Diodor 11.5–11]

Dreihundert Lakedaimonier hielten gegen eine unzählige Menge von Persern die Thermopylen besetzt, deren Engpass nur der gleichen Anzahl Soldaten zum Nahkampf Raum ließ. Indem sie auf diese Weise an Zahl, gemessen an der Möglichkeit zum Kämpfen, den Barbaren ebenbürtig, an Tapferkeit ihnen überlegen waren, hieben sie einen großen Teil von ihnen nieder und wären nie besiegt worden, wenn nicht der Feind vom Verräter Ephialtes, einem Trachinier, in ihren Rücken geführt worden wäre und sie von hinten überwältigt hätte.
[*aus:* Frontin, *Kriegslisten* 2.2.13]

Sextus Iulius Frontinus (ca. 35–103 n. Chr.) war ein römischer Senator, der u. a. ein Werk über Kriegslisten *(Strategemata)* und Feldherrntugenden veröffentlichte.

So schrecklich auch Xerxes' Einzug in Griechenland war, so schändlich und hässlich war sein Abgang. Denn als Leonidas, der Spartanerkönig, mit viertausend Schwerbewaffneten den Engpass der Thermopylen besetzt hatte, da befahl Xerxes voller Verachtung über die geringe Zahl denjenigen den Kampf zu eröffnen, deren Angehörige in der Schlacht von Marathon getötet worden waren. Indem diese die Ihrigen zu rächen suchten, machten sie den Anfang der Niederlage; durch die darauf nachdrängenden unbrauchbaren Massen wurde ein noch größeres Blutbad angerichtet. Drei Tage lang wurde dort zum Schmerz und zum Unwillen der Perser gekämpft. Als am vierten Tag Leonidas gemeldet wurde, dass der höchste Berggipfel von zwanzigtausend feindlichen Soldaten gehalten werde, da forderte er die Bundesgenossen auf, sich zurückziehen und dem Vater- oder Mutterland für bessere Zeiten aufzusparen, er selbst aber und seine Spartaner müssten das [Kriegs-]Glück erproben. Er sei dem Vaterland mehr verpflichtet als dem Leben; die Übrigen sollten sich zum Schutz Griechenlands unversehrt erhalten. […] Nachdem er also die Bundesgenossen entlassen hatte, ermahnte er die Spartaner, sie sollten sich bewusst sein, sterben zu müssen,

wie auch immer sie sich im Kampf hielten. Sie sollten sich hüten, den Anschein zu erwecken, mehr Tapferkeit beim Bleiben als beim Kämpfen zu zeigen. Auch dürften sie nicht warten, bis sie vom Feind umzingelt seien, sondern, solange die Nacht die Gelegenheit dazu biete, sollten sie die Sorglosen und Vergnügten überfallen. Nirgends könnten Sieger auf ehrenvollere Weise untergehen als gerade im Lager der Feinde. Es gab keine Schwierigkeit, Männer zu überzeugen, die schon zu sterben überzeugt waren. Sofort griffen sie zu ihren Waffen, die sechshundert Mann drangen ins Lager der Fünfhunderttausend ein und griffen sogleich das Zelt des Königs an, um zusammen mit jenem oder aber, falls sie selbst überwältigt würden, doch zumindest in seinem Quartier zu sterben. Im ganzen Lager herrschte Wirrwarr. Als die Spartaner den König selbst nicht finden konnten, durchstreiften sie als Sieger das ganze Lager, töteten und schlugen alles nieder, da sie ja wussten, dass sie nicht mit der Hoffnung auf Sieg kämpften, sondern nur, um den eigenen Tod zu rächen. Der Kampf zog sich vom Einbruch der Nacht bis in den größeren Teil des folgenden Tages hin. Schließlich fielen sie, nicht besiegt, sondern des Siegens müde, zwischen ungeheuren Haufen zu Boden gestreckter Feinde. Xerxes selbst beschloss, nachdem er zwei Niederlagen zu Land erlitten hatte, sein Glück auf dem Meer zu versuchen.
[*aus:* Justin (Pompeius Trogus) 2.11.]

9. Diesem unserer Zeit so unglaublich groß [erscheinenden] Heereszug, dessen Zahl sich jetzt schwerer zusammenbringen lässt, als sie damals besiegt werden konnte, stellte sich Leonidas, der König der Spartaner, mit 4000 Mann am Engpass der Thermopylen entgegen. Xerxes aber, voll Verachtung über die geringe Zahl der Gegner, befahl, den Kampf zu beginnen und handgemein zu werden. Unverzüglich traten die Verwandten und Waffenbrüder der auf der Ebene von Marathon gefallenen Perser zur Eröffnung des Kampfes, zugleich auch zur Niederlage an. Der ihnen darauf folgende Haufen war größer und schwerfälliger. Da er bald weder frei beweglich zum Vorrücken noch um Kampf bereit oder zur Flucht entschlossen war und sich allein an den Leichen emporrichtete, gab es drei Tage lang fortgesetzt keinen Kampf von zwei Völkern, sondern Gemetzel eines einzigen Volkes. Am vierten Tage aber, als Leonidas sah, dass der Feind sich von allen Seiten herandrängte, ermahnte er die ihn unterstützenden Bündner, sich dem Kampf zu entziehen, auf den Gipfel des Berges zu entrinnen und sich für bessere Zeiten aufzubewahren. Er hingegen müsse mit seinen Spartanern ein anderes Schicksal auf sich nehmen. Sie seien dem Vaterland mehr als dem Leben verpflichtet. Nach Entlassung der Bundesgenossen ermahnte er

die Spartaner, vom Ruhm sehr viel, vom Leben nichts zu erhoffen. Es seien weder der Feind noch der Tag abzuwarten, sondern wenn die Nacht eine günstige Gelegenheit biete, sollten sie in das [gegnerische] Lager einbrechen, die Waffen kreuzen und die Scharen verwirren. Nirgends könnten sie als Sieger ehrenvoller untergehen als im Lager der Feinde. In der Überzeugung also lieber sterben zu wollen, bewaffneten sie sich zur Rache für ihren künftigen Tod so, als ob sie selbst gleichzeitig ihren Untergang forderten und rächten. Wunderbar ist es zu berichten, wie 600 Männer in das Lager von 600 000 [Feinden] eindrangen. Tumult entstand im ganzen Lager. Die Perser selbst unterstützten die Spartaner durch gegenseitiges Morden. Die Spartaner, die den König suchten und nicht fanden, mordeten und streckten alles nieder, durchstreiften das ganze Lager und unter den dichten Haufen von Körpern verfolgten sie mit Mühe einzeln angetroffene Menschen. Sie wären zweifellos Sieger gewesen, wenn sie nicht den Tod erwählt hätten. Der Kampf zog sich vom Beginn der Nacht an bis in den größeren Teil des Tages hinein hin. Schließlich waren sie vom Siegen ermattet. Sobald nun jeder von ihnen, da die Glieder erlahmten, sich an der Rache für seinen Tod gesättigt zu haben schien, fiel er schlaff nieder und starb mitten unter den Leichen, die zu Haufen im Weg lagen, auf dem von dickem, halbgeronnenem Blut zuckenden Feld.
10. Zweimal auf dem Lande besiegt, rüstete Xerxes zu einer Seeschlacht.
[*aus:* Orosius 2.9.3–10.1]

Herodot gibt in seinem Bericht über die Thermopylen in erster Linie die Überlieferung wieder, die sich in Sparta gebildet hat. So verweist er darauf, dass er die Namen aller 300 Gefallenen erfahren habe. Vermutlich war diese Überlieferung nicht einheitlich, denn sie ließ verschiedene Deutungen des Geschehens zu. Zur offiziellen Version gehörte die in ihrer Ausgestaltung zweifelhafte Geschichte vom Verrat des Ephialtes. Sie sollte offensichtlich von den militärischen Fehlern des Leonidas – der Umgehungspass war bekannt – ablenken und das Geschehen dramatisieren. Den Kern der spartanischen Überlieferung bildet aber der Mythos vom Opfertod des Königs. Diese Sichtweise dominierte die Rezeption. Dass an den Thermopylen mehr als doppelt so viele Hopliten aus der Stadt Thespiai in Mittelgriechenland fielen, wurde demgegenüber kaum mehr wahrgenommen.
Der Darstellung Herodots widersprach im 4. Jahrhundert der Historiker Ephoros in einem entscheidenden Punkt. Ihm zufolge wartete Leonidas nicht den unausweichlichen Nahkampf ab, sondern überfiel mit seinen Spartanern in der Nacht davor das persische Lager, um den Großkönig zu töten. Dabei starben er und die 300. Diese Sichtweise setzte sich offenbar in den historischen Werken der römischen Zeit durch. Sie findet sich in allen erhalten Geschichtswerken, also bei Diodor, Justin (Pompeius Trogus) und Orosius. Auch Plutarch, der Herodots Darstellung in vielen Punkten kritisiert, übernahm diese Ver-

sion. Ob Ephoros für seine Lesart zuverlässige Quellen hatte, muss fraglich bleiben. Allerdings besitzt auch Herodot nur eingeschränkte Glaubwürdigkeit, da er sich allein auf mündliche Überlieferung stützen konnte. Außerhalb der Historiographie konzentrierte sich die Überlieferung seit römischer Zeit auf das Epigramm des Simonides, das das Thema der Opferbereitschaft auf den kürzestmöglichen Nenner brachte. Dies ermöglichte auch die breite Rezeption in der Neuzeit.

Der Mythos

Auf die, die an den Thermopylen fielen
Es ist denen, die bei Thermopylai fielen,
Ruhmvoll das Ereignis, schön das Todeslos; ein
Altar wird das Grab, statt Gestöhns Gedenken, das Mitleid wird Lobpreis
Und solch ein Grabmal – das wird der Rost nicht,
Nicht verdunkeln die alles bezwingende Zeit.
Der Weiheplatz edeler Männer – Heimstatt gab dem Ruhmesglanz
Er von ganz Hellas. Dafür legt Zeugnis ab Leonidas,
Spartas König, der seines Heldenmuts hohe Zier zurückließ
Und – nie versiegenden Ruhm.
[Es bleibt] der Ruhm als schönes Grabmal; als
Letztes sinkt er unter die Erde.
[*aus:* Simonides, *Trauergesänge* 21, 22]

Die Thermopylenkämpfer
Hier einst haben die Schlacht mit mehr als dreien Millionen
Viermaltausend gekämpft: Peloponnesiervolk
[*aus:* Simonides, *Anthologia Graeca* VII 248]

Die Thermopylenkämpfer
Sieh hier am Felsen von Phokis das Grab! Ich bin der Gedenkstein
jener Dreihundert, die einst Scharen von Medern vertilgt
und dann fielen – von Sparta so fern. Doch dem Sturme der Meder
auf das lakonische Volk hatten ein Ziel sie gesetzt.
Siehst du den Löwen auf mir mit der lockigen Mähne, so sage:
»Dies ist Leonidas' Mal, der sie im Kampfe geführt.«
[*aus:* Lollius Bassus, *Anthologia Graeca* VII 235]

Lollius Bassus, ein hellenisierter Römer, lebte um die Zeitenwende (eines seiner Epigramme entstand 19 n. Chr.) in Smyrna.

Die Spartaner aber stellten sich bei den Thermopylen zum Kampf auf. Dort wurde ihnen zwar nicht das gleiche günstige Geschick [wie den Athenern] zuteil, aber in der Tapferkeit haben sie alle bei Weitem übertroffen. Daher ist auch über ihren Gräbern ein wahres Zeugnis ihres Heldenmuts für alle Griechen sichtbar aufgeschrieben. Es heißt dort zu ihren Ehren: »O Fremder, verkünde den Spartanern, dass wir hier liegen, gehorsam ihren Gesetzen.«
[*aus:* Lykurg, *Gegen Leokrates* 108–109]

19. »Die unsterblichen Götter schenkten dem Militärtribunen ein glückliches Geschick für seine Tapferkeit. Denn Folgendes geschah: Obwohl er dort vielfach verwundet wurde, erhielt er doch keine tödliche Verletzung, und man fand ihn zwischen den Toten, entkräftet durch die Wunden und weil er viel Blut verloren hatte. Man hob ihn auf, und er wurde wieder gesund, und danach leistete er für das Gemeinwesen noch oft tapferen und tüchtigen Dienst. Durch diese Tat, weil er seine Soldaten [dort] hinführte, hat er das übrige Heer gerettet. Aber es macht einen großen Unterschied, wo man die gleiche Großtat [jeweils] platziert. Der Spartaner Leonidas vollbrachte Ähnliches bei den Thermopylen, und wegen seiner Leistungen hat ganz Griechenland seinen Ruhm und seine herausragende Beliebtheit mit Denkmälern erlauchtester Berühmtheit verherrlicht. Mit Bildnissen, Statuen, Versinschriften, Geschichtswerken und anderen Mitteln haben sie diese seine Tat in höchstem Ansehen gehalten. Aber dem Militärtribunen blieb nur ein schmales Lob für seine Taten übrig, wo er doch das Gleiche getan und die Situation gerettet hatte.«
[*aus:* M. Porcius Cato, *Origines* (Ursprünge) FRH 3 F 4,7a]

Der Tribun Q. Caedicius (bei anderen Autoren M. Calpurnius Flamma) hatte im Ersten Punischen Krieg (264–241 v. Chr.) in Sizilien ein römisches Heer aus der Umklammerung durch karthagische Truppen befreit, indem er mit einer Kohorte ein Ablenkungsmanöver unternahm. Er ging als römischer Leonidas in die Annalen ein, weswegen die Zahl seiner Gefährten, mit denen er das Himmelfahrtskommando durchführte, in den Quellen später von 400 auf die bekannten 300 reduziert wurde (Florus 2.2.13–14). Anders als Leonidas überlebte der Tribun. Das Fragment aus Catos *Origines* ist die älteste Erwähnung des Leonidas in der lateinischen Literatur. s. Beck/Walter, Die frühen römischen Historiker I 200–203.

Alle Griechen sollten infolgedessen der heraufziehenden Gefahr ins Auge sehen, vor allem aber die Spartaner. Denn weshalb haben wohl eure Vorfahren, Männer von Sparta, damals, als Xerxes einen Gesandten zu euch schickte,

um Wasser und Erde zu fordern, ihn in einen Brunnen geworfen, Erde auf ihn geschüttet und ihn Xerxes melden geheißen, er habe von den Spartanern empfangen, was er verlangte, Wasser und Erde? Weshalb sind dann Leonidas und seine Getreuen freiwillig in den sicheren Tod gegangen? Nicht deshalb, um zu zeigen, dass sie nicht für die Freiheit der eigenen Stadt, sondern zugleich für die der anderen Griechen ihr Leben hinzugeben bereit waren?
[*aus:* Polybios 9.38]

Ausschnitt aus einer Rede, die der griechische Historiker Polybios (2. Jh. v. Chr.) den Akarnanen Lykiskos halten lässt, der darin 211/10 in Sparta vor einem Bündnis mit Rom warnt.

Solche Männer [Spartaner, die den Tod nicht fürchten] hat unzählige unser Staat hervorgebracht. Was soll ich Fürsten und Feldherren nennen, da Cato schreibt, dass ganze Legionen häufig beschwingt an eine Stelle rückten, von der sie nach ihrer Ansicht nicht wieder zurückkommen würden? Im gleichen Geiste fielen die Spartaner bei den Thermopylen, auf die Simonides das Epigramm machte: Kommst du nach Sparta, so sag, o Wanderer, du sahst uns hier liegen, da wir dem heiligen Gesetz unserer Heimat getreu.
Was sagt jener Führer Leonidas? »Brecht los mit tapferem Sinn, Spartaner; heute werden wir vielleicht bei den Unterirdischen speisen.« Dieses Volk war tapfer, solange des Lykurg Gesetze in Kraft standen. Von ihnen sagte einer, als ein Perser, der Feind, bei einem Gespräch sich brüstend, bemerkt hatte: »Ihr werdet die Sonne vor der Menge der Speere und Pfeile nicht sehen!«: »Also werden wir im Schatten kämpfen.«
102. Die Männer erwähne ich.
[*aus:* Cicero, *Gespräche in Tusculum* 1.101–102]

Um diese Engpässe hier widerstanden die Gefährten des Leonidas mit wenigen aus den benachbarten Orten den so zahlreichen Streitkräften der Perser, bis die Barbaren, das Gebirge auf Fußsteigen umgehend, sie niederhieben. Noch jetzt sind ihr gemeinsamer Begräbnisplatz vorhanden und die Stelen und jene berühmte Inschrift an der Säule der Lakedaimonier: »Fremdling, kommst du nach Sparta, so melde den Bürgern, du habest uns hier liegen gesehen, ihren Gesetzen getreu.«
[*aus:* Strabon 9.4.16 (429)]

Der griechische Geograph Strabon lebte von 63 v.–23 n. Chr.

Eben diese Überlegungen, die jene hin und her wenden, möchte ich lieber lösen und klar darlegen, um zu überzeugen, nicht um Eindruck zu machen. Wer in die Schlacht führt das Heer, das für Frauen und Kinder in den Tod gehen soll – wie wird er es anfeuern? […] Ich zeige dir die Spartaner, unmittelbar am Engpass der Thermopylen aufgestellt: Weder auf Sieg hoffen sie noch auf Rückkehr; jene Stätte soll ihr Grab sein. Wie ermutigst du sie, des ganzen Volkes Vernichtung mit ihren Leibern aufzuhalten und lieber aus dem Leben zu gehen, als den Platz zu verlassen? Wirst du sagen: »Was ein Übel ist, ist nicht rühmlich; der Tod ist rühmlich: Also ist der Tod kein Übel?« In der Tat, eine wirkungsvolle Ansprache! Wer dürfte danach zögern, sich den feindlichen Schwertern entgegenzuwerfen und standhaft zu sterben! Hingegen Leonidas – wie mannhaft hat er zu ihnen gesprochen! »Kameraden«, sprach er, »so esst euer Frühstück, als würdet ihr das Mittagessen bei den Unterirdischen einnehmen.« Nicht quoll im Munde der Bissen, nicht blieb er im Schlund stecken, nicht entfiel er den Hunden: Wohlgemut nahmen sie die Einladung an, zum Frühstück wie zum Mittagessen.
[*aus:* L. Annaeus Seneca, Briefe 10.82.20–21]

Edle Gesinnung bewiesen auch die beiden Spartaner. Der eine [Agesilaos] antwortete, als er von jemandem gescholten wurde, weil er, obwohl er hinkte, an einer Schlacht teilnehmen wollte, er wolle kämpfen und nicht fliehen. Der andere [Leonidas] sagte, als ihm jemand die Nachricht überbrachte, die Perser verdunkelten mit ihren Pfeilen die Sonne: »Du bringst gute Nachrichten, so können wir nämlich im Schatten kämpfen.«
[*aus:* Valerius Maximus 3.7 ext. 8]

3. Auf die Vorhaltung der Ephoren, dass er zu wenige Leute mit zu den Thermopylen nehme, gab er [Leonidas] zur Antwort: »Zu viele für das Unternehmen, zu dem wir ziehen.«
4. Und als sie wiederum fragten, ob er sich nicht anders bedacht habe, gab er die Antwort: »Dem Worte nach [bin ich entschlossen], den Barbaren den Zugang zu verwehren, der Tat nach aber, für Griechenland zu sterben.«
5. Bei seiner Ankunft an den Thermopylen sprach er zu seinen Mitkämpfern: »Man sagt, die Barbaren seien in der Nähe, und wir ließen die Zeit verstreichen. Gut denn, wir wollen die Barbaren töten oder selbst sterben.«
6. Als einer behauptete, angesichts der Geschosse der Barbaren sei es nicht möglich, die Sonne zu sehen, antwortete er: »Es ist doch angenehm, wenn wir mit ihnen im Schatten kämpfen werden.«

7. Ein anderer brachte die Nachricht, dass die Feinde schon ganz nahe seien. »Dann sind auch wir ihnen nahe«, war seine Antwort.
8. Als jemand zu ihm sagte: »Leonidas, du willst hier mit so wenigen gegen so viele den Entscheidungskampf wagen«, antwortete er: »Wenn ihr mich nach der Menge beurteilt, so reicht auch ganz Griechenland nicht hin; denn es ist ein geringer Teil im Vergleich zur Menge jener; seht ihr aber auf Tapferkeit, so ist auch diese Zahl ausreichend.«
9. Auf dieselbe Bemerkung eines anderen gab er die Antwort: »Um zu sterben, bringe ich immer noch zu viele mit.«
10. Als Xerxes ihm schrieb: »Du kannst, wenn du nicht mit den Göttern streiten, sondern auf meine Seite treten willst, Alleinherrscher von Griechenland werden«, so schrieb er ihm zurück: »Wenn du wüsstest, worin das Glück des Lebens besteht, so würdest du aufhören, nach fremden Dingen zu streben. Für mich aber ist es rühmlicher, für Griechenland zu sterben als über meine Mitbürger zu herrschen.«
11. Als Xerxes noch einmal an ihn schrieb: »Händige Deine Waffen aus«, schrieb er zurück: »Komm und hole sie.«
12. Als er eben die Feinde angreifen wollte, forderten ihn die Polemarchen auf, die Ankunft der übrigen Bundesgenossen abzuwarten. »Sind denn die nicht da«, versetzte er, »die kämpfen wollen? Wisst ihr denn nicht, dass nur die mit den Feinden kämpfen, die vor den Königen Scheu und Furcht haben?«
13. Seine Soldaten ermahnte er, das Frühstück einzunehmen, da sie das Mittagsmahl im Hades halten würden.
[*aus:* (Pseudo-)Plutarch, *Lakonische Denksprüche* 3–13 (*Moralia* 225A–D)]

Unter allen Königen, die später über die Meder und Perser herrschten, zeichnete sich Xerxes am meisten durch Klugheit und durch glänzende Taten auf seinem Feldzug aus. Dennoch hätte Leonidas mit den wenigen, die er an die Thermopylen führte, es verhindert, dass Xerxes überhaupt Griechenland zu sehen bekam und Athen in Schutt und Asche legen konnte, wenn nicht der Trachinier das Heer unter Hydarnes auf dem Pfad durch das Oitagebirge herumgeführt und die Griechen eingeschlossen hätte. Und so konnten die Barbaren nach Überwältigung des Leonidas in Griechenland eindringen.
[*aus:* Pausanias 3.4.8]

»Griechen! Der Beweggrund, aus dem ihr euch versammelt habt – unsere Rettung –, und die Gegend, in der ihr euch aufgestellt habt, sind beide in hohem Maße dazu angetan, die Erinnerung an vollbrachte Leistungen zu erwecken. Denn auch eure Vorfahren haben, wenn sie an diesem Ort kämpften, nie den Kampf um die Freiheit Griechenlands verloren. In den Perserkriegen haben sie sich nämlich auf das Beste geschlagen und im sogenannten Lamischen Krieg [323/22 v. Chr.] und auch dann wieder, als sie Antiochos, den Herrscher Asiens, in die Flucht schlugen [Syrischer Krieg 192–188 v. Chr.], schon aufseiten der damals führenden Römer. Gewissermaßen wie vom Schicksal, nach dem Willen irgendeiner Gottheit, war und ist den Griechen an diesem Ort in den Kämpfen gegen die Barbaren Glück zugewiesen. Eigene militärische Vorhaben sind bei euch lange Zeit nicht vorgekommen. Doch ihr könnt nun Zuversicht schöpfen einerseits aus eurer eigenen Heeresmacht, andererseits aus der natürlichen Befestigung des Geländes, durch die ihr euch den Gegnern auch bei den früheren Angriffen als Furcht erweckend erwiesen habt. Aus diesen Gründen ist meiner Ansicht nach auch die Zukunft keineswegs hoffnungslos, da ich gut weiß, dass [...] zum besseren [...]« (Übers. R. Rollinger)
[*aus:* Herennius Dexippus, Fragment *Codex Vindobonensis historicus* gr. 73, ff. 192^{v}–193^{r}]

Neu entdecktes Fragment aus den *Skythica* des Historikers Herennius Dexippus (geb. etwa 200/205 n. Chr.). Das Fragment enthält einen Ausschnitt aus der Rede des Römers Marianus, des Statthalters der Provinz Achaea, der zu Ermutigung seiner Soldaten, die gegen eine Invasion der Goten (etwa 250 n. Chr.) eine Verteidigungsstelle an den Thermopylen bezogen haben, auf die Geschichtlichkeit des Ortes eingeht.

Leonidas, König der Lakedaimonier, der 20. König seit Herakles. Er war Anführer der Griechen, die sich an den Thermopylen [den Persern] widersetzten. [...] Als Leonidas aber gemeldet wurde, dass die Sonne verschwinde, wenn die Perser ihre Pfeile abschießen, da sprach er: »Lasst uns guten Mutes sein, wir können dann nämlich im Schatten kämpfen.« Seinen Soldaten sagte er, als sie das Frühstück einnahmen: »Frühstückt, denn am Abend werden wir im Hades speisen.«
Als der Großkönig aber heranzog, da fürchteten alle anderen die Menge seiner Truppen und flohen, die Thebaner aber liefen [zu den Persern] über. Der König nahm sie gefangen und brandmarkte sie. Zusammen mit den 300 Schwerbewaffneten aus Sparta ist für Leonidas eine Inschrift eingemeißelt: »Fremder, melde den Lakedaimoniern, dass wir an diesem Ort liegen,

weil wir ihren Geboten Folge leisteten.« Dieser Leonidas widersetzte sich zusammen mit den Dreihundert bei Sphakteria dem Xerxes. Und als er durch Verrat eingeschlossen wurde, fiel er als der Tapferste, nachdem ein Mann namens Ephialtes den Persern einen Weg durchs Gebirge gezeigt hatte.
[*aus:* Suda s. v. Leonidas]

Das Lexikon verwechselt die Kämpfe an den Thermopylen mit denen bei Sphakteria. Die Schlacht um die Insel gehört in die erste Phase des Peloponnesischen Krieges (431–404 v. Chr.).

Die Schlacht bei Artemision

Noch bevor sie auf die griechischen Trieren traf, hatte die persische Flotte eine erste Schlacht geschlagen und diese verloren. Auf der Fahrt von Therme hatte sie die Südostspitze der thessalischen Halbinsel Magnesia erreicht, als unvermutet schwere Nordstürme aufkamen und eine Reihe von Schiffen ans felsige Vorgebirge warfen. Griechische Beobachter wollen 400 Wracks gezählt haben, doch war dies wohl mehr Wunsch als Wirklichkeit.

Während die griechische Flotte, etwa 270 Trieren stark, an der Nordwestspitze Euboias ankerte, fuhren die persischen Schiffe zum Golf von Pagasai und bezogen an dessen Einfahrt bei Aphetai Stellung. Nach Herodot, der einen Hang zu Synchronismen hatte, wurde vor Artemision an denselben drei Tagen gekämpft, an denen auch die Schlacht um die Thermopylen ausgetragen wurde. Die Perser rechneten mit einer baldigen Flucht der Griechen und so hatten sie ein Flottenkontingent um die Insel Skiathos herum an der Ostküste Euboias vorbei bis zur Südspitze dieser Insel entsandt, um Schiffe, die den Euripos, den schmalen Sund zwischen der Stadt Chalkis auf Euboia und der gegenüberliegenden Küste, passieren mussten, gegebenenfalls abzufangen. Bei Artemision eröffneten aber zunächst die Griechen die Schlacht. Ihr Ergebnis blieb unklar, beide Seiten verzeichneten Verluste. Sie erhöhten sich am zweiten Tag, ohne dass eine Entscheidung fiel. Noch bevor die Nachricht von der Niederlage an den Thermopylen die griechische Flottenführung erreichte, entschloss sich diese zum Rückzug. Entgegen Herodot war er offenkundig einkalkuliert. An einen Sieg hatten nur Optimisten gedacht. Zumindest die Spartaner wussten – und die Flotte wurde ja offiziell von einem spartanischen Kommandanten befehligt –, dass die Thermopylen ohne die Masse des Hauptheeres, auf dessen Entsendung sie ja verzichteten, nicht zu halten waren. Wenn dem persischen Landheer aber der Durchbruch nach Mittelgriechenland gelang, war die vorgeschobene Stellung der Flotte nicht zu halten. Vermutlich erwarteten die Spartaner die Flotte zu einer Doppelschlacht um den Isthmos von Korinth.

Die Seeschlacht

1. Von den Griechen waren die Folgenden der Flotte zugeteilt: die Athener, die 127 Schiffe stellten, […] die Korinther stellten 40 Schiffe, die Megarer 20, auch die Chalkidier bemannten 20, welche die Athener ihnen stellten, die Aigineten 18, die Sikyonier zwölf, die Lakedaimonier zehn, die Epidau-

rier acht, die Eretrier sieben, die Troizenier fünf, die Styreer zwei, die Keier zwei Kriegsschiffe und zwei Fünfzigruderer. Mit sieben Fünfzigruderern kamen die Opuntischen Lokrer zu Hilfe.

2. Das waren also diejenigen, die nach Artemision in den Kampf zogen. [...] Die Gesamtzahl der Schiffe, die sich bei Artemision versammelt hatten, belief sich auf 271, außer den Fünfzigruderern. Den Feldherrn, der den Oberbefehl hatte, stellten die Spartaner, nämlich den Eurybiades, den Sohn des Eurykleides. Die Verbündeten hatten nämlich erklärt, sie würden, wenn der Lakone nicht den Oberbefehl erhalte, der Führung der Athener nicht folgen, sondern das Heer, das sich eben bilden solle, auflösen. [...]

4. Damals aber wurden auch diejenigen Griechen, die nach Artemision gekommen waren, von Furcht erfüllt, als sie viele [persische] Schiffe bei Aphetai vor Anker liegen sahen und alles von der feindlichen Flotte voll war. Und nun, da gegen ihr Erwarten die Lage der Barbaren eine ganz andere war, als sie glaubten, dachten sie daran, von Artemision aus tiefer nach Griechenland zu entweichen. [...]

6. Auf diese Weise [die griechischen Flottenführer wurden von den Euboiern bestochen] blieben sie nun bei Euboia und lieferten die Seeschlacht. Es geschah dies aber so: Als die Barbaren gegen Abend nach Aphetai gekommen waren und nun selbst sahen, was sie auch vorher schon vernommen hatten, dass um Artemision nur wenige griechische Schiffe lagen, so waren sie voll Eifer zu einem Angriff, um diese, wo möglich, zu kapern. Geradezu nun auf diese loszufahren, schien ihnen jedoch nicht sicher genug, weil sie fürchteten, es möchten die Griechen, wenn sie sie heransegeln sähen, die Flucht ergreifen und die Nacht ihre Flucht decken. So würden sie dann freilich entrinnen. Es sollte aber – so sagten sie – nicht einmal ein Feuerträger auf der Flucht davonkommen [sprichwörtlich für vernichtende Niederlage].

7. Demgemäß nun ersannen sie folgenden Plan. Sie lasen aus der Gesamtzahl der Schiffe 200 aus und schickten sie außen um Skiathos herum, damit sie auf ihrer Umfahrt um Euboia nicht von den Feinden erblickt würden, an Kaphereus und Geraistos vorbei zum Euripos, und zwar in der Absicht, die Griechen einzuschließen, insofern der eine Teil der dort Angekommenen deren Rückweg versperre, während sie selbst sie von vorne angriffen. Nachdem sie diesen Entschluss gefasst hatten, schickten sie die dazu bestimmten Schiffe ab, wobei sie selbst nicht im Sinn hatten, an diesem Tag einen Angriff auf die Griechen zu machen, und auch nicht früher dies zu tun entschlossen waren, als bis das Zeichen von denen, die herumsegelten, sichtbar geworden war, dass sie wirklich angekommen wären. So sandten sie diese Schiffe ab und veranstalteten dann zu Aphetai eine Zählung der übrigen Schiffe. [...]

9. Als die Griechen davon gehört hatten, berieten sie untereinander. Es siegte aber unter dem vielen, was vorgebracht wurde, die Ansicht, an jenem Tage dort zu bleiben und die Nacht zuzubringen, alsdann nach Mitternacht aufzubrechen und den Schiffen, die den Befehl hatten, Euboia zu umfahren, entgegenzusegeln. Danach aber, als kein Angriff erfolgte, und sie bis zum Abend gewartet hatten, fuhren sie selbst den Barbaren entgegen, weil sie sich im Kampf versuchen wollten und im Durchbruch durch die feindlichen Linien.
10. Als aber die anderen Mannschaften und Feldherren des Xerxes sie mit wenigen Schiffen heranfahren sahen, hielten sie dies für eine große Tollheit und stachen selbst mit ihren Schiffen in See. Sie hofften nämlich, sie mit Leichtigkeit kapern zu können. [...]
11. Die Griechen aber stellten sich, sobald das Signal gegeben war, zuerst mit den Schiffsschnäbeln den Barbaren zugekehrt auf, die Hecks der Schiffe nach der Mitte zu zusammengedrängt. Hernach aber, auf das zweite Signal, gingen sie zum Kampf über, obwohl sie sich in einem engen Raum eingeschlossen fanden, und zwar von vorne. Da kaperten sie 30 Schiffe der Barbaren und nahmen den Bruder des Gorgos, des Königs der Salaminier, sowie den Philaon, des Chersis Sohn, gefangen, der ein Mann von Ansehen im Heer war. Der Erste unter den Griechen, der ein Schiff der Feinde nahm, war ein Athener, Lykomedes, des Aischraios Sohn, und er empfing auch den Preis für Tapferkeit. Die anderen aber, die in dieser Seeschlacht unentschieden miteinander kämpften, trennte die hereinbrechende Nacht voneinander. Die Griechen fuhren nach Artemision zurück, die Barbaren nach Aphetai, nachdem der Kampf ganz gegen ihr Erwarten ausgefallen war. [...]
12. Als aber die Nacht hereingebrochen war, ging, obgleich es mitten im Sommer war, ein gewaltiger Regenguss die ganze Nacht hindurch nieder und vom [Gebirgszug des] Pelion her ertönten furchtbare Donnerschläge. Die Leichen aber und die Schiffstrümmer wurden nach Aphetai hin abgetrieben, drängten sich um die Schnäbel der Schiffe und verfingen sich in den Ruderblättern. Als die Soldaten dort das hörten, gerieten sie in Furcht, weil sie meinten, sie würden in dem Unglück, in das sie geraten waren, gänzlich umkommen. Noch ehe sie sich nur etwas erholt hatten von dem Schiffbruch und dem Sturm am Pelion, waren sie in eine schwere Seeschlacht gekommen und auf diese Seeschlacht waren heftiger Regenguss und starke Gießbäche gefolgt, die sich ins Meer ergossen, begleitet von furchtbaren Donnerschlägen. Eine solche Nacht war ihnen beschieden.
13. Für die von ihnen aber, die den Auftrag hatten, Euboia zu umfahren, war eben diese Nacht noch weitaus schrecklicher, und dies umso mehr, als sie auf offener See davon überrascht wurden. Sie ereilte ein trauriges Ende. Denn da Sturm und Regen sie auf ihrer Fahrt überfielen, als sie sich bei den

»Höhlen von Euboia« [Abstürze, Buchten und Klippen an der Nordostküste des südlichen Euboia] befanden, so wurden sie, getrieben vom Wind und ohne zu wissen, wohin sie trieben, an die Felsen geworfen. Alles dies wurde vom Gott bewirkt, auf dass die persische Macht der griechischen gleichgemacht wurde und nicht um vieles überlegen sei. Diese gingen nun zugrunde bei den »Höhlen von Euboia«.

14. Die Barbaren zu Aphetai aber hielten sich, als zu ihrer Freude der Tag anbrach, mit ihren Schiffen ganz still, und sie waren in ihrer schlimmen Lage damit zufrieden, für den Augenblick Ruhe zu haben. Den Griechen aber kamen 53 attische Schiffe zu Hilfe. Die Ankunft der Schiffe hob ihren Mut ebenso sehr wie die zu gleicher Zeit eintreffende Nachricht, dass alle Barbaren bei der Umsegelung Euboias durch den ausgebrochenen Sturm zugrunde gegangen waren. Sie warteten dieselbe Stunde [wie am Tag zuvor] ab, liefen dann aus und überfielen die Schiffe der Kiliker. Nachdem sie diese vernichtet hatten, fuhren sie, da es Nacht geworden war, wieder zurück zum Artemision.

15. Am dritten Tage aber, da die Feldherren der Barbaren ärgerlich waren, dass so wenige Schiffe ihnen solchen Schaden zugefügt hatten und sie sich vor dem Zorn des Xerxes fürchteten, warteten sie nicht ab, dass die Griechen den Kampf begännen, sondern stachen, nachdem sie sich gegenseitig ermuntert hatten, mit ihren Schiffen um die Mitte des Tages in See. Es traf sich aber, dass diese Seeschlachten an denselben Tagen wie die Kämpfe zu Land bei den Thermopylen stattfanden. Es drehte sich aber der ganze Kampf für diejenigen zur See um den Euripos, so wie es für die Schar des Leonidas um die Bewachung des Engpasses ging. Die einen nun ermahnten sich, die Barbaren nicht nach Griechenland einzulassen; die anderen aber, die griechische Flotte zu vernichten und sich der Durchfahrt [durch die Meeresenge] zu bemächtigten.

16. Als nun die Leute des Xerxes sich aufgestellt hatten und heranfuhren, blieben die Griechen ruhig bei Artemision. Die Barbaren stellten ihre Schiffe halbmondförmig auf und versuchten einen Kreis zu bilden, um [die Griechen] einzuschließen. Da segelten die Griechen ihrerseits heran und traten in den Kampf ein. In dieser Seeschlacht waren sie einander gleich, denn die Flotte des Xerxes kam sich wegen ihrer Größe und Menge selbst in die Quere, da die Schiffe sich ineinander verwirrten und eins ans andere stieß. Dem ungeachtet leistete sie Widerstand und wich nicht, denn die Leute hielten es für eine Schande, sich von wenigen Schiffen in die Flucht jagen zu lassen. Es gingen nun von den Griechen viele Schiffe unter und viele Männer kamen um, von den Barbaren aber noch mehr Schiffe und Männer. Nachdem sie so gekämpft hatten, trennten sich beide Seiten voneinander. […]

18. Sobald sie sich voneinander getrennt hatten, fuhren beide Seiten freudig zu ihrem Ankerplatz zurück. Die Griechen waren, als sie sich abgesetzt und aus der Seeschlacht entfernt hatten, zwar im Besitz der Leichen und der Schiffstrümmer, aber sie waren schlimm zugerichtet, zumal die Athener, von deren Schiffen die Hälfte beschädigt war. So gedachten sie, nun tiefer nach Griechenland hinein zu entweichen.
[*aus:* Herodot 8.1–18]

Herodot aber, der nach der Meinung Einiger Griechenland verherrlicht hat, stellt jenen Sieg [bei Artemision] als ein Werk der Bestechung und des Betrugs dar und lässt die Griechen gegen ihren Willen kämpfen, weil sie von ihren bestochenen Feldherren hintergangen wurden. Und das ist noch nicht die Grenze seiner Bosheit. Fast alle stimmen überein, dass die Griechen nach mehrmaligen Siegen in den dortigen Seegefechten doch endlich Artemision den Barbaren überlassen haben, sobald sie von den Geschehnissen an den Thermopylen gehört hatten. Denn es wäre nutzlos gewesen, dort zu bleiben und das Meer zu bewachen, nachdem die Kämpfe an den Thermopylen zu Ende gegangen waren und Xerxes die Pässe in seiner Gewalt hatte. Herodot aber lässt die Griechen, noch ehe die Nachricht vom Tode des Leonidas angekommen ist, ans Entweichen denken. Seine Worte sind: »Aber sie waren schlimm zugerichtet, zumal die Athener, von deren Schiffen die Hälfte beschädigt war. So gedachten sie nun zu tiefer nach Griechenland hinein zu entweichen [8.18].«
Es mag erlaubt sein, einen Rückzug vor dem Kampf so zu nennen oder vielmehr zu schmähen. Er aber hat vorher schon den Ausdruck »*Drasmós*« [Entlaufen, Flucht] gebraucht und gebraucht ihn hier wieder und weiter unten noch einmal; so hämisch hängt er an diesem Wort. Denn er fährt so fort: »Bei den Barbaren traf bald darauf ein Mann aus Histiaia auf einem Boot ein und meldete die Flucht der Griechen aus Artemision. Sie aber wollten es nicht glauben, nahmen den Boten in Gewahrsam und schickten Schnellsegler aus, um es zu erkunden.« Was sagst du? Entlaufen wie Besiegte seien sie, von denen die Feinde nach der Schlacht nicht glauben wollten, dass sie fliehen, weil sie weit im Vorteil waren? Darf man danach den Angaben dieses Schriftstellers über irgendeinen Mann oder eine einzige Stadt noch trauen, der mit einem einzigen Wort den Sieg Griechenlands vernichtet, das Siegeszeichen umstürzt und die Inschriften, die sie im Tempel der Artemis Proseoa setzten [s. unten], für eitle Prahlerei erklärt.
[*aus:* Plutarch, *Über die Böswilligkeit Herodots* 34 (*Moralia* 867C–F)]

12. Nachdem [Xerxes] nun mit Hilfe des Landheeres Herr der Pässe geworden war, unternahm er den Versuch, die Kriegsentscheidung auf dem Meer herbeizuführen. Sogleich ließ er also den Befehlshaber der Flotte, Megabates, zu sich kommen, und hieß ihn gegen die griechische Seemacht zu fahren und mit der ganzen Flotte eine Schlacht gegen die Griechen zu wagen. [Megabates] segelte, dem Befehl des Königs folgend, von Pydna in Makedonien mit der ganzen Flotte weiter und landete an dem Vorgebirge von Magnesia, das Sepias heißt. Hier kam ein heftiger Sturm auf, wodurch er über 300 Dreiruderer verlor, dazu zahlreiche Pferdetransporter und andere Fahrzeuge. Als der Sturm nachließ, fuhr er von dort weiter nach Aphetai auf magnesischem Territorium. Von hier aus schickte er 200 Dreiruderer ab und gab den Befehlshabern den Auftrag, um Euboia herumfahren und – die Insel zur Rechten – die Feinde einzuschließen.

Die Griechen lagen bei Artemision auf Euboia vor Anker und hatten im Ganzen 280 Dreiruderer. Darunter gehörten 140 den Athenern, die übrigen den anderen Griechen. Den Oberbefehl über diese Flotte hatte Eurybiades aus Sparta, die Anordnungen aber traf Themistokles aus Athen. Dieser stand nämlich wegen seiner Einsichten und seiner Führungskunst in hohem Ansehen, und dies nicht nur unter den Griechen bei der Flotte, sondern auch bei Eurybiades selbst, und alle schenkten ihm Gehör und folgten ihm bereitwillig. Als nun unter den Schiffskapitänen wegen der Seeschlacht Rat gehalten wurde, glaubten alle anderen, man müsse sich ruhig halten und den Angriff des Feindes abwarten. Themistokles allein vertrat den entgegengesetzten Standpunkt, indem er zeigte, dass es besser sei, mit der ganzen Flotte in Schlachtordnung gegen die Feinde zu fahren. Wenn sie nämlich im geschlossenen Schiffsverband gegen einen Feind segelten, dessen Formation in Unordnung geraten sei – [der Gegner] liefe ja aus zahlreichen und auseinander gelegenen Häfen aus –, würden sie die Oberhand gewinnen. Endlich fuhren die Griechen nach dem Rat des Themistokles mit der ganzen Flotte dem Feind entgegen. Da die Barbaren tatsächlich aus zahlreichen Häfen ausliefen, bekamen es anfänglich Themistokles und seine Leute mit einem persischen Gegner zu tun, der zerstreut agierte, und sie versenkten viele Schiffe, und nicht wenige zwangen sie zur Flucht und verfolgten sie bis zur Küste. Nachher aber sammelte sich die ganze Flotte und es entwickelte sich eine hitzige Seeschlacht, in der auf jeder Seite ein Teil der Schiffe Vorteile gewann, auf keiner aber ein vollständiger Sieg errungen wurde. Die einbrechende Nacht machte dem Kampf ein Ende.

13. Nach der Seeschlacht erhob sich ein heftiger Sturm, der viele Schiffe zerstörte, die außerhalb des Hafens vor Anker lagen. So schien sich die Gottheit der Griechen annehmen und die große Zahl der feindlichen Schiffe ver-

mindern zu wollen, damit die Streitmacht der Griechen ihnen gewachsen sei und für weitere Seeschlachten ausreiche. Die Griechen fassten daher immer mehr Mut, die Barbaren aber sahen immer ängstlicher den Gefahren entgegen. Dennoch richteten sie sich nach dem Schiffbruch wieder auf und fuhren mit sämtlichen Schiffen gegen den Feind. Die Griechen aber, noch durch 50 Dreiruderer aus Attika verstärkt, stellten sich den Barbaren gegenüber auf. Die Lage war bei dieser Seeschlacht ganz ähnlich den Kämpfen an den Thermopylen. Denn die Perser waren entschlossen, die Oberhand zu gewinnen und die Griechen zur Fahrt durch den Euripos zu zwingen, während die Griechen die Meerengen sperren und ihre Verbündeten auf Euboia verteidigen wollten. So kam es denn zu einer heftigen Seeschlacht, in der beide Seiten viele Schiffe verloren. Die hereinbrechende Nacht zwang sie, in ihre Häfen zurückzukehren.
In den beiden Seeschlachten sollen sich unter den Griechen die Athener und unter den Barbaren die Sidonier am tapfersten gehalten haben. Nachher, als die Griechen hörten, was an den Thermopylen geschehen war, und zugleich erfuhren, dass die Perser zu Lande gegen Athen vorrückten, verloren sie den Mut. Sie fuhren daher nach Salamis zurück und blieben dort vor Anker. [...] Als der persische Admiral von der Abfahrt der Feinde erfuhr, nahm er mit seiner gesamten Flotte Kurs auf Euboia. Er eroberte die Stadt der Histiaier im Sturm, plünderte sie und verheerte ihr Gebiet.
[*aus:* Diodor 11.12–13]

Die Erinnerung an Artemision

Für die Athener
O schimmerndes, veilchenumkränztes, in Liedern besungenes
Ruhmreiches Athen,
Bollwerk du von Hellas, göttergesegnete Stadt!
Bei Artemision
Wo athenischen Volkes Söhne errichtet den lichten
Grundstein der Freiheit [...]
[*aus:* Pindar F 76, 77 (Snell)]

Gesang und spartanischer Nationaltanz
Spartaner: O Mnamona, Sage! Geischt der Erinnerung!
Lass stürmen herab auf deinen Knappen
Deine Tochter, die Muse des Gesanges,

Sie, die da weiß
Von eus und vo de Athener:
Wie diese beim Artemision
Vorbrachen Ebern glich
Auf die Schiffe dr Meder und sie niederzwangen.
Und eus hinwieder Leonidas
Anführte gleich Wildsauen,
Die, ha! denkche ich, ihre Hauer wetzten!
Viel weißer Schaum lief auf um die Kchinnbackchen!
Viel Blut troff nieder an den Schenkcheln!
Denn es waren der Männer nicht weniger
Denn Sand am Meer,
Die Perser!
[*aus:* Aristophanes, *Lysistrate* 1247–1262]

Aristophanes (ca. 450–380 v. Chr.) steigert die Komik in seinem Stück über Lysistrate, indem er den Gesang in dem für Athener Ohren bäurischen Dialekt der Spartaner wiedergibt.

90. Gegen ihn [Xerxes] also [...] rückten, die Gefahr teilend, die Lakedaimonier in die Thermopylen gegen das Landheer, [...] unsere Väter aber nach Artemision, 60 Dreiruderer stark, gegen die ganze Flotte der Feinde. [...]
92. Die Unsrigen besiegten die vorausgesegelten Schiffe. Als sie aber hörten, dass der Pass [die Thermopylen] in der Gewalt der Feinde sei, segelten sie nach Hause und fassten über das Weitere einen solchen Entschluss, dass sie, soviel Herrliches sie auch vorher getan hatten, in den letzten Kämpfen sich noch mehr auszeichneten.
[*aus:* Isokrates, *Panegyrikós* (Festrede) 90, 92]

Männer aus allerlei Volk asiatischer Heimat
Schlugen die Söhne Athens hier auf offenem Meer
Im Seekampf, und nachdem sie die Scharen der Meder vernichtet,
Stellen sie diese Gedenksäule der Artemis auf.
[*aus:* Anonym, *Anthologia Graeca*, Appendix: Epigrammata dedicatoria 39]

Nach Plutarch, *Moralia* 867E war das Epigramm im Tempel der Artemis Proseoa (nach Osten blickend) an der Nordspitze Euboias in unmittelbarer Nähe des Schlachtorts angebracht.

Von den Thermopylen nach Athen

Mit der Niederlage an den Thermopylen war der Zugang zu Mittelgriechenland frei. Die Perser durchzogen zunächst das Gebiet der Phoker, wo sich das Heer teilte. Die Hauptstreitmacht unter Xerxes rückte in Boiotien ein, eine Abteilung marschierte in Richtung Delphi. Deren Ziel war vermutlich – direkt oder über einen Umweg über Patras – der Isthmos. Bei Herodot steht dagegen die Besetzung des delphischen Heiligtums im Vordergrund. Dieses hatte sich, wie gesagt, auf die Seite der Perser geschlagen, zumindest aber wenig Widerstandswillen gezeigt – eine Peinlichkeit, welche die Priester nach dem Sieg der griechischen Sache tunlichst zu verwischen trachteten. So erfanden sie einen Raubzug der Perser, der nur daran gescheitert sein soll, dass die Gottheit selbst durch Blitze, Kriegsgeschrei und einen Felssturz die Angreifer vertrieb. Einen entsprechenden Bericht der Einheimischen lässt sich Herodot durch geflohene Perser bestätigen, die das in Delphi Gesagte zu einem stimmigen Bild ergänzen. Herodot fügt dabei zwei grundverschiedene Quellen, persische und griechische Augenzeugen, nahtlos zusammen, um einem Bericht Authentizität zu verleihen, der eine Erfindung ist. Wenn die Perser die einheimische Überlieferung beglaubigen, ist das reine Fiktion, aber Herodot fühlt sich dazu berechtigt, denn die Perser bekräftigen nur, was er selbst für wahr hält. Die Götter schützen, wie er noch an drei weiteren Stellen seines Werkes berichtet, ihre Heiligtümer vor Frevlern und bestrafen sie – für den Historiker ein Faktum, das im vorliegenden Fall überdies noch eine weitere untrügliche Quelle bestätigt: Die Autopsie [Inaugenscheinnahme]. Er selbst habe, so erzählt Herodot abschließend, noch die Felstrümmer im heiligen Bezirk liegen sehen, die über die angreifenden Perser hinweggerollt waren.

Delphi war der Nebenschauplatz, im Zentrum des persischen Angriffs stand – in doppeltem Sinn – Athen. Es war der Auslöser der Invasion und es war der Gegner, der für die Perser auf dem Landweg am leichtesten zu erreichen war, denn weder in Nord- noch Mittelgriechenland gab es – die Phoker ausgenommen – ernsthaften Widerstand. Athen war weder durch Mauern geschützt noch konnte es sich wie die peloponnesischen Städte hinter einem mauerbewehrten Isthmos verstecken. An seiner Haltung musste sich der Krieg entscheiden – das ist jedenfalls die Meinung Herodots und er hat sie in einem einzigartigen Kommentar [ansonsten überlässt er Stellungnahme, Deutung oder Erläuterung meist dem Werkpersonal] mit allem Nachdruck vertreten. Die sogenannte Athener-Passage ist gleichzeitig ein frühes, wenn nicht das erste Beispiel dessen, was wir inzwischen »Virtuelle Geschichte« nennen.

Die Entscheidung Athens, nicht zu kapitulieren und stattdessen zur See zu rüsten, war umso mutiger, als das delphische Orakel mit seinen defätistischen Weissagungen vor jeglichem Widerstand warnte. Themistokles gelang es jedoch, die Orakelsprüche in seinem Sinne zu deuten und aus ihnen Lehren für die Verteidigung der Stadt zu ziehen. Offen bleibt die Frage, ob bzw. wann Athen evakuiert werden sollte. Herodot zufolge wurden die Athener davon überrascht, dass sich das peloponnesische Aufgebot auf die Dreihundert des Leonidas beschränkte. Sie hätten nämlich die gesamte Streitmacht der Spartaner in Mittelgriechenland erwartet. Stattdessen, so glaubten sie, würden die Peloponnesier den Isthmos befestigen und Attika preisgeben. Herodot formuliert dies mit einem deutlich antispartanischen Unterton, aber ob diese Kritik berechtigt ist, muss spätestens seit dem Jahr 1959 bezweifelt werden. Damals wurde in Troizen, einem Ort im Norden der Peloponnes, eine gut erhaltene Inschrift gefunden, die einen von Themistokles initiierten Evakuierungsbeschluss der Volksversammlung beinhaltet. Der Fundort, aber auch die Buchstabenform und -größe verraten bereits, dass es sich nicht um die originale Aufzeichnung des Psephisma (von der Volksversammlung bestätigter Beschluss) handeln kann. Dazu kommen Modernismen und kleinere Anachronismen. Wahrscheinlich wurde etwa im 2. Jahrhundert v. Chr. der Wortlaut einer archivierten Urkunde in Stein übertragen. Über den Zweck lassen sie nur Vermutungen anstellen. Offenbar wollten die Troizenier die Athener an eine frühere Wohltat erinnern, in diesem Zusammenhang wohl die Aufnahme athenischer Flüchtlinge im Jahre 480. Was die Inschrift interessant macht, gleichzeitig aber dazu führte, dass ihre Historizität bestritten wurde, ist der auffällige Widerspruch zu Herodot. Dem epigraphischen Zeugnis zufolge wurde die Evakuierung nämlich bereits vor den Schlachten an den Thermopylen und bei Artemision beschlossen, d. h., eine Niederlage war einkalkuliert und keineswegs erst Folge spartanischer Unzuverlässigkeit. Zu erklären wäre Herodots Version als Ausfluss athenischer Propaganda, denn als der Historiker in Athen weilte, stritten die inzwischen verfeindeten Hegemonialmächte längst über ihre jeweiligen Verdienste bei der Abwehr der Perser. Tatsächlich sprechen die inhaltlichen Unterschiede aber entgegen gängiger Meinung weniger für die Unechtheit der Inschrift als für ihre Authentizität, denn jeder Fälscher musste sich an die einzig bekannte Version der Vorgänge halten, und das war die Herodots. Der Anfang der Urkunde deckt sich zudem mit einem Zeugnis Plutarchs.

Die Perser in Delphi

34. Darauf kamen die Barbaren, indem sie an Parapotamioi vorbeizogen, nach Panopeus: Von da an trennte sich ihr Heer und schied sich in zwei Teile. Der zahlreichste und mächtigste Teil des Heeres zog mit Xerxes selbst gegen Athen und fiel in Boiotien ein, in das Land der Orchomenier. Es war aber die ganze Masse der Boiotier persisch gesinnt. […] Diese Barbaren wandten sich nun dahin.

Ziegelrelief mit persischen Bogenschützen

35. Die anderen, die Führer besaßen, zogen zum delphischen Heiligtum, indem sie den Parnassos zur Rechten liegen ließen. Alles Land von Phokis, das sie besetzten, verheerten sie. Auch verbrannten sie die Stadt der Panopeer sowie diejenige der Daulier und die der Aioliden. Sie marschierten aber deshalb getrennt vom übrigen Heer dorthin, um nach der Plünderung des Tempels zu Delphi dem König Xerxes die Schätze überbringen zu können. Was nämlich Nennenswertes sich im Tempel befand, das kannte, wie ich vernehme, Xerxes alles besser – es redeten ja viele stets davon – als das, was er in seinem Palast zurückgelassen hatte, insbesondere die Weihgeschenke des Kroisos, des Sohnes des Alyattes.
36. Als dies die Delpher vernahmen, gerieten sie in die äußerste Angst, und in der großen Furcht, in der sie schwebten, wandten sie sich wegen der heiligen Schätze an den Gott, ob sie diese in der Erde vergraben oder in ein anderes Land wegschaffen sollten. Aber der Gott untersagte ihnen, etwas von der Stelle zu rücken, und erklärte, er wäre selbst imstande, das Seine zu schützen. Als die Delpher dies gehört hatten, kümmerten sie sich um sich selbst und schickten ihre Kinder und Frauen hinüber nach Achaia. Die Mehrzahl von ihnen zog dann hinauf auf die Gipfel des Parnassos und brachte ihre Habe in die korykische Grotte, andere entwichen auch ins lokrische Amphissa. So verließen alle Delpher die Stadt, ausgenommen 60 Männer und der Verkünder der Orakelsprüche *(Profētes)*.
37. Als nun die Barbaren auf ihrem Anmarsch schon in der Nähe waren und von fern das Heiligtum erblicken konnten, da sah in diesem Moment der Orakelverkünder, dessen Name Akeratos war, vor dem Tempel die heiligen Waffen liegen, die aus dem Inneren des Tempels herausgeschafft worden waren, die anzurühren aber keinem Menschen erlaubt war. Er ging nun, um den in Delphi Gebliebenen das Wunderzeichen zu verkünden. Als sich aber die heranstürmenden Barbaren beim Tempel der Athena Pronaia befanden, erlebten sie ein noch größeres Wunderzeichen als das, das vorher geschehen war. Denn es bedeutet doch dies schon ein großes Wunder, dass Kriegswaffen ohne fremdes Zutun zum Vorschein kommen und vor dem Tempel liegen. Was aber danach als Zweites geschah, ist unter allen Erscheinungen am meisten der Bewunderung würdig. Denn als nun die heranrückenden Barbaren sich gerade beim Heiligtum der Athena Pronaia befanden, da fielen Blitze vom Himmel herab auf sie, und vom Parnassos brachen zwei Felsgipfel los, stürzten mit gewaltigem Getöse auf sie nieder und erschlugen viele von ihnen. Aus dem Tempel der Athena Pronaia aber erschallten Stimmen und Kriegsgeschrei.
38. Wie dies alles zusammenkam, befiel ein Schrecken die Barbaren, und als die Delpher bemerkten, dass sie flohen, stiegen sie von den Höhen he-

rab und töteten eine Menge von ihnen. Die, welche am Leben blieben, flohen geradewegs zu den Boiotiern. Es versicherten aber, wie ich erfahre, die Barbaren, die zurückgekehrt waren, dass sie außer diesem noch anderes Übernatürliches gesehen hatten: Zwei Schwerbewaffnete, größer an Gestalt als Menschen, seien ihnen gefolgt, sie jagend und tötend.
39. Diese zwei waren, wie die Delpher angeben, ihre Landesheroen Phylakos und Autonoos, deren heilige Stätten in der Nähe des Heiligtums liegen, die des Phylakos hart am Weg oberhalb des Heiligtums der Pronaia, die des Autonoos nahe bei der Kastalischen Quelle unter dem Gipfel Hyampeia. Die vom Parnassos herabgefallenen Steine waren noch bis zu meiner Zeit erhalten und lagen in dem Heiligtum der Athena Pronaia, in das sie gestürzt waren, als sie durch die Reihen der Barbaren rollten. So vollzog sich der Abzug dieser Leute aus dem Heiligtum.
[*aus:* Herodot 8.34–39]

Themistokles und das Orakel von Delphi

140. Es hatten nämlich die Athener Gesandte nach Delphi geschickt und waren bereit, sich ein Orakel geben zu lassen. Nachdem sie nun im Tempel die üblichen Opfer dargebracht und dann in das Innere eintretend sich niedergesetzt hatten, gab ihnen die Pythia, deren Name Aristonike war, folgenden Spruch: »Was sitzt ihr hier, Unglückliche! Flieht bis ans Ende der Erde. Verlasst eure Häuser und der runden Stadt hochragende Felsen [die Akropolis]. Denn es bleibt nicht bestehen das Haupt, noch der übrige Körper, noch auch die Füße unten, noch Hände, noch was in der Mitte, sondern alles gilt nichts. Feuer wird es zerstören und auch der grimmige Ares, führend den Syrischen [asiatischen/persischen] Wagen. Auch viel andere Burgen vernichtet er, nicht bloß die deine. Und der Unsterblichen Tempel in Menge dem Feuer er preisgibt, welche jetzt triefend vom Schweiß dastehen, zitternd und bebend vor Angst: Denn hoch von den Dächern der Tempel strömt dunkles Blut zum Zeichen des kommenden Unglücks. Darum verlasst den Tempel und wappnet euch mit Mut gegen das Unheil.«
141. Sobald die Gesandten der Athener dies gehört hatten, waren sie äußerst unglücklich. Als sie sich schon wegen des vorausgesagten Unglücks aufgeben wollten, gab ihnen Timon, des Androbulos Sohn, einer von den angesehensten Männern zu Delphi, den Rat, sie sollten Ölzweige nehmen, dann noch einmal kommen und sich als Schutzflehende an das Orakel wenden. Als die Athener dies befolgten und sagten: »Herr! Gib uns einen besseren Spruch über unser Vaterland aus Achtung vor diesen Ölzweigen, mit

Porträtbüste des Themistokles (Ostia)

denen wir vor dich getreten sind, oder wir gehen nicht aus diesem Heiligtum, sondern wir bleiben hier an dieser Stelle, bis wir tot sind!« Als sie dies also sagten, gab ihnen die Priesterin folgendes zweite Orakel: »Auch nicht Pallas vermag den Olympischen Zeus zu versöhnen, wenn sie auch noch so sehr bittet mit Worten und kluger Beratung. Dir aber sag' ich zum anderen das Wort, das fest ist wie Eisen, denn wenn alles erliegt dem Feind, was die Grenze des Kekropsbergs umschließt und die Schluchten des göttlichen Berges Kithairon, gibt doch der waltende Zeus seiner Tritogenia [Beiname der Athene] die hölzerne Mauer, unzerstörbar allein, zum Nutzen für dich wie die Kinder. Warte du nicht auf die Scharen der Reiter und Scharen des Fußvolks, die vom Land aus in Menge heranziehen, wende du ruhig ihnen den Rücken und weiche. Dereinst wirst du ja dennoch sie treffen. Salamis, du göttliches Land, du vertilgst die Kinder der Frauen, wenn der Demeter Frucht gesät wird oder geerntet.«

142. Diesen Spruch schrieben sie sich auf, denn er war wirklich milder als der frühere und er kam ihnen auch so vor. Dann zogen sie heim nach Athen. Als aber die Gesandten zurückgekommen waren und dem Volk berichteten, wurden viele verschiedene Meinungen über den fraglichen Sinn des Orakels laut, darunter auch besonders die folgenden, einander ganz entgegenstehenden. Einige nämlich von den Älteren behaupteten, nach ihrer Ansicht habe der Gott damit geweissagt, dass die Akropolis erhalten bleibe, denn die Akropolis der Athener war vor alters mit einer Dornenhecke eingehegt worden. Diese Umzäunung, so schlossen sie, wäre jene hölzerne Mauer. Die anderen dagegen behaupteten, der Gott meine damit die Schiffe, und darum sollten sie vor allem diese instandsetzen, alles andere aber gehen lassen. Diejenigen nun, die in den Schiffen die hölzerne Mauer erkannten, wurden jedoch irre an den beiden letzten Versen der Pythia: »Salamis, du göttliches Land, du vertilgst die Kinder der Frauen, wenn der Demeter Frucht gesät wird oder geerntet.« An diesen Worten stießen sich die Ansichten derjenigen, die sagten, dass die Schiffe die hölzerne Mauer seien. Denn die Orakeldeuter begriffen diese Verse so, dass sie bei Salamis eine Niederlage erleiden müssten, wenn sie zur Seeschlacht sich rüsteten.

143. Es befand sich aber unter den Athenern ein Mann, der erst neuerdings zu großem Ansehen gekommen war, Themistokles mit Namen, Sohn des Neokles. Dieser Mann behauptete, die Orakeldeuter hätten den ganzen Spruch nicht richtig verstanden. Er selbst sprach sich dahin aus: Wenn das besagte Wort wirklich auf die Athener sich bezöge, so würde nach seiner Ansicht der Spruch nicht so milde gelautet haben, sondern »Grausames Salamis« statt »Göttliches Salamis«, wenn nämlich die Bewohner wirklich im Kampf um die Insel den Tod finden sollten. Allein, wenn man es richtig

auslege, so beziehe sich der Spruch des Gottes auf die Feinde, aber nicht auf die Athener. Daher riet er, sie sollten sich zu einer Seeschlacht rüsten, da sich darauf die »hölzerne Mauer« beziehe. Indem Themistokles auf diese Weise das Orakel erklärte, sahen die Athener ein, dass dies für sie annehmbarer war als die Erklärung der Orakeldeuter, die ihnen von den Rüstungen zu einer Seeschlacht abrieten und sagten, sie sollten überhaupt keine Hand gegen den Feind erheben, sondern das attische Land verlassen und irgendwo anders sich niederlassen.
[*aus:* Herodot 7.140–143]

9. Inzwischen rückte Xerxes vom Norden her durch Doris in Phokis ein und verheerte alle Städte der Phoker mit Feuer und Schwert, ohne dass die Griechen die geringste Gegenwehr leisteten, obgleich die Athener dringend baten, zur Deckung von Attika den Feinden nach Boiotien entgegenzuziehen, so wie sie selbst mit der Flotte bis nach Artemision gefahren seien. Da sie aber damit kein Gehör fanden, sondern da man nur auf die Sicherheit der Peloponnes bedacht und entschlossen war, die ganze Macht jenseits des Isthmos zusammenzuziehen, und auch diesen schon von einem Meer zum anderen verschanzte, wurden sie über diesen Verrat erbittert, zugleich auch, weil sie sich von allen verlassen sahen, mutlos und niedergeschlagen. Denn allein gegen eine so ungeheure Macht zu streiten, durften sie sich gar nicht einfallen lassen, und das einzige Mittel, welches ihnen in dieser Lage noch übrig blieb, die Stadt zu verlassen und sich an die Schiffe zu halten, verwarfen die meisten mit Unwillen. Sie begehrten weder einen Sieg, noch sahen sie es als Rettung an, wenn sie die Tempel der Götter und die Grabmäler ihrer Vorfahren den Feinden preisgeben müssten.
10. Jetzt nun, da Themistokles einsah, dass er das Volk durch menschliche Begründungen nicht zu seiner Ansicht bewegen könne, setzte er, wie die Dichter in der Tragödie, die Göttermaschine in Bewegung und bediente sich zur Erreichung seines Zieles göttlicher Zeichen und Orakelsprüche. Als Zeichen benutzte er den Umstand mit der Schlange, die eben in jenen Tagen aus dem Heiligtum der Athena verschwunden sein sollte. Die Priester fanden das Erstlingsopfer, das ihr täglich vorgesetzt wurde, noch unberührt und verkündeten das dem Volke, worauf Themistokles dies Ereignis dahin deutete, die Göttin habe die Stadt verlassen und zeige ihnen den Weg zum Meer. Zugleich brachte er dem Volk das erhaltene Orakel aufs Neue in Erinnerung und behauptete, unter der ›hölzernen Mauer‹ wäre nichts anderes zu verstehen als die Schiffe, und Apollon hätte die Insel Salamis deswegen die ›göttliche‹, nicht etwa die ›elende‹ oder ›unglückliche‹ genannt, weil

eine große, für die Griechen glückliche Begebenheit von ihr den Namen bekommen würde. Seine Meinung behielt endlich die Oberhand, und nun trat er mit dem Antrag vor das Volk, die Athener sollten die Stadt der Obhut ihrer Schutzgöttin, der Athena, anvertrauen, alle waffenfähigen Mannschaften sollten sich auf die Schiffe begeben und die Frauen, Kinder und Sklaven, jeder, so gut er könne, in Sicherheit bringen. Sobald dieser Antrag beschlossen war, schafften die meisten Athener ihre Kinder und Frauen nach Troizen, wo sie liebevolle Aufnahme fanden.
[*aus:* Plutarch, *Themistokles* 9–11]

Als die Nachricht von [Xerxes'] Anmarsch nach Griechenland gelangte und es hieß, dass er es in erster Linie auf Athen abgesehen habe – dies wegen der Schlacht von Marathon – schickten die Athener nach Delphi, um zu fragen, was sie unter solchen Umständen tun sollten. Den Unschlüssigen antwortete die Pythia, sie sollten sich hinter hölzernen Mauern verteidigen. Und als niemand wusste, was ein solcher Spruch bedeute, überzeugte Themistokles seine Mitbürger, der Rat Apollons besage, dass sie sich und alles, was sie hätten, auf Schiffen in Sicherheit bringen sollten – dies seien die hölzernen Mauern, die der Gott meine.
Man nahm den Rat an, vergrößerte die bisherige Zahl der Dreiruderer ums Doppelte und brachte alle bewegliche Habe teils nach Salamis, teils nach Troizen. Die Burg aber und die Sorge für die religiösen Einrichtungen übergab man den Priestern und einigen Greisen, im Übrigen wurde die Stadt geräumt.
[*aus:* Cornelius Nepos, *Themistokles* 2]

Die Athener aber, die sahen, dass alle Bewohner der Stadt in Gefahr waren, brachten Frauen und Kinder sowie alles andere, was von Nutzen war, soweit die Möglichkeit bestand, auf die Schiffe und schafften es nach Salamis hinüber.
[*aus:* Diodor 11.13]

40. Die Flotte der Griechen fuhr von Artemision auf Bitten der Athener nach Salamis. Es hatten nämlich die Athener sie deshalb gebeten, nach Salamis zu steuern, damit sie ihre Kinder und Frauen aus dem attischen Land dahin in Sicherheit bringen und überdies sich beraten könnten, was sie nun tun sollten. Denn unter den obwaltenden Umständen mussten sie sich mit-

einander beraten, weil sie sich in ihrer Erwartung getäuscht sahen. Sie hatten nämlich geglaubt, die Peloponnesier mit ihrer ganzen Heeresmacht in Erwartung der Barbaren in Boiotien zu finden, fanden aber gar nichts von ihnen, sondern hörten, jene zögen eine Mauer über den Isthmos, weil sie den höchsten Wert darauf legten, die Peloponnes zu erhalten, weswegen sie diesen bewachen, alles andere aber preisgeben wollten. Als sie dies vernahmen, richteten sie an diese die Bitte, nach Salamis zu fahren.
41. Die übrigen [Griechen] nun gingen bei Salamis vor Anker, die Athener aber vor ihrem Land und ließen nach ihrer Ankunft durch einen Herold bekanntmachen, ein jeder von den Athenern möge, so gut er könne, seine Kinder und seinen Haushalt zu retten suchen. Da schickten die meisten [ihre Angehörigen] nach Troizen, andere nach Aigina, wieder andere nach Salamis. Sie beeilten sich aber, alles in Sicherheit zu bringen, weil sie sich dem Götterspruch gegenüber folgsam erweisen wollten, insbesondere aber auch aus folgender Ursache. Die Athener erzählen, dass eine große Schlange als Wächterin der Burg in dem Heiligtum sich aufhalte. Dies erzählen sie und dann noch weiter, dass sie dieser wie einem lebenden Wesen jeden Monat ein Opfer vorsetzen, und dieses Opfer besteht in einem Honigkuchen. Dieser Honigkuchen, der in der Zeit vorher stets aufgezehrt wurde, blieb damals unberührt. Als dies nun die Priesterin verkündet hatte, verließen die Athener umso bereitwilliger die Stadt, da ja auch die Göttin die Burg verlassen habe. Nachdem sie aber alles in Sicherheit weggebracht hatten, segelten sie selbst zur Flotte [zurück].
[*aus:* Herodot 8.40–41]

Die Themistokles-Inschrift von Troizen

[Götter]
Der Rat und das Volk beschlossen, Themistokles, der Sohn des Neokles aus [dem Demos] Phrearrhioi, stellte den Antrag: Die Stadt soll man der Athena anvertrauen, die über Athen waltet, und allen anderen Göttern, um sie zu beschützen (5) und den Barbaren vom Land abzuwehren. Die Athener alle sowie die Fremden, die in Athen wohnen, sollen ihre Kinder und Frauen nach Troizen bringen, [in den Schutz des Pittheus (?)], des Archegétes [Oberaufseher] des Landes. Die Greise und ihre Habe sollen sie nach Salamis bringen. (10) Die Schatzmeister und die Priesterinnen sollen auf der Akropolis bleiben, um den Besitz der Götter zu bewachen. Alle übrigen Athener sowie die Fremden im Mannesalter sollen auf die bereitgestellten zweihundert Schiffe steigen und den Barbaren abwehren sowohl für die ei-

gene Freiheit (15) als auch die der anderen Griechen, zusammen mit den Lakedaimoniern und den Korinthern und den Aigineten und den anderen, die bereit sind, sich gemeinsam der Gefahr zu stellen. Bestellt werden sollen auch zweihundert Trierarchen [Kapitäne], einer für jedes Schiff, von den Strategoi [Feldherren], beginnend mit dem morgigen Tag, und zwar aus denen, (20) die in Athen Boden und Haus besitzen und die eheliche Kinder haben und die nicht älter als fünfzig Jahre sind und sie sollen ihnen die Schiffe durch Los zuteilen. Auswählen sollen sie auch je zehn Epibaten [Schiffssoldaten] für jedes Schiff aus denen, die über zwanzig Jahre sind und unter dreißig Jahren; dazu noch vier Bogenschützen. (25) Auslosen sollen sie auch die Schiffsmannschaft auf die Schiffe dann, wenn sie auch die Trierarchen auslosen. Aufschreiben sollen die Strategoi ferner auch die übrige Besatzung pro Schiff auf weißen Tafeln, und zwar die Athener aufgrund der Bürgerlisten in den Demoi [Gemeinden], die Fremden aber aufgrund der Verzeichnisse (30) beim Polemarchen [Heerführer]. Aufschreiben sollen sie sie eingeteilt in Abteilungen, und zwar in zweihundert, mit jeweils einhundert [Mann]; außerdem sollen sie eintragen über jeder Abteilung den Namen der Triere und des Trierarchen und der Schiffsmannschaft, damit sie wissen, in welche Triere eine jede Abteilung einzusteigen hat. Wenn aber (35) die gesamten Abteilungen aufgeteilt und den einzelnen Trieren durch das Los zugewiesen sind, sollen alle zweihundert Schiffe bemannen der Rat und die Strategoi, sobald sie ein Sühneopfer dargebracht haben dem Zeus, dem Allesbeherrscher, und der Athena und der Nike und dem Poseidon, dem Beschützer. Und wenn bemannt sind (40) die Schiffe, sollen sie mit Hundert von ihnen zu Hilfe kommen am [Kap] Artemision von Euboia und mit dem anderen Hundert von ihnen bei Salamis und dem übrigen Attika vor Anker liegenbleiben und bewachen das Land. Damit aber alle Athener einmütig den Barbaren abwehren, sollen diejenigen, die verbannt sind (45) auf zehn Jahre, sich nach Salamis begeben und dort bleiben, bis die Volksversammlung über sie einen Beschluss fasst. Die aber, die die Bürgerrechte verloren [...].

Der Begriff »Barbaros« in Z. 6 u. 15 ist epigraphisch erst aus der Zeit Alexanders des Großen (336–323 v. Chr.) geläufig, während der Verweis auf eheliche Kinder in Z. 21 das Bürgerrechtsgesetz des Perikles 451 voraussetzt. Die in der Inschrift zum Ausdruck kommende Freiheitsrhetorik (Z. 15) kann erst Frucht der nach etwa 461 einsetzenden Auseinandersetzung mit Sparta sein. Gleichzeitig weisen andere Formulierungen wie die Umschreibung »die Fremden, die in Athen wohnen« für den Begriff »Metoiken« (Z. 7) in eine frühe Zeit. Zum Echtheitsproblem erschienen zahlreiche Aufsätze, denen gemeinsam ist, dass sie weder beweisen noch widerlegen können, ob der Kern der Inschrift historisch ist. Es bleibt als Punkt von Interesse der inhaltliche Widerspruch zur Darstellung Herodots.

Von Athen nach Salamis

Hinter den hölzernen Palisaden der Akropolis ließ sich das evakuierte Athen nicht verteidigen. Es war nur eine Frage der Zeit, bis der Burgberg von den persischen Truppen erobert werden würde. Immerhin verschaffte dies der Flotte eine kleine Atempause, um sich zu reorganisieren und einen Plan für die Entscheidungsschlacht zu fassen. Es ging vor allem um die Frage, wo diese zu schlagen war. Herodot hat die Diskussion, die darüber entbrannte, in Form von Reden in der *oratio directa* wie in indirekter Rede dargestellt. Unter den Griechen, die größere Flottenkontingente stellten, den Korinthern, Athenern und Aigineten sowie den Spartanern, die den offiziellen Oberbefehl hatten, bestanden ganz unterschiedliche Interessen und insofern waren die Entscheidungsprozesse kompliziert. Sie spielten sich sowohl im öffentlichen Raum ab, im Rat der Feldherren, als auch in geheimen Gesprächen der Feldherren untereinander. Für Letzteres gab es *per se* keine weiteren Zeugen, im anderen Fall waren die Erinnerungen, als Herodot – 40 Jahre nach den Ereignissen – seine Erkundigung einzog, zweifellos sehr disparat und patriotisch verfärbt. Was der Historiker wiedergibt, entspricht daher in erster Linie seiner eigenen Vorstellung von der Beschlussfindung. Mit seinen Gesprächs- und Redeszenen erweckt Herodot aber das Geschehen gleichsam zum Leben, macht es anschaulich und verleiht ihm eine Authentizität, an welche die Zeitgenossen vermutlich glaubten. Eine solche Methode ermöglicht es dem Historiker, Vorgänge, die unter der Oberfläche liegen oder nur durch ihre Resultate bekannt sind, transparent zu machen, geheime Pläne und verborgene Motive offenzulegen und schließlich sich widerstreitende Argumentationsgänge in ihren einzelnen Schritten nachzuvollziehen.

Die Eroberung Athens

50. Während dies die Feldherren, die aus der Peloponnes waren, miteinander berieten, kam ein Athener mit der Nachricht, der Barbar sei nach Attika gekommen und verheere das ganze Land mit Feuer. Das Heer nämlich, das mit Xerxes seinen Weg durch Boiotien genommen hatte, hatte die Stadt der Thespier, die von da zur Peloponnes gezogen waren, in Brand gesteckt, und ebenso die Stadt der Plataier, von wo es dann nach Athen kam und alles dort verheerte. Thespiai und Plataiai aber hatte [das Heer der Perser] niedergebrannt, weil es von den Thebanern vernommen hatte, dass diese Städte nicht medisch gesinnt seien.

51. Es kamen aber die Barbaren vom Übergang über den Hellespont an, von wo aus sie ihren Zug begannen, nachdem sie einen Monat dort verweilt hatten, während der Übergang nach Europa erfolgte, in drei weiteren Monaten nach Attika, als Kalliades [eponymer] Archon der Athener war. Sie nahmen die Stadt ein, die verlassen war, und fanden nur einige wenige Athener vor, die sich im Heiligtum befanden: die Verwalter desselben und etliche arme Menschen, die mit Brettern und Balken die Burg verrammelt hatten und die Herandringenden abzuhalten suchten. Sie waren teils aus Mangel an Lebensmitteln nicht nach Salamis hinausgezogen, dann aber auch, weil sie glaubten, den Sinn des Orakels, das die Pythia ihnen gegeben hatte, gefunden zu haben, wonach die hölzerne Mauer uneinnehmbar sein werde: Eben dies wäre also der Zufluchtsort zufolge des Orakels, und nicht die Schiffe.

52. Die Perser aber lagerten sich auf der Anhöhe gegenüber der Burg, welche die Athener den Hügel des Ares nennen, und belagerten sie auf folgende Weise: Sie wickelten Werg um ihre Pfeile, zündeten sie dann an und schossen sie in den Verhau. Die belagerten Athener aber leisteten trotzdem Widerstand, wiewohl sie in die äußerste Not geraten waren und die Verschanzung nichts mehr half. Sie nahmen sogar die Anträge, welche die Peisistratiden ihnen machten [Rückführung gegen gütliche Einigung], nicht an, sondern wehrten sich und sannen dagegen auf andere Mittel zu ihrer Verteidigung, ja sie warfen sogar auf die an die Tore heranrückenden Barbaren Steine herab, sodass Xerxes lange Zeit in Verlegenheit war, da er sie nicht bezwingen konnte.

53. Mit der Zeit zeigte sich jedoch für die Barbaren ein Ausweg aus den Schwierigkeiten, denn es sollte nun einmal, dem Götterspruch zufolge, ganz Attika auf dem festen Land in die Gewalt der Perser kommen. Vor der Burg nun, aber hinter den Toren und hinter dem auf die Burg führenden Weg, wo niemand Wache hielt oder nur ahnen mochte, dass je einmal jemand an dieser Stelle hinaufsteigen würde, kletterten einige beim Heiligtum der Aglauros, der Tochter des Kekrops, hinauf, obwohl die Stelle sehr abschüssig war. Als aber die Athener sahen, dass diese auf die Burg gestiegen waren, so stürzten sich die einen von der Mauer herab und kamen auf diese Weise um. Die anderen aber flohen in den innersten Raum des Tempels. Die Perser aber, die hinaufgestiegen waren, wendeten sich zuerst den Toren zu, öffneten diese und erschlugen die Bittenden. Als aber alle von ihnen niedergemacht worden waren, plünderten sie den Tempel und steckten dann die ganze Burg in Brand.

54. Nachdem Xerxes sich gänzlich in den Besitz von Athen gesetzt hatte, schickte er nach Susa einen reitenden Boten, der dem Artabanos seinen ge-

genwärtigen Erfolg melden sollte. Am zweiten Tag aber nach der Absendung dieses Herolds berief er die Flüchtlinge der Athener, die ihm gefolgt waren, zusammen und forderte sie auf, auf die Burg zu steigen und nach ihrer Weise Opfer zu schlachten, sei es, dass er infolge eines ihm erschienenen Traumgesichtes dieses Gebot erließ, oder dass er es sich zu Herzen genommen hatte, den Tempel eingeäschert zu haben.
[*aus:* Herodot 8.50–54]

Die Einnahme der Stadt ist auch der Fixpunkt für unsere Chronologie, denn Herodot gibt hier ausnahmsweise eine Zeitangabe. Athen fiel demnach unter dem Archon (Eponymos) Kalliades, und dessen Amtsjahr währte von Juni 480 bis Juni 479. Da die Schlacht an den Thermopylen – das ergibt die relative Chronologie seit dem Aufbruch der Perser aus Sardes – im August, frühestens im Juli, stattfand, muss Athen 480 erobert worden sein, denn im August 479 war Kalliades nicht mehr Archon.

Vorbereitungen zur Seeschlacht

49. Als aber aus den angegebenen Staaten die Feldherren nach Salamis zusammengekommen waren, beratschlagten sie miteinander, nachdem Eurybiades den Vorschlag gemacht hatte, ein jeder, wer wolle, möge seine Meinung aussprechen, an welchem Orte von denen, die in ihrer Gewalt seien, es ihm am zuträglichsten scheine, eine Seeschlacht zu liefern. Denn Attika war schon aufgegeben, nur hinsichtlich der übrigen Orte machte er seinen Vorschlag. Die Meinungen der meisten der Redner trafen darin zusammen, man solle nach dem Isthmos fahren und vor der Peloponnes eine Seeschlacht liefern. Dabei fügten sie noch als Grund an, dass, falls sie in der Seeschlacht besiegt würden, sie, wenn sie bei Salamis wären, auf der Insel belagert werden würden, beim Isthmos aber sich in ihre Heimat begeben könnten. […]
56. Als aber den Griechen bei Salamis gemeldet worden war, wie es mit der Burg der Athener stand, gerieten sie in eine solche Unruhe, dass einige von den Feldherren gar nicht abwarten wollten, bis ein Beschluss über den vorliegenden Gegenstand gefasst war, sondern in die Schiffe stürzten und die Segel aufziehen ließen, um davonzufahren, während diejenigen von ihnen, die blieben, den Beschluss fassten, vor dem Isthmos eine Seeschlacht zu liefern. Und wie es Nacht war, hoben sie die Versammlung auf und begaben sich auf ihre Schiffe.
[*aus:* Herodot 8.49–56]

Themistokles versucht nun den spartanischen Admiral Eurybiades zu überzeugen, nicht zum Isthmos zu segeln, sondern die Schlacht vor Salamis zu wagen. Dieser ruft die übrigen Feldherren zu einer Versammlung zusammen. Herodot legt Themistokles dabei eine Rede in den Mund, in der er die Argumente bündelt, die für Salamis sprechen. Insbesondere weist er auf die Enge der Kampfzone hin, die für die numerisch unterlegenen griechischen Trieren von Vorteil sei.

63. Durch diese Worte des Themistokles ließ Eurybiades sich belehren. Wie ich aber glaube, ließ er sich eines anderen hauptsächlich aus der Furcht belehren, es möchten die Athener sie verlassen, wenn er mit den Schiffen zum Isthmos abfahre. Denn wenn die Athener [mit ihrer Flotte] ihn verlassen würden, wären die Übrigen nicht mehr dem Kampf gewachsen. Er entschied sich daher für die Ansicht, hierzubleiben und den entscheidenden Kampf zu bestehen.
64. So nun rüsteten sich die Griechen bei Salamis, nachdem sie zuerst in Worten gestritten, zur Seeschlacht, nachdem Eurybiades sich dazu entschlossen hatte. Kaum aber war der Tag angebrochen, als es zugleich mit Sonnenaufgang ein Erdbeben auf dem Land wie auf dem Meer gab. Da beschlossen sie, zu den Göttern zu beten und die Aiakiden [Nachkommen des Königs Aiakos von Ägina] zum Beistand anzurufen. Und wie sie dies beschlossen, taten sie es auch. […]
[*aus:* Herodot 8.63–64]

Während auf die Nachricht vom Sieg des Xerxes an den Thermopylen sich am Isthmos von Korinth peloponnesische Truppen sammeln und weiter an der Mauer quer über den Isthmos bauen, geht der Streit über den richtigen Schlachtort unter den inzwischen vor Salamis versammelten Kapitänen weiter.

74. […] Zuletzt aber kam der Unwille offen zum Ausbruch. Eine Versammlung wurde einberufen, in der vieles über eben diese Dinge gesprochen wurde, wobei die einen verlangten, sie sollten zur Peloponnes fahren und für diese in den Kampf gehen, keineswegs aber bleiben und für ein [vom Feind] bereits erobertes Land streiten. Die Athener, Aigineten und Megarer dagegen erklärten, man müsse hier bleiben und die Feinde abwehren.
75. Da verließ Themistokles, als seine Ansicht derjenigen der Peloponnesier zu unterliegen drohte, heimlich die Versammlung, und als er draußen war, schickte er einen Mann auf einem Boot ins Lager der Perser, dem er aufgetragen hatte, was er sagen sollte. […]
Als dieser damals mit seinem Boot angekommen war, sprach er zu den Feldherren der Barbaren Folgendes: »Mich hat der Feldherr der Athener ohne Wissen der übrigen Griechen hierhergeschickt – denn er steht auf der Seite

des Großkönigs und will lieber, dass ihr die Oberhand gewinnt als die Griechen –, um euch zu sagen, dass die Griechen voller Angst über ihre Flucht beraten. Jetzt ist für euch die Gelegenheit da, die schönste Tat von allen zu vollbringen, wenn Ihr diese nicht davonlaufen lasst. Denn sie sind untereinander nicht einig und werden euch keinen Widerstand mehr leisten. Ihr werdet vielmehr sehen, dass sie zur See gegeneinander streiten, die, die auf eurer Seite sind, und die, die es nicht sind.« Nachdem er ihnen dieses erklärt hatte, entfernte er sich wieder.

76. Die Perser aber vertrauten dieser Nachricht und ließen zuerst auf der kleinen Insel Psyttaleia, die zwischen Salamis und dem Festland liegt, viele der Ihrigen landen. Darauf stachen, als es Mitternacht geworden war, die Schiffe des westlichen Flügels nach Salamis in See, um es einzuschließen. Auch die, die bei Keos und Kynosura aufgestellt waren, fuhren ab und besetzten mit ihren Schiffen das ganze Fahrwasser bis Munichia. Sie fuhren aber deswegen ab, damit es den Griechen nicht möglich sei zu entfliehen, sondern damit sie, abgeschnitten bei Salamis, für die Kämpfe bei Artemision büßten. Auf der kleinen Insel namens Psyttaleia setzten sie deswegen Perser an Land, weil, wenn eine Seeschlacht stattfände, dahin zunächst Männer und Schiffstrümmer getrieben wurden – denn die Insel lag gerade in dem Fahrwasser, in der die Seeschlacht stattfinden sollte –, auf dass sie die einen retteten, die anderen zugrunde richteten. Sie taten dies alles aber im Stillen, damit die Gegner es nicht erführen. Diese Vorkehrungen nun trafen sie in der Nacht, ohne sich zur Ruhe zu begeben.

[*aus:* Herodot 8.74–76]

Xerxes rückte nach der Einnahme der Thermopylen vor die Stadt Athen, und da diese von niemand verteidigt wurde, zerstörte er sie durch Feuer, nicht ohne vorher die Priester umgebracht zu haben, die er in der Burg gefunden hatte. Die Griechen bei der Flotte nun, die die Flammen sahen, waren erschreckt und wagten nicht mehr, zu bleiben, sondern rieten fast alle, man solle heimsegeln und sich hinter den Mauern der eigenen Stadt zu verteidigen suchen. Themistokles aber leistete als einziger einem solchen Plan Widerstand und versuchte ihnen deutlich zu machen, dass sie zusammengeschart den Persern gewachsen seien, aber untergehen würden, wenn sie erst einmal zerstreut seien. Vor allem Eurybiades, den König der Lakedaimonier, der zu dieser Zeit den Oberbefehl hatte, suchte er davon zu überzeugen. Als er aber diesen nicht so, wie er beabsichtigte, zu einem Entschluss zu bewegen vermochte, schickte er in der Nacht den treuesten seiner Sklaven zum Perserkönig, diesem zu melden, die Gegner seien dabei, zu fliehen.

Hätten sie sich aber erst einmal zerstreut, dann werde längere Zeit und verhältnismäßig große Mühe nötig sein, den Krieg zu beenden, da er dann gezwungen sei, sie einzeln zu verfolgen. Wenn er sie aber sofort angreife, dann könne er sie alle mit einem Schlag vernichten. Die Absicht, die Themistokles damit verfolgte, war, die Griechen zum Kampf zu zwingen. Der Perserkönig vernahm dies, glaubte aber an keine List und kämpfte am nächsten Tag, der Ortsverhältnisse unkundig, an einer für den Feind sehr günstigen Stelle. Denn das Meer bot dort so wenig Raum, dass sich seine Flotte gar nicht entfalten konnte, und so wurde er mehr durch die Finte des Themistokles als durch die Waffen der Griechen besiegt.
[*aus:* Cornelius Nepos, *Themistokles* 4]

Als Themistokles, der Führer der Athener, sah, es wäre für Griechenland am vorteilhaftesten, gegen die große Flotte des Xerxes in der Meerenge von Salamis zu kämpfen, davon aber seine Landsleute nicht überzeugen konnte, bewirkte er durch List, dass die Griechen von den Barbaren zu ihrem eigenen Vorteil gezwungen wurden. Er heuchelte nämlich Verrat und sandte einen Boten an Xerxes, um ihm anzuzeigen, die Griechen sännen auf Flucht, und seine Aufgabe würde schwieriger werden, wenn er die verschiedenen Städte einzeln belagern müsste. Durch diese Maßnahme bewirkte er erstens, dass das Barbarenheer nicht zum Ausruhen kam, da es die ganze Nacht hindurch Wachdienst ausführen musste, ferner, dass seine eigenen Männer sich am Morgen mit frischen Kräften gegen die vom Wachen mitgenommenen Barbaren schlagen konnten, und zwar entsprechend seinem Wunsch in einer Enge, wo Xerxes seine zahlenmäßige Überlegenheit ja nicht ausnutzen konnte.
[*aus:* Frontin, *Kriegslisten* 2.2.14]

Salamis

Von der Seeschlacht bei Salamis liegt bekanntlich ein Augenzeugenbericht vor, nur acht Jahre nach dem Ereignis einem großen Publikum vorgetragen. Er stammt aber, wie gesagt, nicht von einem Historiker, sondern von dem Tragiker Aischylos. Dessen Sprache war gebunden, der Raum für die Schlachtschilderung knapp. Die große Darstellung des bedeutendsten griechischen Sieges blieb Sache eines Historikers, Herodots eben. Höhepunkt seines Werkes ist die Darstellung des Xerxes-Zuges, in deren Mitte wiederum – sowohl von der äußeren Aufteilung wie vom Inhalt – die Schilderung des Seegefechts steht, das Griechenland rettete.
Herodot hat die Schlacht von Salamis ausführlich vorbereitet und er wertet ihre Ergebnisse ebenso lange aus. Die eigentliche Schlacht verläuft dabei eigenartig kurz, in nur knapp zehn Kapiteln wird die stolze Armada des Großkönigs versenkt. Mit dem letzten Satz von Kapitel 8.83 sticht die hellenische Flotte in See, mit dem ersten von Kapitel 8.93 ist sie unter geringen Verlusten wieder gelandet, die bei den Griechen üblichen Preise für Tapferkeit können vergeben werden.
Dem Schlachtbericht voraus geht nach der Einnahme der Akropolis von Athen (8.51–55) der lange und unwürdige Streit der offiziell verbündeten Griechen, ob sie sich mit der Flotte vor Salamis verteidigen oder doch besser zum Isthmos zurückziehen oder – eigentlich genauer – flüchten sollten (8.56–82). Er wird schließlich nicht durch Abstimmung, sondern durch die List des Themistokles entschieden (8.75), d. h. letztlich dadurch, dass die Perser während der langen Streitereien der Griechen deren gesamte Flotte umzingelt haben und die peloponnesischen Schiffe nicht mehr die Flucht in die Heimat antreten können (8.79–82).
Die eigentliche Schlachtdarstellung (8.84) beginnt dann mit dem, was die Griechen schon vor dem Kampf beherrschte: der Gedanke an Flucht. Von Themistokles ermutigt, werden zwar die Anker gelichtet, doch als der Feind sogleich angreift, rudern die Griechen rückwärts, um, da ein Ausweichen zur See nicht möglich scheint, an Land zu gehen. Zum Kampf kommt es nur, weil ein vereinzeltes athenisches Schiff sich zu weit vorgewagt hat, mit einem persischen kollidiert und sich mit diesem verhakt. Jetzt erst beweisen alle Schiffsführer Mut und eilen dem Bedrängten zu Hilfe, die Schlacht beginnt, und sie verläuft bei Herodot merkwürdig kurz. Schon Plutarch hat das gesehen und scharf kritisiert. Ob der Historiker nicht wollte oder nicht konnte, bleibt offen. Die Aufstellung der Flotte wird knapp erwähnt (8.85), dann folgt die Beschreibung des Schlachtgeschehens mit Verkündung des Siegers in Kapitel 8.86, insgesamt acht Zeilen lang. »In guter Ordnung und geschlossener Front« siegten die Griechen, das ist das Resümee des Sieges, das Hero-

Athenische Triere, sog. Lenormant-Relief, Akropolismuseum Athen dot aus Aischylos (*Perser* V. 400) hat, und das so gar nicht zu seinem eigenen Anfangskapitel (8.84) passt. Inhaltlich schließt sich in Kapitel 8.89 der Bericht über die Verluste der Kriegsparteien an. Es folgen Details aus der Schlacht, bis in Kapitel 8.96 die Griechen die Wracks an Land ziehen. Danach wird abgeblendet, Xerxes beschließt den Rückzug (8.97).

Einen großen Teil des Ganzen widmet Herodot der Preisverleihung für tapferes oder kluges Kämpfen. In der Kategorie »Völker und Städte« sind es Aigineten und Athener, welche die ersten Preise bekommen, die Perser erhalten noch eine ehrende Erwähnung. In der Kategorie Einzelleistung vergibt Herodot immerhin sechs Auszeichnungen, drei auf persischer (8.85), drei auf griechischer Seite (8.93). In der Mehrzahl ist die Begründung nur ganz kurz, Kaperung und Versenkung gegnerischer Schiffe. Nur einer Person widmet Herodot seine ganze Aufmerksamkeit, sie dominiert das Geschehen, und das mehr als zwei Kapitel lang, mitten im Zentrum des Salamis-Berichtes, eingerahmt von der Kurzdarstellung der Schlacht und ihrem Ergebnis in den Kapiteln 8.86 und 8.89. Von den übrigen Barbaren wie Griechen könne er nicht genau sagen, wie sie sich verhalten hätten, sagt Herodot. Von dieser einen Person aber scheint er es zu wissen; mehr noch als seine Aufmerksamkeit gilt ihr seine Bewunderung. Sie zu charakterisieren zitiert er sogar den Großkönig, der sie nach der Schlacht über alle seine Krieger stellt (8.88.3). Geehrt wird kein Athener, kein Aiginete, kein persischer Admiral, die Auszeichnung geht an eine Heldin, Artemisia, Herrscherin von Halikarnassos. Das ist eine Überraschung. Aber es gibt noch eine zweite, und das ist die Heldentat, die ihren Ruhm begründet. Das Schiff, das Artemisia in einer spektakulären Aktion versenkt, die den größten Platz in der Darstellung der Schlacht von Salamis beansprucht, ist eines aus der eigenen Flotte.

Herodot erzählt dies mit einem deutlichen Seitenhieb auf die Athener (8.93), die eine Belohnung von 10 000 Drachmen auf die Gefangennahme der Artemisia ausgesetzt haben, nur weil sie empört darüber waren – so Herodot –, dass eine Frau gegen Athen zu Felde zog, und die nun die Düpierten waren.

Die Geschichte der Artemisia stammt sehr wahrscheinlich aus Halikarnassos, des Historikers und der Heldin Heimatstadt. Sie wurde dort um die Mitte des 5. Jahrhunderts erzählt, und es war eine, bei der sich Erzähler und Hörer amüsieren konnten. Die Regentin der Stadt, ihre Regentin, düpiert mit einem einfachen Trick die beiden Mächtigen der *Oikoumene* (der bewohnten Erde), und das sind, als die Geschichte erzählt wurde, die Athener und die Perser. Der Großkönig lässt sich von ihr ebenso hinters Licht führen wie es die Athener tun, deren Schiffe nun als Folge des Sieges von Salamis die Ägäis beherrschen und denen auch Halikarnassos Tribute bezahlen muss.

Ein antiathenischer Affekt in dieser Erzählung ist, wie gesagt, unverkennbar und wird durch die Erwähnung der Belohnung noch verstärkt. Es scheint, als ob es Herodot nicht geringes Vergnügen bereitete zu berichten, wie seine Heimatstadt Halikarnassos einst dem zu seiner Zeit so mächtigen Athen trotzte. Dies ist nur ein Detail, doch fügt es sich in ein Puzzle ein, das zeigt, dass neben die Bewunderung Herodots für die historische

Leistung Athens in den Perserkriegen und die Sympathie für eine Stadt, die ihm zum Mäzenaten wurde, auch die Kritik an einer expansiven Politik trat, die die Griechen ins Unglück des großen Bürgerkriegs zu stürzen half. Der Althistoriker H. Strasburger (606 f.) spricht von den geheimen Abrechnungen des Historikers mit Athen, und zu diesen dürfte auch die Artemisia-Szene gehören.

Die Schlacht von Salamis

Atossa: Weh mir, der Leiden höchstes hab ich nun gehört,
Die Schmach der Perser, ärgstes, laut beklagtes Weh!
Doch sag mir das noch, wiederum zurückgewandt,
Wie groß der Griechenschiffe Zahl zum Kampfe war,
Dass sie sich erkühnten, mit dem Perserheer den Kampf
Im kecken Angriff anzufangen, wie du sagst.
Bote: Gewiss der Zahl nach mussten wohl die Flotten der
Barbaren siegen; denn es war hellenischerseits
Die ganze Zahl der Schiffe zehnmal dreißig, und
Ein Geschwader noch von zehn erlesnen außerdem.
Doch Xerxes hatte, wie ich es selbst sah, eine Macht
Von tausend Segeln, drunter wegen Schnelligkeit
Vor allen wert zweihundertsieben. So die Zahl.
Du glaubst bezwungen uns doch nicht in jenem Kampf?
Es hat ein Dämon alles Heer hinweggetilgt,
Der unsre Schale sinken ließ ungleichen Glücks.
Die Götter retten selbst der Göttin Pallas Stadt.
Atossa: So steht der Athener Stadt noch unzerstört?
Bote: Der Mut des Volkes schützt sie, eine feste Burg.
Atossa: Sag, welcher Anfang ward den Schiffen zum Gefecht?
Wer fing den Kampf, fing ihn der Hellenen kühne Schar,
Mein Sohn ihn an, vertrauend auf der Schiffe Zahl?
Bote: Anhub, o Herrin, alles Weh ein rächender,
Erzürnter Dämon, der woher auch je erschien.
Denn ein hellenischer Mann vom Athenervolk
Kam hin und sagte deinem Sohne Xerxes an,
Sobald das Dunkel rings der schwarzen Nacht genaht,
Nicht bleiben würden dann die Hellenen, würden schnell
An Bord versammelt, andre je auf andrem Weg,
In geheimer Flucht erretten ihres Lebens Heil.
Kaum dass er dies vernommen, arglos bei der List

Des fremden Mannes und dem Neid der Ewigen,
Gebot er seinen Admiralen allzumal,
Sobald der glühnden Sonne zündend Abendlicht
Hinab sich taucht und Dunkel den Hain der Luft erfüllt,
Soll sich das Schiffsgeschwader in drei Zeilen reihn
Und jeden Ausweg hüten, jede Flucht zur See,
Dann andre rings um Aias' Insel ziehn im Kreis,
Dass, wenn die Griechen ihrem bösen Los entfliehn
Und heimlich Ausgang irgendwo sich noch erspähn,
Es allen dennoch Leib und Leben kostete.
So sprach der König gar zu hochgemuten Sinns;
Was ihm bevorstand von den Göttern, wüsst er nicht.
Denn jene, wohl gescharet, gewärtig des Befehls,
Bereiten erst das Mahl sich, und der Rudersmann,
Einbindet er sein Ruder an das Ruderholz.
Als dann der Sonne letzter Strahl erloschen war
Und Nacht heraufstieg, ging ein jeder Ruderer
Und jeder, wer nur Wehr und Waffe trug, an Bord.
Zu rufen Schar um Scharen sich von Schiff zu Schiff,
Sie fahren jeder, wo ihm Ort und Fahrt bestimmt;
Die ganze Nacht durch ordnen, durch die Bai verteilt,
Der Schiffe Führer des Geschwaders ganze Macht.
Die Nacht verging, und wahrlich, der Hellenen Heer,
Es hatte nirgend heimliche Flucht sich ausgespürt.
Als drauf mit seines Wagens Lichtgespann der Tag
Die ganze Meerbucht sonnenhell beleuchtete,
Da schallet' fernher von den Hellenen freudiger
Gesang herüber, und das Kriegslied jauchzt' zurück
Des felsgen Eilands tausendstimmiger Widerhall.
Furcht überschlich jetzt uns Barbaren allzumal,
Die wir getäuscht uns sahn; denn nicht, um nur zu fliehn,
Erhoben die Hellenen ihren Kriegsgesang;
Sie sangen, sich in den Kampf zu stürzen frohen Muts;
Trompeten flammten schmetternd, allanfeuernd drein,
Und rings mit rauschendem, wechselhastgem Ruderschlag
Ward schäumend die Flut geschlagen nach der Lotsen Ruf.
Und plötzlich waren alle nah vor unserm Blick.
Des Geschwaders Linie führte festgeschlossen an
Der rechte Flügel; nach ihm kam der ganze Zug
Heraufgefahren; rufen hörte man zugleich

Vielfache Stimmen: »Auf, o Hellas' Söhne, komm!
Das Vaterland befreit, befreiet Weib und Kind
Befreit der heimatlichen Götter teuren Sitz,
Der Väter Gräber! Jetzt um alles kämpfen wir!«
Und auch von uns her rauschte laut ein persisches
Geschrei entgegen; nicht zu säumen war es Zeit.
Da schlug mit Krachen Schiff in Schiff den bohrenden
Erzschnabel; anfing ein hellenisch Schiff die Schlacht,
Riss einem Tyrier allen Schmuck vom Steuerbord.
Zwar widerstand anfangs der Perserflotte Wald,
Doch als die Unzahl unsrer Segel in des Meers
Engfahrt sich trieb, war keiner keinem mehr zu Schutz,
Und wechselseitig mit der eisernen Schnäbel Stoß
Zerschlugen, zerschmetterten sie sich der Ruder Doppelreihn.
Der Griechen Schiffe drangen klug berechnet nach,
Sie prallten ringsher gegen uns, jäh stürzten um
Der Schiffe Bäuche, nicht zu sehn mehr war die See,
Mit Wrack und Scheiter und mit Leichen überdeckt,
Bedeckt mit Leichen Klippen und Gestad umher.
In wilder Flucht fortrudernd eilte sich jedes Schiff,
So viel noch übrig waren vom Barbarenheer.
[*aus:* Aischylos, *Die Perser* 331–422]

Artemisia und die Schlacht

83. Da nun die Griechen dem glaubten, was die Tenier ihnen sagten [Überläufer von der Flotte der Insel Tenos warnen vor persischem Angriff], rüsteten sie sich zur Seeschlacht. […]
84. Sowie sie aber sich in Bewegung setzten, stürzten sich die Barbaren auf sie. Die übrigen Griechen wollten schon rückwärtsrudern und an Land gehen. Ameinias aber aus [dem Demos] Pallene, ein Athener, war vorausgefahren und stieß auf ein [feindliches] Schiff, und da sein Schiff verkeilt war und sie sich nicht mehr voneinander trennen konnten, da eilten die Übrigen Ameinias zu Hilfe und traten in den Kampf. So, erzählen die Athener, hätte die Seeschlacht ihren Anfang genommen. Die Aigineten dagegen behaupten, das Schiff, das wegen der Aiakiden nach Aigina gegangen war, habe den Anfang gemacht. Aber auch Folgendes wird erzählt: Es sei das Trugbild einer Frau erschienen, und diese habe sie angetrieben, sodass auch das ganze Heer der Griechen es hörte, nachdem sie diese vorher folgender-

maßen gescholten hatte: »Ihr Einfältigen, wie weit wollt ihr noch rückwärts rudern!«

85. Gegenüber den Athenern waren nun die Phoinikier aufgestellt, denn diese hatten den Flügel nach Eleusis und gegen Westen hin inne. Den Lakedaimoniern gegenüber standen die Ionier; diese hatten den Flügel nach Westen und zum Piräus hin. Jedoch nur wenige von ihnen zeigten sich, der Weisung des Themistokles folgend, absichtlich feige, die Mehrzahl aber nicht. […]

(Es folgen die Namen von persischen Schiffskommandanten.)

86. Soviel von ihnen.

Es ging aber eine Menge von [feindlichen] Schiffen bei Salamis zugrunde, die einen vernichtet durch die Athener, die anderen durch die Aigineten. Da die Griechen in aller Ordnung und geschlossener Front kämpften, die Barbaren aber noch gar nicht in Reihen geordnet waren und auch nichts mit Verstand taten, so musste es wohl für sie so kommen, wie es auch wirklich kam. Und doch wuchsen sie über sich hinaus und verhielten sich an diesem Tag weit tapferer als bei Euboia, indem ein jeder sich eifrig zeigte aus Furcht vor Xerxes, glaubte doch ein jeder, der König werde gerade ihn sehen.

87. In Bezug auf die Übrigen nun kann ich nicht mit Gewissheit angeben, wie die Barbaren und wie die Griechen sich jeder einzeln in der Schlacht hielt. Mit Artemisia aber geschah Folgendes, wodurch sie noch mehr beim Großkönig zu Ansehen kam. Als nämlich die Flotte des Königs schon in große Verwirrung geraten war, in diesem Moment wurde das Schiff der Artemisia von einem attischen Schiff verfolgt, und da sie nicht entfliehen konnte, weil vor ihr andere befreundete Schiffe waren, ihr eigenes Schiff aber sich nächst den feindlichen Schiffen befand, da entschloss sie sich, Folgendes zu tun, und es gelang ihr auch. Verfolgt von einem attischen Schiff, fuhr sie mitten in ein befreundetes Schiff mit einer Besatzung aus Kalynda, auf dem der König der Kalynder, Damasithymos, sich persönlich befand. Wenn sie nun auch schon früher, als sie noch am Hellespont verweilten, mit ihm einen Streit gehabt haben mochte, so vermag ich dennoch nicht anzugeben, ob sie dies mit Vorbedacht tat, oder ob das Schiff der Kalynder zufällig ihren Weg kreuzte. Als sie aber dieses gerammt und versenkt hatte, verschaffte sie sich durch Glück einen doppelten Vorteil, denn als der Kommandant des attischen Schiffes sah, dass sie ein Schiff der Barbaren rammte, so glaubte er, das Schiff der Artemisia wäre ein griechisches oder es ginge von den Barbaren zu ihnen über und leiste ihnen Beistand. So wandte er sich [von diesem Schiff] ab und anderen Schiffen zu.

88. Auf solche Weise gelang es Artemisia, zu entfliehen und nicht zugrunde zu gehen. Dazu aber traf es sich auch, dass sie für den Schaden, den sie [den Ihrigen] zufügte, beim Großkönig zu höchstem Ansehen gelangte. Man erzählt nämlich, der König, der zusah, habe den Angriff des Schiffes bemerkt und einer der Anwesenden habe zu ihm gesagt: »Herr, siehst du, wie tapfer Artemisia kämpft und wie sie ein feindliches Schiff in den Grund gebohrt hat?« Darauf habe er gefragt, ob dies wirklich Artemisias Tat sei. Sie hätten es bejaht, weil sie das Kennzeichen des Schiffes genau erkannten. Das versenkte Schiff aber, glaubten sie, wäre ein feindliches. Denn es war, wie gesagt, ihr alles andere glücklich ausgegangen und jetzt kam dazu, dass von dem Schiff der Kalynder niemand gerettet wurde, um als Kläger aufzutreten. Xerxes aber soll auf das, was man ihm sagte, bemerkt haben: »Die Männer sind mir zu Frauen geworden, die Frauen aber zu Männern.« Dies soll Xerxes gesagt haben.
89. In diesem Schlachtgetümmel kam der Feldherr Ariabignes ums Leben, der Sohn des Dareios und der Bruder des Xerxes. Es kamen auch viele andere namhafte Perser, Meder und andere Verbündete ums Leben, aber nur wenige Griechen. Denn da sie zu schwimmen verstanden, so retteten diejenigen, deren Schiffe untergegangen und die nicht selbst im Kampfe umgekommen waren, sich hinüber nach Salamis. Von den Barbaren aber kamen sehr viele im Meer um, weil sie nicht schwimmen konnten. Als nämlich die ersten Schiffe sich zur Flucht gewandt hatten, da wurden die meisten zerstört. Denn die, die hinten aufgestellt waren, versuchten mit ihren Schiffen nach vorne zu kommen, um vor den Augen des Königs eine Tat zu verrichten, stießen aber hier mit ihren fliehenden Schiffen zusammen. [...]
91. Als sich aber die Barbaren zur Flucht wandten und nach Phaleron zu entkommen versuchten, da verrichteten die Aigineten, die sich in dem Fahrwasser in den Hinterhalt gelegt hatten, Taten, die der Erwähnung wert sind. Die Athener nämlich zerstörten in dem Getümmel die Schiffe, die Widerstand leisteten und die Flucht ergriffen, die Aigineten aber die, die davonzusegeln suchten. Sooft nun welche den Athenern entronnen waren, fielen sie den Aigineten in die Hände. [...]
93. In dieser Seeschlacht fanden unter den Griechen die meiste Anerkennung die Aigineten und nach ihnen die Athener, unter den Männern aber Polykritos aus Aigina und zwei Athener, Eumenes aus [dem Demos] Anagyros und Ameinias aus [dem Demos] Pallene, derselbe, der auch Artemisia verfolgt hatte. Wenn er nun gewusst hätte, dass Artemisia sich auf diesem Schiff befand, so würde er nicht eher geruht haben, als bis er sie gefangen hätte oder selbst gefangen genommen worden wäre. Denn es war an die attischen Trierenkommandanten dieser Befehl ergangen und außer-

dem ein Preis von 10 000 Drachmen festgesetzt worden für denjenigen, der sie lebend fangen würde. Denn [die Athener] waren empört, dass eine Frau gegen Athen zu Feld ziehe. Sie entkam jedoch, wie ich vorher berichtet habe. Es befanden sich aber auch die Übrigen, deren Schiffe davongekommen waren, in Phaleron.

94. Von Adeimantos aber, dem Admiral der Korinther, erzählen die Athener, er habe gleich am Anfang, als die Schiffe aneinandergerieten, voller Schrecken und Furcht die Segel aufziehen lassen und sei davongesegelt. Die Korinther aber seien, als sie das Schiff des Admirals auf der Flucht erblickten, ebenso davongefahren. […] So erzählen die Athener von den Korinthern, die Korinther selbst stimmen jedoch keineswegs bei, sondern behaupten, sie selbst wären unter den Ersten in der Seeschlacht gewesen, und auch das übrige Griechenland bezeugt dies für sie.

95. Der Athener Aristeides aber, des Lysimachos Sohn, den ich schon kurz vorher als einen tapferen Mann erwähnt habe, tat in diesem Getümmel bei Salamis Folgendes: Er nahm eine Anzahl von Schwerbewaffneten, die längs dem Gestade von Salamis aufgestellt waren, Athener ihrer Herkunft nach, und setzte sie über nach der Insel Psyttaleia, wo sie alle Perser, die sich auf der kleinen Insel befanden, niederhieben.

96. Als die Seeschlacht zu Ende gegangen war, brachten die Griechen alles, was sich an Schiffstrümmern dort vorfand, nach Salamis an Land und waren zu einer zweiten Seeschlacht bereit, weil sie dachten, der König werde es mit den übrigen Schiffen noch einmal versuchen. Viele von den Schiffstrümmern aber hatte ein Westwind erfasst und trieb sie zur attischen Küste.

[…]

123. Nach der Verteilung der Beute fuhren die Griechen zum Isthmos, um dem, der unter ihnen sich in diesem Krieg am würdigsten gezeigt hatte, den Preis für Tapferkeit zu verleihen. Wie nun die Feldherren nach ihrer Ankunft die Steinchen zur Abstimmung am Altar des Poseidon unter sich verteilten, um damit den Ersten und den Zweiten von allen zu bestimmen, da gab ein jeder von ihnen sich selbst die Stimme, weil jeder glaubte, er selbst wäre der Beste gewesen. Beim zweiten Preis fiel die Mehrheit der Stimmen auf Themistokles. Auf diese Weise nun hatte ein jeder eine einzige Stimme, für den zweiten Preis aber hatte Themistokles bei Weitem die meisten Stimmen.

[*aus:* Herodot 8.83–123]

43. Bei jeder der vier Schlachten weiß [Herodot] den Griechen etwas anzuhängen. [...] So macht er in seinem Bericht über Salamis mehr Worte über Artemisia als über die Seeschlacht selbst.
38. Noch mehr aber ist es ein Hohn für die Griechen überhaupt, wenn [Herodot] auf der einen Seite den Themistokles, der doch seiner Klugheit wegen den Beinamen Odysseus erhielt, den wahren Vorteil nicht erkennen, sondern übersehen lässt, auf der andern aber die Artemisia, Herodots Landsmännin, als eine Frau darstellt, die ohne fremde Belehrung, ganz aus eigener Einsicht, dem Xerxes vorauszusagen weiß: »Die Griechen werden nicht lange imstande sein, dich aufzuhalten, du wirst sie zerstreuen, und jeder wird nach seiner Heimat fliehen. [...]«. Es fehlt nur das Silbenmaß, um Artemisia als Sibylle [Prophetin] auftreten zu lassen, so genau lässt sie Herodot die künftigen Dinge vorhersagen. Darum übergab ihr auch Xerxes seine Kinder, um sie nach Susa heimzuführen; natürlich hatte er vergessen, aus Susa Frauen mitzunehmen, wenn anders seine Söhne noch weiblicher Begleitung bedurften.
39. Doch was er überhaupt gelogen hat, geht uns hier nichts an; nur was er mit böswilliger Absicht gelogen hat, haben wir zu prüfen. So sagt er: »Die Athener erzählen, Adeimantos, der Anführer der Korinther, sei gleich beim ersten Angriff in Furcht und Schrecken geraten und geflohen, nicht etwa dass er nach Steuerbord rudern ließ und sich unvermerkt durch die Reihen der Kämpfenden zurückzog, sondern so, dass er sichtbar die Segel aufspannte und alle Schiffe wenden ließ. Da traf an der äußersten Spitze von Salamis ein Schnellsegler auf ihn, und aus dem Boot rief ihm eine Stimme zu: ›Adeimantos, du lässt die Griechen im Stich und fliehst; doch sie sind siegreich, wie sie gelobten, die Feinde zu bezwingen!‹« Das war natürlich ein vom Himmel gefallenes Boot, denn was braucht er auch die Theatermaschine zu sparen, da er in allen anderen Stücken die Tragiker an Großsprecherei weit überbietet? Nun, Adeimantos hörte darauf und »kehrte zur Flotte zurück, als alles schon vorbei war. So erzählen die Athener von den Korinthern, die Korinther selbst stimmen jedoch keineswegs bei, sondern behaupten, sie selbst seien unter den Ersten in der Seeschlacht gewesen, und auch das übrige Griechenland bezeugt dies für sie.« [8.94]
So macht es der Mensch in vielen Fällen. Er stellt die Beschuldigungen und Anklagen des einen Volkes gegen das andere, um sicher zu sein, dass wenigstens der eine Teil in einem schlechten Licht erscheine. Hier z. B. hat er den Vorteil, dass, wenn die Verleumdung Glauben findet, die Korinther, wenn sie ihn nicht findet, die Athener in üblen Ruf kommen. Ich glaube aber, dass nicht die Athener gegen die Korinther, sondern dass er gegen beide Städte diese Lüge ersonnen hat. Zumindest steht bei Thukydides in der Rede, die er

die Athener zur Widerlegung der Korinther in Sparta halten lässt [1.73–78] und worin jene mit den Taten in den Perserkriegen und besonders mit denen in der Seeschlacht von Salamis mächtig um sich werfen, nicht eine Spur vom Vorwurf des Verrats oder der Fahnenflucht gegen die Korinther.
[*aus:* Plutarch, *Über die Böswilligkeit Herodots* 43, 38–39 (*Moralia* 873E, 869F–870D)]

Zweimal zu Lande besiegt, rüstete Xerxes zu einer Seeschlacht. […] Der König behielt einen Teil der Schiffe bei sich und blieb als Zuschauer des Kampfes an der Küste. Dagegen aber mischte sich Artemidora [!], die Königin von Halikarnassos, die Xerxes zu Hilfe geeilt war, im Kampf sehr hitzig unter die ersten Anführer, sodass wechselseitig bei einem Mann weibliche Vorsicht, bei einer Frau männliche Kühnheit erblickt werden konnte. Da aber der Kampf unentschieden stand, begannen die Ionier, dem Rat des Themistokles folgend, sich allmählich der Schlacht zu entziehen. Ihr Abfall brachte die Perser, die ohnehin schon an Flucht dachten, dazu, ganz offen zu fliehen. In diesem Getümmel wurden viele Schiffe versenkt und gekapert, sehr viele jedoch, die die Heftigkeit des Königs ebenso fürchteten wie die Unmenschlichkeit des Feindes, entkamen nach Hause.
[*aus:* Orosius 2.10]

Artemisia hatte, wenn sie Kommandantin eines Kriegsschiffes war, nicht nur eine persische, sondern auch eine griechische Flagge an Bord. Wenn sie ein griechisches Schiff verfolgte, zog sie die persische Flagge auf, wenn sie aber von einem griechischen Schiff verfolgt wurde, die griechische, damit die Verfolger ihre Triere für eine griechische hielten und von der Verfolgungsjagd abließen.
[*aus:* Polyainos, *Kriegslisten* 8.53.3]

Mit Anbruch des Tages nahm Xerxes, um die Flotte und Schlachtordnung zu überschauen, seinen Sitz, wie Phanodemos [attischer Lokalhistoriker des 4. Jh.s v. Chr.] sagt, über dem Heraklestempel, wo Attika von der Insel Salamis durch einen schmalen Kanal getrennt ist, nach Akestodoros [Historiker aus Megalopolis, 3. Jh. v. Chr.] aber auf der Grenze von Megaris über den sogenannten Hörnern. Hier setzte er sich auf einen goldenen Thron und hatte eine Menge Schreiber um sich, die das Kampfgeschehen aufzeichnen sollten.
[*aus:* Phanodemos FGrHist 325 F 24]

Über die Anzahl der persischen Schiffe äußert sich der Dichter Aischylos ganz bestimmt, als wäre er davon genau unterrichtet gewesen, in seiner Tragödie *Die Perser*, und zwar folgendermaßen: »Dagegen dienten dort dem Xerxes tausend Schiffe – ich weiß es ganz gewiss – und noch zweihundertsieben von größrer Schnelligkeit. Dies ist die wahre Zahl.«
Der athenischen Schiffe waren es hundertundachtzig, und jedes führte achtzehn Mann, die vom Verdeck aus kämpften; vier von diesen waren Bogenschützen, die übrigen aber Schwerbewaffnete. Themistokles scheint den Zeitpunkt der Schlacht mit nicht weniger Klugheit und Einsicht als den Ort ausgewählt zu haben. Er stellte nämlich seine Trieren den feindlichen nicht eher zum Angriff, als bis die Stunde herbeikam, wo gewöhnlich ein frischer Wind von der offenen See her immer die Wellen nach der Meerenge hintreibt. Dieser Wind brachte den flachen und niedrigen Schiffen der Griechen weiter keinen Nachteil; die feindlichen hingegen, die ein hohes Heck und Verdeck hatten und schwer zu lenken waren, wurden von den Stößen des Windes abgedreht, und ihre Flanken dem schnellen Angriff der Griechen bloßgestellt, die sich in allem nach Themistokles richteten, als wenn er am besten wüsste, was zu tun sei.
[*aus:* Plutarch, *Themistokles* 14]

18. Ihre Flotte wurde hierauf auf Anordnung des Eurybiades und Themistokles so aufgestellt, dass die Athener und Lakedaimonier den linken Flügel bildeten, der gegen die Flotte der Phoinikier zu kämpfen hatte, denn die Phoinikier hatten ein großes Übergewicht durch ihre Menge sowie durch ihre ererbte Erfahrung im Seewesen. Die Aigineten und Megarer bildeten den rechten Flügel, denn sie galten für die besten Seeleute nach den Athenern, und von ihnen hoffte man, sie würden sich am tapfersten halten, da sie als Einzige unter den Griechen bei einer Niederlage in der Seeschlacht keinen Zufluchtsort gehabt hätten. Das Zentrum bestand aus dem übrigen Aufgebot der Griechen. In dieser Schlachtordnung liefen sie aus und besetzten den Sund zwischen Salamis und dem Heiligtum des Herakles. Der Großkönig gebot dem Befehlshaber der Flotte, gegen die Feinde in See zu stechen. Er selbst begab sich an einen Ort gegenüber von Salamis, wo er der Seeschlacht zusehen konnte. Anfangs hielten sich die Schiffe der Perser in ihren Reihen, weil sie einen weiten Spielraum hatten. Sobald sie aber an die Meerenge kamen, mussten sich einige Schiffe aus der Linie zurückziehen, und das verursachte große Verwirrung. Der Admiral, der vor der Front führte und zuerst den Kampf begonnen hatte, kam ums Leben, nachdem er heldenhaft gekämpft hatte. Da sein Schiff versenkt wurde, geriet die

Flotte der Barbaren in Unordnung. Denn es waren viele Befehlende, aber nicht jeder gab denselben Befehl. Sie hörten daher auf, vorwärts zu segeln, ruderten rückwärts und zogen sich dorthin zurück, wo sich weiter Raum bot. Als die Athener die Unordnung der feindlichen Schiffe wahrnahmen, fuhren sie auf diese zu, trafen die einen Schiffe mit dem Rammsporn und rissen anderen die Ruder an der Seite ab. Nun stellten sich viele Dreiruderer der Perser quer, weil die Ruder ihren Dienst versagten, und wurden durch wiederholte Rammstöße übel zugerichtet. Infolgedessen stellten sie das Rückwärtsrudern ein, drehten um und flohen eilends.

19. Während die phoinikischen und zypriotischen Schiffe von den Athenern zurückgedrängt wurden, leisteten die Schiffe der Kilikier, Pamphylier und dazu noch der Lyker, die sich diesen anschlossen, am Anfang noch tapferen Widerstand. Als sie aber sahen, dass selbst die stärksten Schiffe die Flucht ergriffen, so setzten auch sie das Gefecht nicht länger fort. Auf dem anderen Flügel wurde hartnäckig gekämpft, und das Treffen war eine Zeitlang unentschieden. Als aber die Athener, welche die Phoinikier und Zyprioten bis an die Küste verfolgt hatten, zurückkamen, wurden die Barbaren von ihnen aus der Linie gedrängt. Sie wurden in die Flucht geschlagen und verloren viele Schiffe. Auf diese Art entschied sich die Seeschlacht zum Vorteil der Griechen, und sie gewannen den glänzendsten Sieg über die Barbaren. Die Griechen verloren in dem Kampf nur 40 Schiffe, die Perser aber über zweihundert, diejenigen nicht gerechnet, die samt der Mannschaft gekapert wurden. Der König ließ ob der unerwarteten Niederlage die Hauptschuldigen unter den Phoinikiern, die das Zeichen zur Flucht gegeben hatten, töten und drohte, die übrigen nach Gebühr zu bestrafen. Aus Furcht vor dieser Drohung fuhren die Phoinikier zuerst nach Attika und segelten in der folgenden Nacht nach Asien ab.

[*aus:* Diodor 11.18–19]

Die Leiden der Seeschlacht

[…]
schäumte der Wasserschwall, strömte, abstoßend
bitter, hinein in den Schlund bis zum Magen.
Ungestüm spie er, sprudelnd,
das salzige Nass aus dem Munde,
schrie mit gellender Stimme,
wie wahnsinnig, halb schon erstickt,
und drohte, zähneknirschend, in seinen

Gegner sich gleichsam verbeißend, dem Meere,
dem Vernichter des Lebens:
»Auch vorher schon dreist,
suchtest du jäh mich zu hemmen,
als die Schiffsbrücke, fest vertäut,
deiner stürmischen Enge
das Joch auferlegte. Doch diesmal
wird mein Gebieter, ja, mein Gebieter,
aufpeitschen dich mit den Rudern
aus Bergfichtenholz, wird zwingend
umfassen mit weithin schweifenden,
blitzenden Blicken die schiffbaren
Flächen, du wütendes,
mir so bitter verhasstes Ungeheuer,
tückisch unter dem Aufprall
wogenhetzenden Sturmes!«

Qualvoll um Luft ringend, schrie er die Worte,
grausigen Schaum erbrach er,
stieß aus dem Munde die Salzflut,
die aus den Tiefen gewühlte.
Rückwärts brauste die persische Flotte
in wilder Flucht. Im Gedränge
rammten die Schiffe zerschmetternd
einander. Die Mannschaften ließen
fahren die langen Bergfichtenruder;
die blank gescheuerten Dollen brachen
vom Rumpf der Schiffe herab. Wie der Himmel
von Sternen, so flimmerte weit
die Wasserfläche vor halb entseelten,
ringenden Körpern; die Küsten
quollen über von Menschen.
An den Ufern des Meeres saßen sie,
nackt und schaudernd vor Kälte,
und schrien und weinten,
schlugen die Brust sich im Schmerz,
geplagt von bitterem Kummer, und riefen
dabei ihr Vaterland an: »Oh, Mysiens
Täler, von dichten Wäldern bedeckt,
rettet uns aus dieser Not!

Jetzt spielen die Winde mit uns, und niemals
wird uns die Vaterstadt aufnehmen mehr.

Wehre doch ab die kampfstarke, furchtbare
Flotte der Griechen! Hätte mein Herr
niemals Schiffe gebaut zum Fahren
weit über die See! Dann würde ich kaum
den Tmolos verlassen haben und kaum
das lydische Sardes,
die Streitmacht der Griechen zu schlagen.
Wo vermag man jetzt Zuflucht zu
finden vor tödlichem Schicksal,
sichere, ach, behagliche Zuflucht?
Uns könnte allein die Mutter der Berge
befreien vom Übel, nach Troja uns retten,
vermöchte ich nur der düsterblättrig
verschleierten Herrin zu Füßen zu fallen,
die stattlichen Arme um ihre Knie
zu schlingen. Erlöse uns, Mutter,
goldengelockte Göttin, ich flehe,
erlös' uns aus schwer entrinnbarer Not!
Wird mich doch einer
hinwegraffen gleich mit dem Eisen,
dem Meister im Kehlendurchschneiden,
oder es werden die wogenballenden,
schiffezerstörenden Stürme
bei nächtlichem Nord in die Tiefe mich reißen.
Denn ringsumher brach grausame Brandung
das feste Gefüge des Körpers;
jämmerlich liege ich hier,
zur Freude den gierig fressenden Raubvögeln.«

Derart klagten sie laut
und ließen die Tränen rinnen.
Mancher Grieche in eiserner Rüstung
packte am Schopfe einen Bewohner
des mit Viehherden prangenden
Kelainai, der an Widerstand
nicht mehr dachte, und schleifte ihn weg.
Der Phryger umfasste die Knie ihm und flehte,

griechische Worte ins Phrygische mischend,
und radebrechte, im Streben,
mit ionischer Zunge zu sprechen:
»Ich bin dir verfallen – warum und wozu?
Nie kehre ich wieder.
Für diesmal noch hat mein Gebieter
hierher mich geführt.
In Zukunft, mein Väterchen, werde ich
nicht mehr zum Kämpfen dies Land hier betreten,
nein, stille mich halten.
Ich nie wieder hierher –
dort wohne ich, bei Sardes,
bei Susa und Ekbatana.
Artemis, meine große Göttin,
sie wird mich bei Ephesos festhalten.«

Aber die anderen setzten
fort die eilige Flucht,
ließen gar bald
fallen die doppelt schneidenden Spieße,
zerkratzten mit den Nägeln das Antlitz,
zerrissen sich, über der Brust,
die trefflich gewebten Persergewänder;
vielstimmig schmolz ineinander
das Jammergeschrei asiatischer Streiter.
Die um den König versammelte
glänzende Schar gewahrte
mit gellendem Heulen, geschüttelt von Furcht,
wie das Unglück hereinbrach. Der Herrscher
sah die Flotte so zahlreicher Völker
rückwärts gleiten in wilder Flucht.
Da sank auf die Knie er nieder,
zerzauste Haar und Gewänder und rief,
aufgewühlt vom Umschwung des Schicksals:

»Wehe, Sturz der Gebäude,
flammenbringende griechische Schiffe,
die ihr vernichtend schlagt
die junge, die starke Mannschaft der Perser!
Nie mehr zurückkehren wird

unsere Flotte, des Feuers lodernde Wut
wird sie verzehren, jammervolles
Leid wird über das Land der Perser hereinbrechen.
Bitteres Unheil,
das du mich nach Hellas geführt!
Doch auf jetzt, zögert nicht,
schirrt an die Viergespanne,
ladet den unermesslichen Reichtum
auf die Wagen,
ihr dort steckt die Zelte in Brand!
Keinesfalls sollen die Feinde
sich noch unserer Schätze erfreuen!«
Die Griechen jedoch erbauten das Siegesmal,
die heiligste Weihstatt des Zeus, sie stimmten
schallend das Lied an zu Ehren Paians,
des göttlichen Nothelfers, stampften dazu,
gemeinsam im Takte, tanzend den Boden.
[*aus:* Timotheos von Milet, Fragment aus dem Gedicht/Lied *Die Perser*]

Der Dichter Timotheos wurde Mitte des 5. Jahrhunderts v. Chr. in Milet geboren und erlebte seine Blütezeit zu Anfang des 4. Jahrhunderts. *Die Perser* war ein zur Kithara vorgetragenes Lied *(Nómos)*, von dem sich ein Fragment auf einer 1902 in Unterägypten gefundenen Papyrusrolle erhielt. In atmosphärisch dichten Einzelszenen schildert der Dichter die Schlacht von Salamis aus der Sicht der unterlegenen Perser. Identifizieren lassen sich auf dem stark beschädigten Papyrus der Überlebenskampf eines Ertrinkenden, die ängstliche Klage einer Gruppe persischer Kämpfer in auswegloser Situation, die Bitte um Gnade eines todgeweihten Phrygers und der Befehl des besiegten Xerxes zum Rückzug.

Nach der Seeschlacht

Ferner sagt der Epiker Choirilos: »Ich halte einen Becherscherben, rundum abgebrochen, in den Händen, Schiffburchreste einer Festgesellschaft, wie sie oft ein Sturmwind des Dionysos aufs Klippenfeld der Willkür ausgeworfen hat. [*aus:* Choirilos F 9, *Poetarum Epicorum Graecorum Testimonia et Fragmenta* (A. Bernabé)]

Sprecher dieser fragmentarischen Verse, so wurde ansprechend vermutet, könnte Xerxes nach der Niederlage von Salamis gewesen sein. s. auch Athenaios 464A

Die Athener haben die Halle und die Waffen und die Schiffsschnäbel geweiht, nachdem sie sie den Feinden abgenommen haben [aus der feindlichen Beute].
[Inschrift: Weihung in einer Säulenhalle der Athener in Delphi 480 v. Chr.]

Inschrift auf der oberen Stufe der athenischen Säulenhalle in Delphi. Der Bezug auf Salamis ist nicht gesichert. s. Pfohl 51.

[Fremdling,] einst bewohnten wir die [wasserreich]e Stadt Korinth, [jetzt birgt uns die Aia]s-[Insel Salamis].
[Grabmal für die bei Salamis gefallenen Korinther 480 v. Chr.]

Marmorblock aus Salamis. s. HGIÜ I 21

Erde bedeckt hier im Grab Adeimantos, durch dessen Bemühung
Hellas der Freiheit Kranz sich um die Schläfen gelegt.
[*aus:* Anonym, *Anthologia Graeca* VII 347]

Epigramm auf den korinthischen Flottenkommandanten Adeimantos

Dabei vermengte er die Gier, reiche Schätze zu horten, noch mit Grausamkeit [...]. In völligem Gegensatz zu jenem bekannten Themistokles, der nach der Schlacht mit den Persern und ihrer Vernichtung frei über die Kampfstätten hinwanderte und goldene Armreife und eine Halskette am Boden liegen sah und sich nur an einen Begleiter in der Nähe mit den Worten wandte: »Nimm's an dich! Denn du bist kein Themistokles«. Er verachtete ja jegliche Art von Gewinn an einem hochherzigen Feldherrn.
[*aus:* Ammianus Marcellinus 30.8.8]

Ammianus Marcellinus, Historiker des 4. Jahrhunderts n. Chr., kontrastiert in seinem Nachruf auf den Kaiser Valentinian I. diesen mit Themistokles.

Von Salamis nach Plataiai

Nach Herodots Darstellung floh Xerxes unmittelbar nach der Niederlage von Salamis. Angeblich ängstigte er sich, die Brücke über den Hellespont könnte in seinem Rücken abgebrochen werden. Das Motiv erinnert an den Skythenzug des Dareios im Jahre 513/12, als die ionischen Griechen (angeblich) erwogen, ihm durch eine Zerstörung der Donaubrücke den Weg abzuschneiden. Tatsächlich wollte Xerxes offenbar zunächst den Seekampf fortsetzen. Schließlich brach die persische Flotte aber dann doch Richtung Hellespont auf, der Großkönig erreichte diesen nach einem 45-tägigen, entbehrungsreichen Marsch. Er überquerte ihn unbehelligt. Griechische Schiffe steuerten die Meerenge nicht an. Ein entsprechender Plan wird Themistokles zugeschrieben, doch er setzte sich nicht durch.

Mardonios war mit dem Landheer in Thessalien zurückgeblieben und bereitete von dort aus die Frühjahrsoffensive diplomatisch vor. Er wandte sich an die griechischen Orakel und an den Makedonenkönig Alexandros. Dieser reiste als Vermittler nach Athen. Der Plan war, durch ein Bündnis mit Athen Sparta und die Peloponnesier zu isolieren. Dazu bot der Großkönig via Mardonios und Alexandros Autonomie und Geld für den Aufbau der zerstörten Tempel an.

Die Athener konnten eine solche Offerte nicht annehmen. Zwar versprach sie ihnen eine Art Hegemonie in Griechenland, doch es war letztlich der Großkönig, der sie garantierte. Dennoch kam ihnen das Angebot gelegen, denn es verschaffte ihnen ein Druckmittel gegen Sparta, weil die Athener fürchteten, die Peloponnesier könnten sich letzten Endes doch auf die Verteidigung des Isthmos beschränken und Attika in persischer Hand belassen. Zu Land wären sie den Truppen des Mardonios nicht gewachsen gewesen. Dieser rückte nach der Ablehnung des Angebots in Boiotien ein, das sich ja auf seine Seite geschlagen hatte. Noch einmal wurde ein Emissär entsandt – ohne Erfolg. Angeblich steinigten die Athener einen Ratsherrn, der sich für ein Bündnis mit den Persern aussprach. So wurde Athen ein zweites Mal erobert. Nach Herodot geschah dies etwa zehn Monate nach der ersten Zerstörung Athens, also etwa Ende Juni 479.

Die Haltung der Peloponnesier blieb lange unklar. Wieder einmal schützten die Spartaner ein religiöses Fest vor, das sie am Auszug hindere. Mit Argwohn sahen die Athener inzwischen, dass weiter an der Isthmos-Mauer gebaut wurde. Schließlich rückten die Spartaner dann doch aus. Ihr Heer umfasste 5000 Vollbürger, 5000 Perioiken und angeblich 35 000 Heloten. Mardonios verließ darauf Attika in Richtung Theben. Bei den verbündeten Boiotiern konnte er sich besser verpflegen, außerdem schien das dortige Gelände besser für die persische Reiterei geeignet.

Das Kommando über die Griechen führte ein noch unerfahrener Feldherr, der erst 25 Jahre alte Spartaner Pausanias. Er fungierte als Vormund des jungen Königs Pleistarchos, des Sohnes des Leonidas. Im Wissen um die Bedeutung der Schlacht schworen die verbündeten Griechen den sogenannten Eid von Plataiai, dessen Wortlaut seit 1932 auch durch eine bei Acharnai in Attika gefundene Inschrift auf einer Stele des 4. vorchristlichen Jahrhunderts überliefert ist.
Bei Plataiai lagen sich die feindlichen Truppen lange gegenüber. Zunächst versuchten beide Seiten, die Logistik des Gegners zu stören, Nachschubtransporte wurden überfallen, Quellen verschüttet. Um die 100 000 Mann waren zu versorgen. Dem Marmor Parium, einer steinernen Chronik des 3. Jahrhunderts v. Chr., zufolge hatte in Athen schon der neue Archon (Eponymos) sein Amt angetreten, als die Schlacht begann. Ihr Verlauf lässt sich aus Herodot trotz aller Ausführlichkeit kaum rekonstruieren. Dem Historiker lagen vier Jahrzehnte nach den Ereignissen die unterschiedlichsten Überlieferungen vor, entstanden in den Heimatstädten der Beteiligten. Es sind meist Heldenlegenden, und die waren nicht kompatibel. Zudem waren sich die einzelnen Kontingente der Griechen nicht einig, selbst im Angesicht des Feindes wurde noch um Ehrenplätze bei der Schlachtaufstellung gestritten. Ein taktischer Rückzug, den Pausanias befahl, um die Wasserversorgung zu sichern, verlief ungeordnet. Die Perser interpretierten ihn als Flucht und setzten übereilt nach. Mardonios selbst griff mit seiner Reiterei die spartanische Phalanx an, die jedoch, obschon in der Rückwärtsbewegung begriffen, dem Druck standhielt. Als es zum Nahkampf kam, erwies sie sich als überlegen. Die Entscheidung fiel freilich erst, als Mardonios im Kampf getötet wurde. Ohne Führer ergriffen die Perser die Flucht, das Heerlager fiel mit allen seinen Schätzen in die Hände der Griechen. Herodot zählt zahlreiche goldene Gerätschaften auf. Der persische Luxus war ein Topos, der die Genügsamkeit der Griechen herausstellen sollte.
Es blieb die Rache an den Kollaborateuren, den *Medizontes*. Das Heer der Verbündeten belagerte nur wenige Tage nach der Schlacht Theben und erzwang die Auslieferung der persertreuen Führung. Die Gesuchten wurden hingerichtet, das griechische Heer löste sich auf. Das große, noch heute erhaltene Siegesdenkmal bildet die sogenannte Schlangensäule, die einst in Delphi errichtet wurde und nun im antiken Hippodrom von Istanbul steht.

Xerxes verlässt Griechenland

97. Als Xerxes das ganze Unglück, das ihm widerfahren war, erkannte, geriet er in Furcht, es möchte einer der Ionier den Griechen den Rat geben, oder sie selbst möchten daran denken, zum Hellespont zu fahren, um dort die Brücken abzubrechen, und er würde dann, abgeschnitten in Europa, Gefahr laufen, zugrunde zu gehen. Daher dachte er an Rückzug. Weil aber

weder die Griechen noch seine Leute etwas davon merken sollten, versuchte er einen Damm nach Salamis anzulegen. Er ließ phoinikische Lastschiffe aneinander binden, damit sie statt einer Brücke und Mauer dienen sollten, und ließ zum Kampf rüsten, wie wenn er eine zweite Seeschlacht liefern wollte. Alle anderen nun glaubten fest, als sie sein Tun sahen, dass diese Rüstungen in der Absicht geschähen, zu bleiben und Krieg zu führen, nur Mardonios, der am besten die Gedanken des Königs kannte, blieb nichts davon verborgen. Während nämlich Xerxes dies tat, schickte er nach Persien einen Boten mit der Nachricht von seinem gegenwärtigen Unglück. [...]

99. Die erste Nachricht, die nach Susa gekommen war, nämlich dass Xerxes im Besitz von Athen sei, hatte die daheimgebliebenen Perser in solche Freude versetzt, dass sie alle Straßen mit Myrtenzweigen bestreuten, Rauchwerk verbrannten und sich selbst in Opferfeiern und Freudenfesten ergingen. Als aber die zweite Botschaft zu ihnen kam, gerieten sie in solche Bestürzung, dass alle ihre Kleider zerrissen und ein unendliches Geschrei und Wehklagen erhoben, indem sie die Schuld auf Mardonios schoben. Die Perser taten dies nicht nur aus Kummer wegen der Schiffe, sondern weil sie um Xerxes selbst besorgt waren. Dies dauerte bei den Persern so lange fort, bis Xerxes selbst sie durch seine Ankunft beruhigte. [...]

108. Als es aber Tag geworden war, sahen die Griechen, dass das Landheer an seinem Platz geblieben war, und meinten daher, dass auch die Schiffe noch bei Phaleron wären. Sie erwarteten daher eine Schlacht und rüsteten sich zur Gegenwehr. Als sie aber erfuhren, dass die Schiffe abgesegelt wären, so beschlossen sie sogleich, sie zu verfolgen. Auf ihrer Verfolgung aber sahen sie bis [zur Insel] Andros nichts von der Flotte des Königs. Dort angelangt, berieten sie sich miteinander. Themistokles nun schlug vor, sie sollten zwischen den Inseln ihren Weg nehmen, die Schiffe verfolgen und dann in gerader Richtung zum Hellespont fahren, um die Brücken zu zerstören. Eurybiades aber trat mit der entgegengesetzten Ansicht auf und behauptete, wenn sie die Brücken zerstörten, würden sie damit Griechenland den größten Schaden zufügen. Denn wenn der Perser vom Rückzug abgeschnitten und gezwungen sei, in Europa zu bleiben, so würde er wohl versucht sein, keine Ruhe zu halten, weil er, wenn er ruhig bliebe, nicht in der Lage sei, irgendwie seine Situation zu verbessern, und sich ihm ebenso wenig eine Möglichkeit zum Rückzug eröffne, sondern sein Heer durch Hunger zugrunde gehen werde. Wenn er aber angreife und alles ins Werk setze, so könnte es wohl kommen, dass alles in Europa, Städte wie Völker, ihm zufiele, sei es durch Eroberung oder schon vorher durch gütlichen Vergleich. Ihren Unterhalt würden [die Perser] stets in der jährlichen Ernte der Grie-

chen finden. Er glaube vielmehr, der Perser werde nach der Niederlage zur See nicht in Europa bleiben und darum müssten sie ihn fliehen lassen, bis er auf der Flucht in sein Land gelange. Dann aber sollten sie ihn in seinem Land bekämpfen. Dieser Ansicht traten auch die Feldherren der übrigen Peloponnesier bei. […]

115. Xerxes aber zog, nachdem er Mardonios in Thessalien zurückgelassen hatte, in aller Eile zum Hellespont und kam in 45 Tagen am Ort des Übergangs an, wobei er sozusagen nicht einmal einen Bruchteil seines Heeres zurückbrachte. Wo sie sich nämlich auf ihrem Zug befanden, und bei welchen Leuten nur immer, da raubten sie deren Feldfrucht und verzehrten sie. Fanden sie aber keine Frucht, so aßen sie das Gras, das aus der Erde wächst, und die Rinde der Bäume, die sie abschälten, und die Blätter, die sie abpflückten, auf gleiche Weise von kultivierten wie wilden Bäumen, und sie ließen nichts übrig. Der Hunger zwang sie dazu. Auch Pest und Ruhr befielen das Heer und raffte es auf dem Weg dahin. Einige von seinen Leuten ließ Xerxes auch krank zurück und gab den Städten, durch die er gerade zog, den Auftrag, sie zu pflegen und zu ernähren. […]

117. Sowie nun die Perser aus Thrakien auf ihrem Zuge an die Meerenge gekommen waren, setzten sie eilends auf ihren Schiffen über den Hellespont nach Abydos, denn sie fanden die Schiffsbrücken nicht mehr straff gespannt, sondern durch einen Sturm auseinandergerissen. Dort machten sie Rast. Weil sie mehr Lebensmittel als auf dem Weg vorfanden, füllten sie sich unmäßig den Bauch und, da sie auch das [Trink-]Wasser wechselten, so starben viele von dem übrig gebliebenen Heer. Die anderen aber gelangten mit Xerxes nach Sardes.

[*aus:* Herodot 8.97–117]

Aber trotz dieser Niederlage besaß er genügend Truppen in Reserve, um mit diesen den Feind vernichten zu können. Auch hierzu wurde ihm die Möglichkeit genommen. Themistokles nämlich, der fürchtete, der König werde den Krieg fortsetzen, meldete ihm, man habe die Absicht, die Brücke, welche er über den Hellespont geschlagen hatte, zu zerstören und ihn so vom Rückzug nach Asien abzuschneiden. Er vermochte ihm dies auch glaubhaft zu machen. Daher kehrte Xerxes auf dem gleichen Weg, auf dem er beim Anmarsch sechs Monate gebraucht hatte, in weniger als 30 Tagen nach Asien zurück, wobei er obendrein glaubte, dass er von Themistokles nicht nur nicht besiegt, sondern sogar noch gerettet worden sei. So wurde durch die Schlauheit eines einzigen Mannes Griechenland vor der Unterdrückung bewahrt und Asien von Europa besiegt. Dieser zweite Sieg lässt

sich mit dem von Marathon vergleichen, denn ähnlich wie dort wurde bei Salamis nun die größte Flotte seit Menschengedenken durch eine kleine Zahl Schiffe vernichtet.
[*aus:* Cornelius Nepos, *Themistokles* 5]

Themistokles aber, der als Urheber des Sieges galt, ersann noch eine andere Kriegslist, nicht weniger durchdacht als die vorige. Weil die Griechen sich nämlich fürchteten, zu Land gegen so viele Tausende zu kämpfen, so verminderte er die Landmacht des Feindes auf folgende Art. Er schickte den Erzieher seiner Söhne zu Xerxes, um ihm zu melden, die Griechen seien im Begriff, zur Schiffsbrücke zu fahren und sie zu zerstören. Der König hielt die Nachricht für wahr, da sie glaubwürdig war, und geriet in große Furcht, ihm könne der Rückweg nach Asien abgeschnitten werden, da die Griechen die See beherrschten. Er beschloss daher, so schnell wie möglich von Europa nach Asien überzusetzen. Nur den Mardonios ließ er in Griechenland mit den besten Truppen zu Pferd und zu Fuß zurück. Ihre Gesamtzahl betrug nicht weniger als 400 000 Mann. So verschaffte Themistokles durch eine doppelte Kriegslist den Griechen wichtige Vorteile. Dies war es, was in Griechenland geschah.
[*aus:* Diodor 11.19]

Mardonios wandte sich an den durch so viel Unglück ängstlich gewordenen König und riet ihm, er solle in sein Reich zurückkehren, bevor das Gerücht über die Niederlage zu Hause zu Aufruhr führe. Er aber werde, wenn ihm die zurückbleibenden Truppen überstellt würden, am Feind Rache nehmen und die Schmach vom Vaterland abwehren. Falls das Unglück im Krieg andaure, werde er vor dem Feind weichen, doch ohne Schande für den König.
Der Plan wurde gebilligt und das Heer Mardonios überstellt. Der König zog mit wenigen nach Abydos, wo er gleichsam als Bezwinger des Meeres eine Brücke errichtet hatte. Als er aber die Brücke durch Winterstürme zerstört vorfand, setzte er vor Angst zitternd auf einem Fischerkahn über.
[*aus:* Orosius 2. 10.6–8]

Verhandlungen in Athen

140. Als dieser [Alexander von Makedonien] nun, von Mardonios geschickt, nach Athen gekommen war, sprach er: »Athener, Mardonios lässt euch Folgendes sagen: Ich habe eine Botschaft vom Großkönig bekommen, die also lautet: ›Ich vergebe den Athenern all die Frevel, die sie mir angetan haben. Und jetzt, Mardonios, tue dies: Gib ihnen ihr Land zurück, dann aber sollen sie sich noch ein anderes dazu wählen, welches sie nur wollen, und sie sollen frei nach ihren eigenen Gesetzen leben. Baue ihnen auch, wenn sie mit mir sich verständigen wollen, alle Tempel, so viele ich deren in Brand gesteckt habe, wieder auf.‹ Da mir nun diese Weisung zugekommen ist, so muss ich sie durchführen, wenn sich eure Seite nicht dagegenstellt. Ich sage euch aber nun Folgendes: Was seid ihr jetzt so verrückt, den Krieg gegen den König fortzusetzen? Denn ihr werdet ihn nicht besiegen, noch seid ihr imstande, auf Dauer ihm Widerstand zu leisten. [...] Dies, Athener, hat Mardonios mir aufgetragen, euch zu sagen. Ich aber will von dem Wohlwollen, das ich für euch hege, gar nicht reden, denn es wäre nicht zum ersten Mal, dass ihr dies hört. Ich bitte euch aber, dem Mardonios zu folgen; denn ich sehe nicht ein, wie ihr imstande sein werdet, auf alle Zeit hin mit Xerxes Krieg zu führen. [...]

141. Als aber die Lakedaimonier erfahren hatten, dass Alexander nach Athen gekommen war, um die Athener zu einem Vergleich mit den Barbaren zu bewegen, erinnerten sie sich der Orakel, wonach sie zugleich mit den übrigen Dorern von den Medern und den Athenern aus der Peloponnes vertrieben werden sollten, und weil sie in großer Besorgnis waren, es möchten die Athener einen Vergleich mit den Persern eingehen, so beschlossen sie sogleich Gesandte abzusenden. Und so traf es sich, dass ihr Auftreten [in der Volksversammlung] zu gleicher Zeit stattfand. Die Athener hatten nämlich gewartet und gezögert, weil sie wohl dachten, die Lakedaimonier würden erfahren, dass von dem Barbaren ein Gesandter mit der Absicht eines Vergleichs gekommen sei und dass sie dann, wenn sie es erfahren hätten, schleunigst Gesandte abschicken würden. Sie taten dies mit Absicht, um den Lakedaimoniern ihre Gesinnung kundzutun.

142. Als daher Alexander zu reden aufgehört hatte, nahmen die Gesandten aus Sparta das Wort und sprachen: »Die Lakedaimonier haben uns geschickt, um euch zu bitten, nichts Unheilvolles in Griechenland zu tun und die Vorschläge der Barbaren nicht anzunehmen. Denn es ist dies nimmermehr recht und brächte niemandem von den anderen Griechen Ehre, ja euch am wenigsten unter allen, und zwar aus vielen Gründen. Denn ihr habt den Krieg verursacht, den wir gar nicht wollten, und um eure Herr-

schaft ist der Krieg entstanden, der sich jetzt über ganz Griechenland erstreckt. Und dass die Athener an dem allem und auch noch an der Knechtschaft der Griechen schuld sein sollen, ist nimmermehr zu ertragen, da ihr stets und schon von alters her offenbar vielen Menschen die Freiheit gebracht habt. Wir teilen allerdings euren Kummer über eure Bedrängnis, da ihr nun schon einer doppelten Ernte verlustig geworden seid, und auch eure Häuser auf lange Zeit hin zerstört sind. Dafür aber versprechen euch die Lakedaimonier und die Verbündeten, eure Frauen und alles Hausgesinde, das für den Krieg nicht brauchbar ist, zu ernähren, solange dieser Krieg fortdauert. Der Makedone Alexander soll euch nicht bereden, nachdem er den Vorschlag des Mardonios so versüßt hat. Er muss so handeln, weil er ein Alleinherrscher [*Týrannos*] ist, und ein Alleinherrscher dem anderen hilft. Ihr aber dürft nicht so handeln, zumindest wenn ihr bei Vernunft seid, da ihr ja wisst, dass es bei den Barbaren weder Vertrauen noch Wahrheit gibt.«

143. Dieses sagten die Gesandten. Die Athener aber gaben darauf dem Alexander folgende Antwort: »Wir selbst wissen es wohl, dass die Macht des Meders viel größer ist als die unsrige, sodass es gar nicht nötig ist, uns dies vorzuwerfen, aber dem ungeachtet werden wir, beseelt von dem Verlangen nach Freiheit, uns wehren, so gut, wie wir nur können. Versuche nicht, uns zu bereden, mit dem Barbaren einen Vertrag einzugehen; wir werden nicht folgen. Jetzt aber melde dem Mardonios, was die Athener erklären: Solange die Sonne denselben Weg wandelt, den sie auch jetzt wandelt, werden wir niemals einen Vertrag mit Xerxes eingehen, sondern wir wollen ihm entgegenziehen und ihn abwehren, indem wir auf den Beistand der Götter und der Heroen vertrauen, deren Häuser und Kultbilder er ohne alle Scheu verbrannt hat. […]«

144. Diese Antwort gaben sie dem Alexander, den Gesandten von Sparta aber folgende: »Dass die Lakedaimonier befürchten, wir möchten mit den Barbaren einen Vergleich eingehen, ist etwas sehr Menschliches. Aber da ihr die Gesinnung der Athener kennt, so erscheint doch eine solche Besorgnis wenig ehrenvoll. Weder gibt es irgendwo auf der Erde so viel Gold noch ein an Schönheit und Fruchtbarkeit so treffliches Land, das wir annehmen wollten, um medisch zu werden und Griechenland in die Sklaverei zu bringen. Denn viele und wichtige Gründe sind es, die uns abhalten, dies zu tun, selbst wenn wir es wollten. Erstens und hauptsächlich die zerstörten und verbrannten Tempel und Götterbilder, für die wir doch blutigste Rache nehmen müssen, bevor wir zu einer Einigung mit dem kommen, der dies getan hat. Dann haben wir mit den Griechen gleiches Blut und gleiche Sprache, die gleichen Heiligtümer der Götter, gleiche Opfer und gleiche Sitten. Da-

ran Verräter zu werden, würde den Athenern schlecht anstehen. Also wisst, wenn ihr es nicht schon vorher wusstet: Solange auch nur ein einziger Athener noch übrig ist, werden wir uns niemals mit Xerxes einigen. […] Jetzt aber, da die Sache so steht, schickt schnell euer Heer. Denn wie wir vermuten, wird der Barbar nicht erst in ferner Zeit in unser Land einfallen, sondern sobald er die Kunde erhält, dass wir nichts von dem tun wollen, was er von uns verlangt. Ehe er nun in Attika erscheint, müssen wir zeitig in Boiotien einrücken.« Diese nun entfernten sich nach Sparta, nachdem die Athener ihnen diese Antwort gegeben hatten.
[*aus:* Herodot 8.140–144]

Vormarsch des Mardonios nach Athen

1. Als Alexander nach seiner Rückkehr dem Mardonios die Antwort der Athener gemeldet hatte, brach dieser von Thessalien auf und führte eilends sein Heer gegen Athen; wen er aber auf seinem Wege traf, den nahm er mit.
[…]
4. Als Mardonios nach Athen gekommen war, schickte er den Murychides, einen Hellespontier, mit denselben Vorschlägen nach Salamis, die auch der Makedone Alexander den Athenern überbracht hatte. Diese Vorschläge ließ er ihnen zum zweiten Mal zugehen, obgleich er von vornherein die feindliche Gesinnung der Athener kannte, aber der Hoffnung war, sie würden von ihrem Unverstand lassen, da er ja ganz Attika erobert und in seine Gewalt gebracht hatte. Deshalb schickte er den Murychides nach Salamis. Als dieser vor den Rat getreten war, richtete er die Aufträge des Mardonios aus, worauf einer der Ratsherren, Lykides, seine Meinung dahin aussprach, ihm scheine es besser zu sein, den Vorschlag, den Murychides ihnen überbringe, anzunehmen und dem Volk vorzulegen. Diese Ansicht nun sprach er aus, weil er entweder Geld von Mardonios erhalten hatte oder weil sie ihm wirklich gut zu sein schien. Die Athener aber erachteten dies, sowie sie es gehört hatten, sogleich als Ärgernis, und zwar sowohl die im Rat als auch die außerhalb des Rats. Sie umringten den Lykides und steinigten ihn, den Hellespontier Murychides aber schickten sie zurück, ohne ihm ein Leid anzutun. Als sich nun auf Salamis ein großer Lärm wegen Lykides erhob und die Frauen der Athener von dem Vorfall erfuhren, stachelten sie einander auf und die eine nahm die andere mit, worauf sie, von selbst und unaufgefordert, zum Hause des Lykides eilten und dessen Frau und Kinder steinigten.
[*aus:* Herodot 9.1, 4]

Einen gewissen Cyrsilus [!], der ihnen riet, in der Stadt zu bleiben und sie dem Xerxes auszuliefern, steinigten sie. Dabei hatte dieser Mann den Nutzen im Auge. Einen solchen gab es aber nicht, weil er der Ehre zuwiderlief.
[*aus:* Cicero, *Vom pflichtgemäßen Handeln* 3.48]

Der Eid von Plataiai

Der Eid, den die Athener schworen, als sie im Begriff waren, (21)
gegen die Barbaren zu kämpfen.
»Ich werde kämpfen, solange ich lebe, und werde nicht höher
achten zu leben als frei zu sein,
und werde nicht im Stich lassen den Taxilochos [Unterfeldherrn] und auch nicht den (25) Enomotarchos [Führer einer Abteilung von 25 Mann in Sparta], weder als Lebenden noch als Toten, und werde nicht fortgehen,
wenn nicht die Hegemones [Oberbefehlshaber]
[uns] wegführen, und werde tun, was immer die Strategoi
befehlen, und die Toten
unter den Mitkämpfern werde ich bestatten auf demselben [Platz], (30)
und unbestattet werde ich keinen zurücklassen. Und
siege ich im Kampf mit den Barbaren,
werde ich den Zehnten weihen von der Stadt der Thebaner, und werde nicht entvölkern
Athen oder Sparta oder Plataiai
oder eine von den anderen Städten, die mitgekämpft haben; (35)
auch werde ich nicht zusehen, wie sie vom Hunger bedrängt werden,
und werde sie nicht vom fließenden Wasser
abschneiden, weder als Freunde noch als Feinde.
Und wenn ich einhalte, was in dem Eid
geschrieben ist, soll meine Stadt ohne Krankheit sein; (40)
wenn nicht, soll sie krank werden; und meine Stadt soll unzerstört
sein; wenn nicht, soll sie zerstört werden; und mein [Land] soll [Frucht] tragen;
wenn nicht, soll es unfruchtbar sein; und die Frauen sollen [Kinder]
gebären, die den Eltern gleichen; wenn nicht, Missgeburten;
und das Vieh soll [Junge] gebären, die dem Vieh gleichen; (45)
wenn nicht, Missgeburten.« Als sie dies geschworen hatten,
bedeckten sie die Schlachtopfer mit den Schilden, und unter
Trompeten[-schall] machten sie die Verfluchung, wenn sie etwas vom

Beschworenen überträten und nicht
einhielten, was in dem Eid geschrieben ist, solle (50)
sie selbst, die [diesen Eid] schwören, der Fluch treffen.
[*aus:* Inschrift aus Acharnai 479 v. Chr., s. HGIÜ I 22–24]

Aus Theopomps 25. Buch der *Philippika,* dass der hellenische Eid, den die Griechen nach Aussage der Athener vor der Schlacht bei Plataiai gegen die Barbaren schworen, gefälscht ist […].
[*aus:* Theopomp FgrHist 115 F 153]

Vor der Schlacht bei Plataiai schworen die Griechen [Athener] angeblich einen Eid, der dreifach überliefert ist, und zwar in einer Rede des Atheners Lykurg [*Gegen Leokrates* 80 f.], dann im Geschichtswerk des Ephoros [erhalten bei Diodor 11.29.2 f.] sowie in einer 1939 bei dem einstigen athenischen Demos Acharnai gefundenen Inschrift. Die schon in der Antike angefochtene Historizität ist weiterhin umstritten. Wie beim Themistokles-Dekret von Troizen sind weder Echtheit noch Fälschung zu beweisen. Für Ersteres s. ausführlich Siewert 1 ff.

Das Gastmahl des Attaginos

Das Übrige nun hörte ich [Herodot] von Thersandros, einem Orchomenier, und einem der angesehensten Männer zu Orchomenos. Thersandros nämlich erzählte, er sei ebenfalls von Attaginos zu diesem Mahl eingeladen worden. Auch 50 Thebaner seien eingeladen worden. Es habe nun Attaginos sie nicht getrennt voneinander an die Tafel gesetzt, sondern auf jedes Liegesofa einen Perser und einen Thebaner. Als sie aber nach Ende des Mahles miteinander zechten, habe der Perser, der mit ihm auf dem gleichen Liegesofa lag, ihn in griechischer Sprache gefragt, woher er stamme und er habe darauf geantwortet, er sei aus Orchomenos. Da habe jener zu ihm gesagt: »Da du mit mir an ein und demselben Tisch gegessen und aus ein und demselben Becher das Trankopfer gespendet hast, so will ich dir ein Andenken an meine freundliche Gesinnung hinterlassen, damit du es im Voraus weißt und in Bezug auf deine Person rechtzeitig das Nützliche tun kannst. Du siehst diese Perser schmausen und das Heer, das wir zurückgelassen haben, am Fluss gelagert. Von allen diesen wirst du, wenn eine kurze Zeit vergangen ist, nur noch wenige sehen, die überlebt haben.« Und als der Perser diese Worte gesprochen hatte, habe er viele Tränen vergossen. Er selbst aber habe sich über diese Rede verwundert und zu ihm gesagt: »Hätte man denn dies nicht dem

Mardonios sagen sollen und denen, die unter den Persern nach ihm in Ansehen stehen?« Darauf habe dieser erwidert: »Gastfreund! Was nach Gottes Ratschluss geschehen soll, das abzuwenden ist dem Menschen unmöglich. Denn selbst denen, die Glaubwürdiges sagen, will niemand glauben. Viele von uns Persern wissen dies wohl, aber wir folgen gezwungen der Notwendigkeit. Das ist eben der bitterste Schmerz auf der ganzen Welt, dass man bei aller Einsicht doch über nichts Herr ist.« Dieses hörte ich von dem Orchomenier Thersandros, und außerdem noch, dass dieser das sogleich anderen weitererzählte, noch ehe die Schlacht bei Plataiai stattgefunden hatte.
[*aus:* Herodot 9.16]

Kurz vor der Schlacht von Plataiai nimmt Herodot mit diesem Kapitel noch einmal Stellung zum Kriegsgegner. Die Perser sind nicht die »Barbaren«, zu denen sie spätere Feindpropaganda machte, sie sind ein Volk mit einer Kulturtradition, die älter ist als die der Griechen. Bezeichnenderweise sprechen die Perser die griechische Sprache, während die Griechen immer einsprachig blieben. Herodot hat dem anonymen Perser drei Sentenzen in den Mund gelegt, die tiefe Einblicke in das Geschick der Menschen geben sollen. Vielleicht ist die Resignation, die aus dem Kapitel spricht, diejenige Herodots, der am Ende seines Lebens (und seines Werkes) erlebt, dass der Triumph über die Perser in einen großen Bruderkrieg mündet.

Die Aufstellung

28. Im Anschluss daran aber stellten sich die Griechen [...] folgendermaßen auf: Den rechten Flügel hatten die 10 000 Lakedaimonier inne. Von diesen hatten die 5000, die Spartaner waren, zu ihrer Begleitung 35 000 leicht bewaffnete Heloten bei sich, indem sieben von ihnen einem jeden [Spartaner] zugeordnet waren. Den nächsten Platz bei ihnen wiesen die Spartaner den Tegeaten an, sowohl der Ehre als der Tapferkeit wegen. Es waren ihrer 1500 Schwerbewaffnete. Nach diesen standen 5000 Korinther. Sie hatten von Pausanias verlangt, dass die 300 anwesenden Poteidaiaten, die von Pallene gekommen waren, ihren Platz neben ihnen erhielten. An diese schlossen sich 600 Arkader aus Orchomenos an, an diese 3000 Sikyonier. An diese stießen 800 Epidaurier und neben diesen stellten 1000 Troizenier sich auf. An die Troizenier stießen 200 Lepreaten, an diese 400 Mann aus Mykene und Tiryns, und an diese stießen noch 1000 Phleiasier. Neben diesen standen 300 aus Hermione. An die aus Hermione schlossen sich an 600 Eretrier und Styreer, an diese 400 Chalkidier und an diese 500 Ambrakioten. Nach diesen standen 800 Mann Leukadier und Anaktorier, und an diese

Hopliten beim Anlegen der Rüstung

stießen 200 Paleer aus Kephallenia. Nach diesen kamen in der Schlachtordnung 500 Aigineten und neben diesen standen 3000 Mann aus Megara. An diese aber stießen 600 Mann aus Plataiai. Den letzten und auch den ersten Platz in der Schlachtordnung erhielten die Athener, die den linken Flügel einnahmen, 8000 Mann, die Aristeides, des Lysimachos Sohn, befehligte.
29. [...] Die Zahl aller kampffähigen Leichtbewaffneten betrug 69 500. [...]
30. Die Gesamtzahl des griechischen Heeres, das nach Plataiai zusammengekommen war, Schwerbewaffnete wie kampffähige Leichtbewaffnete, belief sich auf 108 200 Mann. [...] Mit den anwesenden Thespiern aber wurde die Zahl von 110 000 Mann voll. [...]
31. Mardonios und die Barbaren zogen, da sie vernommen hatten, dass die Griechen bei Plataiai seien, gleichfalls zum Asopos, der dort fließt. Als sie dort angekommen waren, wurden sie von Mardonios in folgender Weise aufgestellt. Den Lakedaimoniern gegenüber stellte er die Perser auf. Weil nun aber die Perser an Zahl weit stärker waren, so waren sie in mehr Linien aufgestellt und reichten noch bis zu den Tegeaten. Er ordnete sie aber auf folgende Weise: Von der Gesamtzahl las er die stärkste Mannschaft aus und stellte sie den Lakedaimoniern gegenüber, den schwächeren Teil der Mannschaft stellte er gegenüber den Tegeaten auf. Das tat er auf Rat und Weisung der Thebaner. Anstoßend an die Perser stellte er die Meder auf. Diese nahmen ihre Stellung gegenüber den Korinthern, Poteidaiaten und Orchomeniern ein. An die Meder reihte er die Baktrier. Sie standen den Epidauriern, Troizeniern, Lepreaten, Tirynthiern, Mykenern und Phleiasiern gegenüber. Neben die Baktrier stellte er die Inder. Diese kamen gegen die Hermionen, Eretrier, Styreer und Chalkidier zu stehen. An die Inder schlossen sich in der Aufstellung die Saken an, die gegenüber den Ambrakioten, Anaktoriern, Leukadiern, Paleern und Aigineten standen. Anschließend an die Saker stellte er gegenüber den Athenern, Plataiern und Megarern die Boioter, Lokrer, Malier, Thessalier und die 1000 Phoker auf, denn nicht alle Phoker hatten die Partei der Meder ergriffen, sondern einige von ihnen unterstützten auch die Sache der Griechen, indem sie, auf den Parnassos zurückgedrängt, von hier aus das Heer des Mardonios und die Griechen, die sich bei ihm befanden, beraubten und plünderten. Auch die Makedonen und die, die in Thessalien wohnten, stellte er gegenüber den Athenern auf.
32. Dieses also sind die namhaftesten Völker, die unter dem Befehl des Mardonios standen, und es waren auch die berühmtesten und angesehensten. Auch Männer von anderen Völkern waren unter sie gemischt, Phryger, Myser, Thraker, Paionen und die übrigen, darunter auch Äthiopier und von den Ägyptern die, die Hermotybier und Kalasirier genannt werden. Sie tra-

gen kleine Schwerter und sind die einzigen kampffähigen Männer unter den Ägyptern. Diese hatte [Mardonios], als er noch bei Phaleron stand, von den Schiffen ans Land kommen lassen, denn sie waren Seesoldaten. Die Ägypter waren nämlich nicht dem Landheer zugeteilt, das mit Xerxes nach Athen kam. Die Gesamtzahl der Barbaren belief sich auf 300 000 Mann, wie ich auch schon vorher angegeben habe. Die Zahl der griechischen Verbündeten des Mardonios kennt niemand, denn sie wurden nicht gezählt. Soweit sich vermuten lässt, mögen wohl 50 000 Mann zusammengekommen sein. Dies war das Fußvolk in der Schlachtordnung, die Reiterei war gesondert aufgestellt.
[*aus:* Herodot 9.28–32]

Die Schlacht

50. Unter solchen Umständen traten die Feldherren der Griechen, weil das Heer des Wassers beraubt war und die [persische] Reiterei sie nicht in Ruhe ließ, zu einer Versammlung wegen eben dieser und anderer Dinge zusammen, wozu sie sich zu Pausanias auf den rechten Flügel begaben. Denn zu diesen misslichen Umständen kamen noch andere, für sie viel schlimmere, denn sie hatten keine Lebensmittel mehr, und der Tross, der zur Peloponnes abgeschickt worden war, um Lebensmittel von dort herbeizubringen, war von der [persischen] Reiterei abgeschnitten worden und konnte nicht ins Lager gelangen.
51. Da beschlossen nun die Feldherren in ihrem Rat, wenn die Perser diesen Tag noch mit ihrem Angriff zögerten, auf die »Insel« zu gehen, die vom Asopos und der Quelle Gargaphia, bei der damals das Lager stand, 10 Stadien [ca. 1800 m] entfernt ist und vor der Stadt der Plataier liegt.
Es war dies also eine Insel auf dem festen Land: Der Fluss nämlich teilt sich in zwei Arme und fließt von oben herab vom Kithairon in die Ebene, sodass die beiden Arme ungefähr drei Stadien [ca. 540 m] voneinander entfernt sind und dann sich wieder vereinigen. […] Zu diesem Platz nun beschlossen sie zu ziehen, damit sie reichlich Wasser zum Gebrauch hätten und die Reiterei ihnen keinen Schaden zufügen könne, wie da, wo sie ihr gegenüberstanden. Sie beschlossen aber ihre Stellung erst in der zweiten Nachtwache [9 bzw. 10 Uhr nachts] zu verlassen, damit die Perser ihren Aufbruch nicht bemerken und die nachfolgenden Reiter sie nicht beunruhigen könnten. Als sie aber an diesen Ort gekommen waren, den die Oëroë, des Asopos Tochter, vom Kithairon herabfließend umschlingt, beschlossen sie noch in dieser Nacht die Hälfte des Heeres zum Kithairon abzuschicken,

um den Tross aufzunehmen, der wegen der Lebensmittel ausgeschickt worden war, denn dieser war auf dem Kithairon abgeschnitten.
52. Nachdem dieser Beschluss gefasst war, hatten sie am ganzen Tag große Mühsal, weil die Reiterei ihnen zusetzte. Als aber der Tag zu Ende ging und die Reiter mit ihren Angriffen aufhörten, da erhoben sich viele, als es bereits Nacht geworden war und die Zeit da war, zu der sie nach der Verabredung aufbrechen sollten, und verließen ihre Stellung, nicht in der Absicht, sich zum verabredeten Ort zu begeben, sondern sie ergriffen, nachdem sie sich in Bewegung gesetzt hatten, mit Freude die Flucht vor der Reiterei in Richtung der Stadt der Plataier und sie kamen auf ihrer Flucht zum Heraion, das vor der Stadt der Plataier liegt, 20 Stadien [ca. 3600 m] entfernt von der Quelle Gargaphia. Nach ihrer Ankunft lagerten sie sich vor dem Heiligtum.
53. Sie nun ließen sich beim Heraion nieder. Als aber Pausanias sah, dass sie sich aus dem Lager entfernt hatten, erteilte er auch den Lakedaimoniern den Befehl, in voller Rüstung zu den Übrigen zu ziehen, die vorausgegangen waren, weil er glaubte, dass sie zum verabredeten Ort marschierten.
[*aus:* Herodot 9.50–53]

Zwischenspiel: Ein zweiter Leonidas

53. Da nun waren die übrigen Führer der Heeresabteilungen bereit, dem Pausanias Folge zu leisten [und abzuziehen], Amompharetos aber, des Poliades Sohn, der Führer der Pitanatenabteilung [Spartiaten aus dem Dorf Pitane], erklärte, er werde nicht vor den Fremden fliehen, und nicht freiwillig Sparta in Schimpf und Schande bringen. Er sprach auch seine Verwunderung über das, was er hier vorgehen sah, aus, weil er nämlich bei der früheren Besprechung nicht zugegen gewesen war. Pausanias und Euryanax waren zwar ärgerlich, dass jener ihnen nicht Folge leisten wollte, aber es kam ihnen noch ärger vor, weil jener sich widersetzte, die Abteilung der Pitanaten im Stich zu lassen. Sie besorgten nämlich, dass, wenn sie ihn zurückließen und das täten, was sie mit den übrigen Griechen verabredet hatten, Amompharetos, allein gelassen, mitsamt seinen Leuten zugrunde gehen würde. In dieser Erwägung hielten sie das Heer der Lakedaimonier zurück und versuchten ihn zu überzeugen, dass es nicht möglich sei, dies zu tun.
54. Diese redeten nun dem Amompharetos zu, der allein von den Lakedaimoniern und Tegeaten zurückgeblieben war. Die Athener aber taten Folgendes: Sie blieben ruhig an dem Ort, wo sie aufgestellt waren, weil sie die Sinnesart der Lakedaimonier gut kannten, insofern sie anders denken und anders reden. Und als das Heer in Bewegung gesetzt war, schickten sie ei-

nen Reiter ab, der sehen sollte, ob die Spartaner Anstalten zum Abzug machten oder ob sie gar nicht daran dächten, aufzubrechen. Auch sollte er den Pausanias fragen, was sie tun sollten.

55. Als der Herold zu den Lakedaimoniern kam, sah er, dass sich diese noch auf ihrem (alten) Platz befanden und ihre Führer miteinander in Streit geraten waren. Als nämlich Euryanax und Pausanias den Amompharetos aufforderten, sich [und seine Leute] nicht dadurch in Gefahr zu bringen, dass sie als Einzige von den Lakedaimoniern hierblieben, vermochten sie ihn nicht dazu zu bringen, bis sie zuletzt miteinander in Streit gerieten und der gerade angekommene Herold der Athener zu ihnen trat. In diesem Streit nun fasste Amompharetos einen Stein mit beiden Händen, legte ihn vor die Füße des Pausanias und erklärte ihm, mit diesem [Stimm-]Stein beantrage er, vor den Fremden nicht zu fliehen, indem er unter den Fremden die Barbaren verstand. Dieser aber nannte ihn einen tollen Menschen, der nicht bei Sinnen sei, und dem Herold der Athener, der ihn fragte, was ihm aufgetragen war, befahl er, den Athenern zu sagen, was hier vorging. Zugleich ersuchte er auch die Athener, näher zu ihnen heranzurücken und hinsichtlich des Abzuges es zu machen wie sie auch.

56. So kehrte der Herold zu den Athenern zurück. Jene aber zankten weiter miteinander, bis die Morgendämmerung herankam. Solange war Pausanias ruhig geblieben, weil er nicht glaubte, dass Amompharetos zurückbleiben werde, wenn die übrigen Lakedaimonier abzögen (was auch wirklich geschah). Jetzt aber gab er das Zeichen und führte die Übrigen alle über die Hügel davon. Auch die Tegeaten folgten. Die Athener aber zogen, wie es befohlen worden war, in die den Lakedaimoniern entgegengesetzte Richtung: Diese nämlich hielten sich aus Furcht vor der Reiterei an die Hügel und an den Fuß des Kithairon, die Athener aber zogen nach unten, der Ebene zu.

57. Amompharetos, der anfangs gar nicht glauben konnte, dass Pausanias es wagen werde, sie zu verlassen, beharrte darauf, hierzubleiben und die Stellung nicht zu verlassen. Da nun Pausanias mit seinen Leuten davonzog, und er merkte, dass sie ihn geradezu im Stich ließen, so befahl er seiner Abteilung, die Waffen aufnehmen, und führte sie langsamen Schrittes dem übrigen Herr nach. Dieses aber wartete, nachdem er ungefähr 10 Stadien [ca. 1800 m] weit weg war, auf die Abteilung des Amompharetos, nachdem es sich am Fluss Moloeis und an einem Platz mit Namen Argiopion, wo auch ein Tempel der eleusinischen Demeter steht, gelagert hatte. [Pausanias] aber wartete deshalb, um, wenn Amompharetos und seine Abteilung nicht den Ort verlassen würden, an dem sie aufgestellt waren, sondern dort blieben, er ihnen wieder zurück zu Hilfe eilen könne. Kaum war indessen

Amompharetos mit seinen Leuten zu ihnen gestoßen, so griff auch wieder die ganze Reiterei der Barbaren sie an. Denn die Reiter machten es ebenso, wie sie es auch immer zu machen gewohnt waren. Als sie aber den Ort leer sahen, auf dem die Griechen an den früheren Tagen aufgestellt waren, ritten sie immer weiter vorwärts, und sowie sie die Griechen eingeholt hatten, griffen sie sie sofort an.
[*aus:* Herodot 9.53–57]

59. [Mardonios] führte die Perser, nachdem sie über den Asopos gesetzt hatten, im Eilmarsch den Spuren der Griechen nach, als ob diese auf der Flucht wären. Er hatte es dabei allein auf die Lakedaimonier und Tegeaten abgesehen, denn die Athener, die zur Ebene hinzogen, bemerkte er wegen der Hügel nicht. Als die übrigen Führer der Heeresabteilungen der Barbaren sahen, wie die Perser sich zur Verfolgung der Griechen in Bewegung setzten, gaben sie sofort alle das Aufbruchszeichen und eilten ihnen, so schnell sie nur konnten, durcheinander und ohne irgendeine Ordnung nach. So rückten sie mit Geschrei und Lärmen heran, in der Erwartung, die Griechen niederzureiten. […]
61. Als dies [Bitte des Pausanias um Unterstützung] die Athener vernommen hatten, brachen sie auf, um nach besten Kräften zu helfen. Und wie sie sich bereits auf dem Weg befanden, wurden sie von den Griechen, die es mit dem König hielten und ihnen gegenüber aufgestellt waren, angegriffen, sodass sie nicht mehr zu Hilfe kommen konnten, denn der Feind, der auf sie eindrang, machte ihnen zu schaffen. So blieben nun die Lakedaimonier und Tegeaten allein. Es waren ihrer aber, zugleich mit den Leichtbewaffneten, 50 000 Mann, der Tegeaten waren es 3000, die sich von den Lakedaimoniern durchaus nicht hatten trennen wollen. Sie opferten nun, weil sie die Absicht hatten, mit Mardonios und dem Heer, das er bei sich hatte, in den Kampf einzutreten. Allein die Opfer waren für sie nicht günstig. Unterdessen fielen schon viele von ihnen und noch weit mehr wurden verwundet. Die Perser hielten nämlich ihre Schilde zu einer Art von Wehr zusammen und schossen ohne Schonung eine so gewaltige Menge an Pfeilen auf sie ab, dass die Spartaner hart bedrängt waren. Da auch die Opfer nicht günstig ausfielen, richtete Pausanias seine Blicke auf das Heraion der Plataier und rief den Beistand der Göttin an, indem er sie bat, sie möchte doch ihre Hoffnung nicht zuschanden werden lassen.
62. Noch während seines Gebetes brachen zuerst die Tegeaten auf und rückten gegen die Barbaren vor. Auch für die Lakedaimonier waren sogleich nach dem Gebet des Pausanias die Opfer günstig. Da dies endlich eingetreten war, so zogen auch sie gegen die Perser heran und ebenso die Perser ih-

nen entgegen, nachdem sie die Bogen weggelegt hatten. Zuerst erhob sich der Kampf um die Schilde. Als diese niedergerissen waren, entspann sich sofort ein heftiger Kampf beim Tempel der Demeter, bis es endlich zum Nahkampf kam. Die Barbaren fassten nämlich die Speere und zerbrachen sie. An Mut und Stärke gaben zwar die Perser nichts nach, allein sie waren durch keine Rüstung geschützt, dabei ungeschickt und den Gegnern an Kriegskunst nicht gleich. Einzeln, zu zehn Mann oder in Haufen von größerer oder geringerer Zahl sprangen sie hervor, stürzten sich auf die Spartaner und wurden niedergemetzelt.

63. Wo nun Mardonios selbst sich befand, der auf einem Schimmel kämpfte und um sich die auserlesene Schar der tausend tapfersten Perser hatte, da setzten sie auch den Gegnern am meisten zu und, solange Mardonios am Leben war, hielten sie aus, wehrten sich und hieben viele von den Lakedaimoniern nieder. Als aber Mardonios getötet und die um ihn aufgestellte Schar – der tüchtigste Teil des Heeres – gefallen war, da machten auch die Übrigen kehrt und wichen vor den Lakedaimoniern zurück. Am meisten nämlich schadete ihnen ihre Kleidung, die keinen Schutz durch eine Rüstung bot, denn als Leichtbewaffnete hatten sie den Kampf gegen Schwerbewaffnete zu bestehen.

64. Hier erfüllte sich den Spartanern die Vergeltung für den Tod des Leonidas nach dem Spruch des Orakels an Mardonios, und es gewann Pausanias, der Sohn des Kleombrotos, des Sohnes des Anaxandridas, den schönsten Sieg unter allen, die wir kennen. [...]

65. Als aber zu Plataiai die Perser von den Lakedaimoniern in die Flucht geschlagen waren, flohen sie ohne alle Ordnung in ihr Lager und hinter die hölzerne Verschanzung, die sie sich im Gebiet von Theben errichtet hatten.

[*aus:* Herodot 9.59–65]

17. Darüber brach nun der Tag an, und Mardonios, dem der Abzug der Griechen aus ihrem Lager nicht verborgen geblieben war, rückte in Schlachtordnung gegen die Lakedaimonier vor, unter großem Geschrei und Lärm, weil die Barbaren glaubten, dass sie hier gar keine Schlacht zu schlagen brauchten, sondern die Griechen auf der Flucht aufreiben würden, was auch in der Tat leicht hätte geschehen können. Als nämlich Pausanias sah, was vorging, ließ er halt machen und jeden sich an seinen Posten stellen, vergaß aber, entweder aus Unwillen über den Amompharetos oder aus Bestürzung über das schnelle Anrücken der Feinde, den Griechen das verabredete Zeichen zu geben, weswegen sie denn auch nicht sogleich, noch alle auf ein-

mal, sondern erst, nachdem das Treffen schon begonnen hatte, in kleinen Gruppen und vereinzelt zu ihm stießen. Weil das Opfer, das er darbringen ließ, nicht günstig ausfiel, befahl er den Lakedaimoniern, ihre Schilde vor die Füße zu stellen, ruhig stehenzubleiben und nur immer auf ihn zu achten, ohne sich gegen die Feinde zu wehren. Hierauf ließ er von neuem opfern. Inzwischen kam die feindliche Reiterei so nahe heran, dass sie schon die Spartaner mit Pfeilen erreichte und manche von ihnen verwundete. Unter anderen wurde auch Kallikrates, der als der schönste Mann und größte unter den Griechen in jenem Heere galt, von einem Pfeile getroffen und sagte sterbend: »Der Tod schmerzt mich nicht, denn deswegen bin ich hierher gegangen, um für Griechenland zu sterben, aber es tut mir weh zu sterben, ohne dass ich meine Hände gebraucht habe.«

So hart und gefährlich auch die Lage der Lakedaimonier war, so bewundernswürdig war ihre Fassung. Denn sie wehrten sich auf keine Weise gegen den andringenden Feind, sondern harrten auf die Weisung von dem Gott und ihrem Feldherrn und hielten an ihren Posten aus, während sie getroffen wurden und fielen. Wie einige erzählen, überfiel den Pausanias selbst, der etwas entfernt von der Schlachtordnung opferte und betete, ein Haufen Lyder, raubte und zerstreute das Opfergerät. Pausanias aber, und die bei ihm waren, trieben sie, da sie keine Waffen bei sich hatten, mit Stöcken und Peitschen wieder fort. Zur Nachahmung dieses Überfalls soll noch jetzt das Peitschen der Jünglinge am Altar [der Artemis] in Sparta geschehen und der darauffolgende Aufzug der Lyder gehalten werden.

18. Äußerst bekümmert über diese Lage kehrte Pausanias, während der Wahrsager ein Opfertier nach dem anderen schlachtete, sein Gesicht weinend nach dem Heratempel hin und betete mit aufgehobenen Händen zur Hera vom Kithairon und den übrigen Schutzgöttern des plataiischen Landes, dass die Griechen, wenn ihnen der Sieg vom Schicksal nicht bestimmt sei, wenigstens nach einem ruhmvollen Kampf unterliegen und durch die Tat den Feinden zeigen möchten, dass sie gegen ein tapferes, im Streit geübtes Volk ausgezogen seien. Unter diesem andächtigen Gebet erschienen endlich in den Opfern glückliche Zeichen, und der Seher verkündete den Sieg.

Pausanias gab sogleich seinen Soldaten Befehl, sich alle den Feinden entgegenzustellen, und nun bekam auch die Phalanx auf einmal das Aussehen eines grimmigen Tieres, das sich mit gesträubten Haaren zum Kampfe anschickt. Selbst die Barbaren sahen jetzt ein, dass sie es mit Männern zu tun hatten, die bis auf den Tod zu streiten entschlossen waren. Daher bildeten sie mit einer Menge geflochtener Schilde eine Art von Brustwehr und schossen dahinter mit Pfeilen auf die Lakedaimonier. Diese rückten Schild an

Schild gedrängt heran, durchbrachen im ersten Anprall die Brustwehr, stießen dann ihre Speere den Persern ins Gesicht und in die Brust und streckten viele nieder, die jedoch nicht ohne mutige Gegenwehr fielen. Denn sie fassten die Speere mit bloßen Händen und zerbrachen die meisten; dabei bedienten sie sich wirksam ihrer Streitäxte und Säbel, rissen den Lakedaimoniern die Schilde weg und schlugen sich mit ihnen. Auf solche Weise leisteten sie lange Zeit den mutigsten Widerstand.
Die Athener standen inzwischen ganz ruhig und warteten immer noch auf die Lakedaimonier. Sobald aber das laute Geschrei der Kämpfenden ihnen zu Ohren kam und zugleich ein Bote von Pausanias, wie man sagt, ihnen meldete, was vorging, machten sie sich eilends auf, jenen beizustehen. Sie marschierten gerade durch die Ebene nach der Gegend, aus der das Geschrei kam, stießen aber hier auf die Griechen, die es mit den Persern hielten. Aristeides trat erst, als er sie erblickte, weit hervor und beschwor sie mit lauter Stimme, bei allen griechischen Göttern sich des Kampfes zu enthalten, ihnen nicht im Wege zu sein und sie nicht zu hindern, denen, die für Griechenland jetzt in Gefahr wären, Hilfe zu leisten. Wie er aber sah, dass sie sich nicht daran kehrten und schon kämpfen wollten, gab er sein Vorhaben auf, den Lakedaimoniern Hilfe zu bringen, und begann mit diesen, die an 50 000 Mann stark waren, zu kämpfen. Allein der größte Teil wich sogleich und zog sich zurück, weil auch schon die Barbaren die Flucht ergriffen hatten; nur auf der Seite, auf der die Thebaner standen, soll am hitzigsten gekämpft worden sein, da die ersten und angesehensten Männer unter ihnen es mit den Persern hielten und die oligarchisch beherrschte Masse wider ihren Willen mit sich zogen.
19. In der auf solche Weise sich an zwei verschiedenen Orten entwickelnden Schlacht warfen die Lakedaimonier ihrerseits zuerst die Perser zurück, und den Mardonios selbst tötete der Spartaner Arimnestos, der ihn mit einem Stein am Kopf traf, wie das Orakel des Amphiaraos geweissagt hatte. Mardonios hatte nämlich zu diesem Orakel einen Lyder und zum Ptoon [Heiligtum des Apollon in Boiotien] einen Karer geschickt. Diesen redete der Priester in karischer Sprache an. Der Lyder legte sich in dem Tempel des Amphiaraos schlafen, und es kam ihm dort vor, als träte ein Diener des Gottes vor ihn hin, hieße ihn weggehen und werfe, als er nicht wollte, ihm einen großen Stein an den Kopf, sodass der Mann von dem Schlage zu sterben glaubte. So wird diese Sache erzählt.
Die Lakedaimonier verfolgten die fliehenden Perser bis zu ihrer hölzernen Mauer und schlossen sie dort ein. Bald darauf brachten auch die Athener ihre Gegner, die Thebaner, zum Weichen, nachdem sie im Kampf selbst 300 der angesehensten und vornehmsten Männer erschlagen hatten. Kaum

aber hatte die Verfolgung begonnen, als ein Bote den Athenern die Nachricht brachte, dass die Barbaren in ihre Mauer eingeschlossen und belagert seien. Sie ließen daher die Griechen ungehindert entkommen, eilten zur Verschanzung den Lakedaimoniern zu Hilfe, die im Belagerungskrieg sehr langsam und ungeschickt waren, und eroberten endlich das Lager, wobei unter den Feinden ein großes Blutvergießen angerichtet wurde. Denn von den 300 000 Mann sollen nicht mehr als 40 000 unter Führung des Artabazos durch Flucht entkommen sein.

Auf Seiten derer, die für Griechenland kämpften, fielen im Ganzen nicht mehr als 1360 Mann. Darunter waren 52 Athener, alle aus der Aiantischen Phyle, die, wie der [Atthidograph] Kleidemos sagt, am tapfersten gekämpft hatte. Daher brachten auch die Aiantiden den Sphragitischen Nymphen das vom delphischen Orakel vorgeschriebene Siegesopfer, wozu sie die Kosten aus der Staatskasse erhielten. Die Lakedaimonier verloren 91 und die Tegeaten 16 Mann. Es ist daher schwer zu begreifen, wie Herodot sagen kann [9.85], dass nur diese allein mit den Feinden gekämpft hätten, von den übrigen Griechen aber niemand. Denn nicht nur die Anzahl der Toten, sondern auch die Denkmäler beweisen hinlänglich, dass der Sieg gemeinsam erkämpft worden ist. Hätten nur jene drei Städte gefochten und die übrigen stillgesessen, so würde man wohl nicht diese Inschrift auf den Altar gesetzt haben:

»Griechen weihten einst, dankbar wegen des herrlichen Sieges, den sie, begeistert mit Mut und mit kriegerischem Geist,
Über die Perser erfochten, als Denkmal der griechischen Freiheit, diesen gemeinsamen Altar, Zeus, dir, dem Befreier.«

Die Schlacht wurde geschlagen am vierten Tage des Monats Boedromion nach athenischem oder am 27. Tage des Monats Panemos nach boiotischem Kalender [August/September], an welchem noch jetzt von den Griechen eine Versammlung in Plataiai gehalten wird und die Plataier des Sieges wegen Zeus dem Befreier Opfer bringen. Über die Unstimmigkeit der Tage darf man sich nicht verwundern, da selbst in gegenwärtigen Zeiten, wo man es doch in der Astronomie viel weiter gebracht hat, noch viele Völker hinsichtlich des Anfanges und des Endes ihrer Monate sehr voneinander abweichen.

20. Nach diesem Siege wollten die Athener den Lakedaimoniern weder den Preis der Tapferkeit zugestehen noch ihnen gestatten, das Siegeszeichen zu errichten. Darüber wäre es beinahe zwischen den Griechen selbst zum Streit gekommen und Griechenland ins Verderben gestürzt worden, wenn nicht Aristeides seine Mitfeldherrn, besonders den Leokrates und Myronides, durch viel Zureden und Belehren begütigt und endlich dahin gebracht

hätte, die Entscheidung den Griechen zu überlassen. In der deshalb einberufenen Versammlung erklärte nun der Megarer Theogeiton, man müsse, um keinen Bürgerkrieg zu entfachen, den Siegespreis einer andern Stadt zuerkennen. Nach ihm stand der Korinther Kleokritos auf, und jedermann glaubte schon, dass er den Preis für die Korinther fordern würde; denn Korinth stand nächst Sparta und Athen im größten Ansehen. Allein, er erklärte sich auf eine Art, die allgemeinen Beifall und Bewunderung erhielt, für die Plataier und riet, diesen den Preis zuzuerkennen, um den Streit beizulegen, da an deren Bevorzugung keine der streitenden Seiten Anstoß nehmen würde. In diesen Vorschlag willigte nun zuerst Aristeides namens der Athener und dann auch Pausanias namens der Lakedaimonier ein. Nachdem auf diese Weise die Eintracht hergestellt war, bestimmte man im Voraus [von der ganzen Beute] für die Plataier achtzig Talente, wovon diese den Tempel der Athena wieder aufbauten, deren Statue darin aufstellten und die Cella mit Gemälden ausschmückten, die noch jetzt in ihrer ganzen Frische erhalten sind. Die Lakedaimonier und die Athener errichteten nun, jede Partei für sich, besondere Siegeszeichen.

Auf die Anfrage wegen des Opfers erteilte der pythische Apollon den Griechen die Antwort, sie sollten dem Zeus Eleutherios [dem Befreier] einen Altar setzen, aber nicht eher opfern, als bis sie alles Feuer im Land, das von den Barbaren verunreinigt sei, verlöscht und von dem gemeinsamen Herd zu Delphi ein neues, reines wieder angezündet hätten. Die Führer der Griechen gingen gleich herum und zwangen alle, die ein Feuer brannten, es auszulöschen. Einer von den Plataiern namens Euchidas erbot sich, das heilige Feuer schnellstens von dem Gott zu holen, und kam nach Delphi. Hier reinigte er seinen Leib, besprengte sich mit Weihwasser und nahm dann das Feuer vom Altar. Mit diesem lief er nach Plataiai zurück und langte noch vor Sonnenuntergang an, sodass er an einem Tage tausend Stadien [ca. 180 km] zurücklegte. Nachdem er seine Mitbürger gegrüßt und das Feuer überreicht hatte, sank er auf der Stelle nieder und gab bald darauf seinen Geist auf. Die Plataier begruben ihn in dem Heiligtum der Artemis Eukleia [Ruhmreiche] und setzten ihm folgende Inschrift: »Euchidas lief hin nach Pytho, kam denselben Tag zurück.«

[…]

21. Hierauf wurde eine allgemeine Versammlung der Griechen abgehalten, worin Aristeides vorschlug, dass jährlich aus ganz Griechenland Abgeordnete zu festlichen Opfern in Plataiai zusammenkommen sollten und alle vier Jahre Wettkämpfe unter dem Namen »Eleutheria« [Freiheitsspiele] abgehalten werden sollten. Außerdem sollte ein griechisches Bundesheer, zehntausend Schilde, tausend Mann Reiterei und hundert Schiffe, für den Krieg

gegen die Barbaren aufgestellt werden, um dem Gott für Griechenland zu opfern. Nachdem dies bestätigt worden war, übernahmen es die Plataier, den dort gefallenen und begrabenen Griechen alle Jahre ein Totenopfer zu bringen, eine Sitte, die sie noch heute auf folgende Weise beobachten: Am sechzehnten Tage des Monats Maimakterion, der bei den Boiotern Alalkomenios heißt [Oktober/November], veranstalten sie eine Prozesseion, die mit Anbruch des Tages beginnt. Voran geht ein Trompeter und bläst den Kriegsmarsch. Ihm folgen Wagen mit Myrtenzweigen und Kränzen beladen, und diesen ein schwarzer Stier. Darauf kommen Jünglinge, welche die Totenopfer von Wein und Milch in Krügen und Flaschen voll Öl und Salben tragen. Diese Jünglinge aber sind lauter Freie, denn kein Sklave darf bei diesem Dienst etwas anrühren, weil jene Männer für die Freiheit gestorben sind. Den Zug beschließt der Archon der Plataier, der sonst weder Eisen berühren noch ein anderes als ein weißes Kleid anlegen darf, bei dieser Gelegenheit aber ein Purpurgewand trägt. In diesem schreitet er mit einem Wasserkrug, den er aus dem Stadtarchiv genommen hat, – das Schwert in der Hand – mitten durch die Stadt zu den Begräbnisplätzen, wo er aus einer Quelle Wasser schöpft, die Grabsäulen mit eigener Hand abwäscht und mit wohlriechenden Salben bestreicht. Hierauf schlachtet er den Stier über einem angezündeten Feuer, betet zu Zeus und Hermes, den Göttern der Erdtiefe, und ruft die Helden, die für Griechenland gestorben sind, zum blutigen Totenmahl. Zuletzt gießt er einen mit gemischtem Wein gefüllten Krug aus und sagt dabei: »Dies trinke ich den Männern zu, die für die Freiheit der Griechen gestorben sind.« Diese Gebräuche beobachten die Plataier noch bis auf unsere Tage.
[*aus:* Plutarch, *Aristeides* 17–21]

Großes Le]id [erfasste] das Kriegsvolk. Vielfach ehrte es dich, und mit Patr]oklos in der Totenur[ne begruben sie] dich [noch dazu], dich aber] überwältigte [nicht ein Sterblicher, der nur] einen [Tag lebt, sondern von Apol]lons Hand [wurdest du niedergestreckt]. Pallas aber] befand sich [direk]t daneben und [suchte die] ber[ühmte] Sta[dt schwer heim zusammen mit Hera, denn sie lagen] in Feindschaft mit den Kindern des [P]riamos wegen des] schlecht ge[sin]nten [Alexa]ndros, wie den [Frevler aber im Laufe der Zei]t der Wagen der göttlichen Gerechtig[keit] niederstreckt. [Sie aber] zerstörten die viel besungene [Stad]t und kame[n heim, die tapfersten der He]lden, die streitbaren Danaer[, über die uns]terblicher Ruhm gegossen ist [nach dem Wunsch] des Man[nes, der im Auftrag der dunkel]gelockten Mus[en] zeigte die ganze Wah]rheit, und er [machte] den jüng[eren] Krie-

gern das namengebende früh hinsterbende Geschlech[t] der [Halb]götter bekannt. Aber du] sei uns jetzt gegrüßt, der Göttin herr[licher Sohn, der Tochter des] Nereus im Meere! Ich aber [werde] dich mir [zur Hilfe] rufen, Muse mit den v[ielen Name]n, wenn du der M]enschen [gedenkst], die beten!
Sie trie]b auch diesen Sch[muck unse]res süß[en Ge]sanges an, damit sich sp[äter wiederum] jemand erin[nert] an die Männ]er, die für Spart[a und auch Hellas die Stellung hielten und so offen]k[undig verhin]derten, dass jemand den Ta[g] der Knechtschaft sah und ihre Tapferkeit verbar[gen sie nicht, und die Kunde sti]eg himmelw[är]ts, und der Ruhm bei den M]enschen wird unsterblic[h] se[in]. (Übers. M. Jung)
[*aus:* Simonides, Fragment aus der *Plataiai-Elegie* (11,5–28)]

Die etwa 478/77 entstandenen Verse stammen aus einem Anfang der 1990er-Jahre wiederentdeckten Papyrus. s. Jung 225–241.

Die Beute

80. Nachdem Pausanias durch Herolde hatte verkünden lassen, dass niemand die Beute anrühre, befahl er den Heloten, die Gegenstände zusammenzutragen. Diese streiften nun durch das [persische] Lager, wo sie Zelte fanden, die mit Gold und Silber geschmückt waren, vergoldete und versilberte Ruhebetten, goldene Mischkrüge und Schalen und andere Trinkgefäße. Auf den Wagen fanden sie Säcke, in denen, wie es sich zeigte, goldene und silberne Kessel waren. Auch nahmen sie den [noch] daliegenden Leichen Armspangen und Halsketten sowie die Kurzschwerter ab, die von Gold waren. Auf buntfarbige Kleidung legte niemand Wert. Da stahlen nun die Heloten vieles, was sie an die Aigineten verkauften, vieles auch zeigten sie vor, was sie nämlich nicht zu verbergen imstande waren. Daher stammt der große Reichtum der Aigineten, die das Gold von den Heloten kauften, als wenn es Erz wäre.
81. Sie trugen nun die Gegenstände zusammen und nahmen davon den zehnten Teil für den Gott zu Delphi. Davon wurde der goldene Dreifuß geweiht, der auf der dreiköpfigen ehernen Schlange ruht, ganz nahe dem Altar. Dann nahmen sie den Anteil für den Gott zu Olympia davon und weihten daraus den ehernen, 10 Ellen [ca. 4,80 m] großen Zeus. Ebenso taten sie für den Gott auf dem Isthmos und fertigten den sieben Ellen großen ehernen Poseidon an. Nachdem sie diese Anteile genommen hatten, verteilten sie das Übrige untereinander und ein jeder erhielt, was er verdiente: Ne-

benfrauen der Perser, Gold, Silber und andere Gegenstände sowie Zugvieh. Was nun als besondere Gabe denjenigen verliehen wurde, die sich bei Plataiai besonders ausgezeichnet hatten, berichtet niemand. Ich glaube aber, dass auch diese etwas erhalten haben. Für Pausanias wurde alles zehnfach ausgewählt und ihm geschenkt: Frauen, Pferde, Talente, Kamele, und ebenso von den übrigen Beutestücken.
82. Man erzählt auch noch Folgendes: Xerxes soll bei der Flucht aus Griechenland dem Mardonios seine ganze häusliche Einrichtung hinterlassen haben. Als nun Pausanias diese Ausstattung des Mardonios erblickte, glänzend von Gold, Silber und bunten Teppichen, soll er den Bäckern und Köchen befohlen haben, ihm auf dieselbe Weise wie dem Mardonios ein Mahl herzurichten. Als diese es nach seinem Befehl ausführten, da soll Pausanias, wie er die goldenen und silbernen, so schön gepolsterten Ruhebetten, die goldenen und silbernen Tische und die prachtvolle Zubereitung des Mahls gesehen hatte, in Staunen geraten sein über alle die vor ihm liegenden Herrlichkeiten und zum Scherz seinen eigenen Dienern befohlen haben, ein lakonisches Mahl anzurichten. Als das Mahl bereitet und der Unterschied gar zu groß war, da habe Pausanias lachend die griechischen Feldherren zu sich rufen lassen und, sobald sie zusammengekommen waren, habe er ihnen die Zubereitung eines jeden der beiden Mahle gezeigt und gesagt: »Männer aus Griechenland, ich habe euch zusammengerufen, um euch die Torheit des Oberbefehlshabers der Meder zu zeigen, der eine so [üppige] Lebensweise pflegt, und doch zu uns kam, um uns, die wir ein so jämmerliches Leben führen, dessen zu berauben.« Dieses soll Pausanias zu den Feldherren der Griechen gesagt haben.
[*aus:* Herodot 9.80–82]

Der Rachefeldzug gegen Theben

86. Als [die Griechen] ihre Toten bei Plataiai bestattet hatten, berieten sie sich sofort und beschlossen, gegen Theben zu ziehen und die Auslieferung der medisch Gesinnten dort zu verlangen, vornehmlich aber des Timegenides und des Attaginos, die die hauptsächlichen Anführer waren: Wenn sie aber diese nicht auslieferten, so würden sie sich nicht eher von der Stadt entfernen, als bis sie diese eingenommen hätten. Nachdem sie diesen Beschluss gefasst hatten, gelangten sie nun am elften Tag nach der Schlacht nach Theben und begannen die Belagerung mit der Aufforderung an die Thebaner, die Männer auszuliefern. Als aber die Thebaner sie nicht ausliefern wollten, so verheerten sie das Land und griffen die Stadtmauer an.

87. Da sie nicht aufhörten, das Land zu verheeren, so sprach am 20. Tag Timegenides zu den Thebanern Folgendes: »Thebaner! Da die Griechen also beschlossen haben, nicht eher von der Belagerung abzustehen, als bis sie Theben erobert haben oder ihr uns ausgeliefert habt, so soll denn unseretwegen Boiotien nicht länger leiden. Wenn sie Geld haben wollen und unsere Auslieferung nur zum Vorwand nehmen, so wollen wir ihnen aus Gemeindemitteln Geld geben. Wir haben uns nämlich mit der ganzen Gemeinde, und nicht wir allein, auf die Seite der Perser gestellt. Wenn sie aber in Wahrheit uns haben wollen und deshalb die Stadt belagern, so wollen wir uns selbst zur Verteidigung stellen.« Der Vorschlag erschien ihnen ganz gut und passend zu sein, und sogleich ließen die Thebaner durch einen Herold verkünden, sie wollten die Männer ausliefern.
88. Als sie nun unter diesen Bedingungen eine Übereinkunft geschlossen hatten, entwich Attaginos aus der Stadt, seine Söhne aber, die abgeführt wurden, sprach Pausanias von der Schuld frei, indem er erklärte, die Söhne hätten keine Verantwortung für den Pakt mit den Medern. Die übrigen Männer aber, die die Thebaner ausgeliefert hatten, glaubten, sie würden Gelegenheit zur Rechtfertigung erhalten, und vertrauten darauf, sich mit Hilfe von Geldzahlungen zu retten. Allein, sobald Pausanias sie in Empfang genommen hatte, entließ er, weil er genau diesen Verdacht hegte, das gesamte Heer der Bundesgenossen. Jene aber führte er nach Korinth, wo er sie hinrichten ließ. Dieses geschah nun zu Plataiai und zu Theben.
[*aus:* Herodot 9.86–88]

Mykale und das Ende des Krieges

Der Rückzug der persischen Landtruppen war das Signal für die griechische Flotte, die auf der Höhe von Delos ankerte, einen Vorstoß an die kleinasiatische Küste zu wagen. Zuvor war eine Delegation von der persisch beherrschten Insel Samos gekommen, die den Admiral, den Spartaner Leotychides, aufforderte, in Kleinasien zu intervenieren: Die ionischen Griechen würden in diesem Fall sogleich von den Persern abfallen.

Die persische Flotte war bereits geschrumpft, weil der Kern des Kontingents, die phoinikischen Schiffe, nach Hause gesegelt war. So suchten die Perser ihre verbliebenen Trieren zu schützen, indem sie diese bei Mykale an Land zogen und mit einem Erdwall sicherten. Die Hoffnung erwies sich als trügerisch. Die angelandeten Truppen der griechischen Verbündeten eroberten das Lager schnell, brannten die Verschanzungen nieder, zerstörten die Trieren und verluden, was beweglich war, als Beute auf ihre Schiffe.

Herodot zufolge hätten die Schlachten von Plataiai und von Mykale am selben Tag stattgefunden: Während am Morgen in Boiotien gekämpft wurde, hätte das Gefecht an der kleinasiatischen Küste östlich von Samos am Nachmittag begonnen. Der Historiker ist sich seiner Datierung sicher, doch vermutlich handelt es sich nur um einen konstruierten Synchronismus, der den endgültigen Sieg der Griechen noch stärker ins Licht heben soll.

Die Vernichtung der persischen Flotte öffnete gleichsam den bis dato von den Persern kontrollierten Hellespont. Die Ionier galten als befreit, doch blieb das Problem, wer sie vor der Rückkehr eines neu gerüsteten Xerxes zu schützen vermochte. In einer schnell einberufenen Konferenz auf Samos berieten die Flottenführer, wie die abgefallenen Ionier auf dem Festland am besten vor den Persern zu schützen wären. Der Vorschlag der peloponnesischen Flottenführer gegen den Widerspruch der Athener lief auf eine Umsiedlung hinaus. Zu diesem Zweck sollten diejenigen Griechen des Mutterlandes vertrieben werden, die mit den Persern kollaboriert hatten. Zunächst wurde jedoch nur die *Symmachie* von 481 erweitert; Samos, Chios, Lesbos und andere Inseln schlossen sich an.

Anschließend fuhr die griechische Flotte zum Hellespont. Während die Peloponnesier danach in ihre Heimat zurückkehrten, belagerten die Athener noch das persisch besetzte Sestos und eroberten es. Für die Versorgung Athens war die freie Zufahrt zum Schwarzen Meer von hoher Bedeutung. Von der berühmten Brücke des Xerxes waren nach den Herbststürmen nur noch die Haltetaue übrig, die als sichtbarer Beweis des Sieges nach Athen gebracht wurden.

Die Einigkeit zwischen Sparta und Athen zerbrach in den nächsten Jahren. Der eigentliche Sieger der Perserkriege hieß Athen. Die Stadt wurde zur Seemacht und damit zur Interessenvertreterin der Griechen in Kleinasien und auf den vorgelagerten Inseln. Der Delisch-Attische Seebund wurde gegründet, um für eine neuerliche Invasion der Perser gerüstet zu sein. Sie kam nicht, und aus dem Bündnis Gleichberechtigter entwickelte sich allmählich die Vorherrschaft Athens.
Den Sieg für Athen hatten die Schiffe erfochten, die von den Theten, den Angehörigen des vierten Standes, gerudert wurden. Aus der militärischen Bedeutung erwuchs die politische. Als Folge der Perserkriege entstand in Athen eine neue Staatsform, die Demokratie

Die letzte Schlacht

90. An demselben Tage aber, an dem es bei Plataiai zur [persischen] Niederlage kam, erlitten [die Perser] auch zu Mykale in Ionien eine Niederlage. Denn als die Griechen, die auf den Schiffen zugleich mit dem Lakedaimonier Leotychides gekommen waren, bei Delos lagen, trafen bei ihnen Boten aus Samos ein […], die von den Samiern abgeschickt worden waren ohne Wissen der Perser und des Tyrannen Theomestor, des Sohnes des Androdamas, den die Perser als Alleinherrscher von Samos eingesetzt hatten. Als diese vor die Feldherren traten, sprach Hegesistratos [einer der Gesandten] vielerlei verschiedenartige Dinge: Sobald die Ionier sie auch nur sähen, würden sie von den Persern abfallen; die Barbaren würden nicht standhalten, und wenn sie auch wirklich standhielten, so könnten [die Griechen] keinen zweiten Fang von solcher Art machen [die persische Flotte im Hafen]. Bei den gemeinsamen Göttern, die er anrief, forderte er sie auf, die Griechen aus der Knechtschaft zu befreien und den Barbaren abzuwehren. Es werde ihnen dies, behauptete er, leicht werden, denn die feindlichen Schiffe segelten schlecht und seien den griechischen nicht gewachsen. Wenn [die Griechen] aber den Verdacht hegten, als wollten [die Samier] sie durch eine List dazu bewegen, so seien sie bereit, auf ihren Schiffen als Geiseln mitzufahren. […]
96. Sobald den Griechen das Opfer günstig ausfiel, fuhren sie mit ihren Schiffen von Delos nach Samos, und als sie bei Kalamoi auf Samos angekommen waren, gingen sie dort beim Tempel der Hera vor Anker und rüsteten sich zur Seeschlacht. Als aber die Perser von ihrer Annäherung Kunde erhalten hatten, fuhren sie mit den übrigen Schiffen zum Festland, nur die phoinikischen ließen sie nach Hause fahren. Denn in einer Beratung beschlossen sie, keine Seeschlacht zu liefern, weil sie glaubten, nicht ebenbür-

tig zu sein. Sie segelten aber zum Festland, um hier unter dem Schutz ihres Landheeres zu sein, das bei Mykale stand und auf Befehl des Xerxes zur Bewachung Ioniens vom übrigen Heer zurückgelassen worden war. Seine Stärke betrug 60 000 Mann. Tigranes, der an Schönheit und Größe unter den Persern hervorragte, befehligte sie. Unter den Schutz dieses Heeres nun beschlossen die Führer der Flotte sich zu flüchten, die Schiffe an Land zu ziehen und mit einer Umwallung zu umgeben, zum Schutz für die Schiffe und zum Zufluchtsort für sie selbst. [...]

98. Als die Griechen erfahren hatten, dass die Barbaren zum Festland gefahren waren, ärgerten sie sich, dass sie ihnen entkommen waren, und waren unschlüssig, was sie tun sollten, ob sie heimkehren oder zum Hellespont fahren sollten. Zuletzt aber beschlossen sie, keines von beiden zu tun, sondern zum Festland zu fahren. Nachdem sie nun zur Seeschlacht Enterbrücken und alles andere, dessen sie bedurften, gerüstet hatten, fuhren sie in Richtung Mykale. [...]

99. Die Griechen näherten sich mit ihren Schiffen, stiegen hinaus an den Strand und stellten sich dann in Schlachtordnung auf. Als aber die Perser sahen, dass die Griechen sich zum Kampf rüsteten und die Ionier [zum Abfall] ermuntert hatten, nahmen sie zuerst den Samiern, weil sie diese im Verdacht hatten, sie hielten es mit den Griechen, ihre Waffen weg. Die Samier hatten nämlich, als kriegsgefangene Athener auf den Schiffen der Barbaren bei ihnen angekommenen waren [...], diese sämtlich ausgelöst und dann nach Athen heimgeschickt, wohlversehen mit dem, was zur Reise nötig war. Deswegen insbesondere waren sie verdächtig geworden, weil sie 500 Feinde des Xerxes losgekauft hatten.

Zum anderen übergaben [die Perser] die Bewachung der Engpässe, die zu den Gipfeln von Mykale führen, den Milesiern, weil diese doch am besten das Land kennen mussten. In Wirklichkeit taten sie dies deswegen, damit diese außerhalb des Lagers wären. Vor diesen Ioniern nun, von denen sie glaubten, sie würden, sowie sie nur eine Möglichkeit dazu fänden, einen Abfall versuchen, verwahrten sich die Perser auf solche Weise. Sie selbst aber trugen die Schilde zusammen, um dadurch eine Schutzwehr zu erhalten.

100. Nachdem die Griechen sich gerüstet hatten, rückten sie gegen die Barbaren heran. Während sie aber heranzogen, lief ein Gerücht durch das ganze Heer, und man sah einen Heroldsstab auf dem Uferrand liegen. Es verbreitete sich nämlich unter ihnen die Kunde, dass die Griechen das Heer des Mardonios in Boiotien besiegt hätten. Die göttliche Fügung der Dinge offenbart sich wirklich durch viele Zeichen, insofern gerade damals, als am selben Tag die Niederlage bei Plataiai und die, die bei Mykale stattfinden sollte, zusammentrafen, ein Gerücht zu den dortigen Griechen gelangte, so-

dass das Heer noch viel mehr Mut fasste und umso eifriger den Kampf wagen wollte.
101. So eilten Griechen wie Barbaren zur Schlacht, da als Preise sowohl die Inseln als auch der Hellespont winkten.
102. Die Athener und die ihnen zunächst Stehenden bis etwa zur Hälfte [des Heeres] nahmen den Weg über den Strand und auf ebenem Boden, die Lakedaimonier aber und die im Anschluss an sie Aufgestellten über zerklüftetes Land und Berge. Während aber die Lakedaimonier noch den Umweg machten, standen die auf dem anderen Flügel schon im Kampf. Solange nun den Persern die Schilde aufrecht blieben [die Flechtschilde dienten als Palisade], wehrten sie sich und hielten sich tapfer im Kampf. Als aber die Heere der Athener und ihrer Nachbarn sich ermahnten, das Ganze sei ihr Werk und nicht das der Lakedaimonier, und sie sich mit noch größerem Eifer dem Kampf zuwandten, da änderte sich bald die Lage. Sie durchbrachen die Schildmauer und stürzten sich geschlossen auf die Perser. Diese hielten zwar stand und wehrten sich eine Zeit lang, zuletzt aber flohen sie in die Verschanzung. Aber die Athener, Korinther, Sikyonier und Troizenier – denn so waren sie nacheinander geordnet – folgten ihnen auf dem Fuß und drangen zugleich mit ihnen in die Verschanzung. Als auch die Verschanzung eingenommen war, dachten die Barbaren nicht mehr an Gegenwehr, sondern wandten sich alle, ausgenommen die Perser, zur Flucht. Diese kämpften in kleinen Gruppen mit den Griechen, die immerfort in die Verschanzung strömten. Von den persischen Feldherren entkamen zwei, zwei andere aber kamen um. Artayntes und Ithamitres, die Befehlshaber der Flotte, entkamen, aber Mardontes und Tigranes, der Oberbefehlshaber des Landheeres, starben im Kampf.
103. Während die Perser noch kämpften, kamen die Lakedaimonier und die, die mit ihnen waren, und nahmen das Übrige mit in ihre Hand. […] Als die übrigen Ionier sahen, dass die Samier damit anfingen, da fielen auch sie von den Persern ab und griffen die Barbaren an.
104. Den Milesiern aber war von den Persern aufgetragen worden, die Engpässe um ihrer Rettung willen zu bewachen, damit, wenn ihnen etwas zustoße, wie es denn auch der Fall war, sie Führer hätten und sich auf die Höhen von Mykale retten könnten. Zu diesem Zweck nun waren die Milesier hier aufgestellt worden, aber auch deshalb, dass sie nicht im Lager wären und hier etwas gegen sie anzetteln könnten. Diese aber taten ganz das Gegenteil von dem, was ihnen befohlen worden war. Sie zeigten den Fliehenden andere Wege, die sie gerade zu den Feinden führten, und zuletzt enthüllten sie sich im Morden als ihre ärgsten Gegner. Also fiel Ionien zum zweiten Mal von den Persern ab. […]

106. Nachdem die Griechen aber den größten Teil der Barbaren niedergemacht hatten, die einen in der Schlacht, die anderen auf der Flucht, steckten sie die Schiffe und die ganze Verschanzung in Brand, nachdem sie vorher die Beute an den Strand geschafft hatten. Dabei hatten sie auch einige Kästen mit Geld gefunden. Nachdem sie die Verschanzung und die Schiffe in Brand gesteckt hatten, fuhren sie ab.
[*aus:* Herodot 9.90–106]

Denn gerade an dem Tag, an dem die Truppen des Mardonios in Boiotien vernichtet wurden, kämpfte ein Teil des persischen Heeres in [Klein-]Asien am Fuß des Mykale-Gebirges in einer Seeschlacht. Dort erfüllte plötzlich das junge Gerücht, die Truppen des Mardonios seien ausgelöscht, die Griechen aber Sieger, die Ohren beider Flottenmannschaften und Völker. Welch wundersame Anordnung der göttlichen Entscheidung! Die in Boiotien bei Sonnenaufgang geschlagene Schlacht wurde in den Mittagsstunden desselben Tages in [Klein-]Asien gemeldet, obgleich derart große Entfernungen von Meer und Land dazwischenliegen. Dieses Gerücht stand ganz im Einklang mit dem Geschehen, da es die Perser, nachdem sie die Niederlage ihrer Verbündeten vernommen hatten, zuerst von Schmerz, dann von Verzweiflung erfüllt, weder zum Krieg bereit noch zur Flucht fähig machte. Mit glücklichem Erfolg griff der noch standhafter gewordene Feind die so Erschreckten und Niedergeschlagenen an.
[*aus:* Orosius 2.11.4–6]

Die Konferenz von Samos

106. Als die Griechen dann nach Samos gekommen waren, hielten sie über eine Umsiedlung der Ionier Rat miteinander, und in welchem Teil von Griechenland, dessen sie Herr waren, sie diese ansiedeln sollten. Ionien aber würde man dann den Barbaren überlassen, denn es schien ihnen nicht möglich, die ganze Zeit über vor Ionien auf der Wache zu liegen, während sie doch, wenn sie nicht davor lägen, keine Hoffnung hatten, dass die Ionier ungestraft von den Persern davonkommen würden. In Bezug darauf ging die Meinung der in leitendem Amt stehenden Peloponnesier dahin, sie sollten diejenigen griechischen Völker, welche die Partei der Meder ergriffen hatten, aus ihren Handelsplätzen vertreiben und ihr Land den Ioniern zur Niederlassung übergeben. Die Athener dagegen waren überhaupt nicht der Ansicht, Ionien ganz aufzugeben, und meinten, es stehe den Peloponnesiern

nicht zu, sich über ihre [der Athener] Kolonien zu beraten. Als sie daher sich widersetzten, gaben die Peloponnesier bereitwillig nach. Und so kam es denn, dass sie die Samier, Chier, Lesbier und die übrigen Inselbewohner, die zugleich mit den Griechen ins Feld gezogen waren, in ihre Bundesgenossenschaft aufnahmen, nachdem sie diese durch Eide verpflichtet hatten, auf ihrer Seite zu bleiben und nicht abzufallen. Nachdem sie nun diese durch Eide verpflichtet hatten, fuhren sie ab, um die Schiffsbrücken abzubrechen, denn sie glaubten, diese noch unversehrt vorzufinden. Diese nun fuhren zum Hellespont.

107. Diejenigen Barbaren aber, die entflohen und in die Höhen von Mykale gedrängt worden waren – an Zahl nicht viele –, nahmen den Rückweg nach Sardes.

[*aus:* Herodot 9.106–107]

Leotychides und Xanthippos fuhren mit ihrem Heer nach Samos und schlossen ein Bündnis mit den Ioniern und Aioliern. Darauf gaben sie ihnen den Rat, Asien zu verlassen und nach Europa überzusiedeln. Sie versprachen ihnen, die Völker, die es mit den Persern gehalten hatten, zu vertreiben und ihnen deren Land zu geben. Denn wenn sie in Asien blieben, so hätten sie immer die an Macht weit überlegenen Feinde zu Nachbarn, und die Bundesgenossen, durch das Meer getrennt, könnten ihnen nicht zu rechter Zeit Hilfe leisten. Die Aiolier und Ionier nahmen, als sie die Versprechungen hörten, den Vorschlag der Griechen an, und rüsteten sich, mit ihnen nach Europa zu fahren. Die Athener waren aber nun der entgegengesetzten Meinung und rieten ihnen, an Ort und Stelle zu bleiben. Wenn auch sonst niemand von den Griechen ihnen helfe, erklärten sie, so würden wenigstens die Athener als ihre Blutsverwandten ihnen zu Hilfe kommen. Sie dachten nämlich, die Ionier würden, wenn sie gemeinsam durch die Griechen neue Wohnsitze erhielten, Athen nicht mehr als ihre Mutterstadt anerkennen. So geschah es, dass die Ionier andern Sinnes wurden und sich entschlossen, in Asien zu bleiben.

[*aus:* Diodor 11.37]

Der Abschluss der Kämpfe

114. Die Griechen, die von Mykale aus zum Hellespont aufgebrochen waren, ankerten zuerst – aufgehalten durch widrige Winde – bei Lekton. Von da kamen sie nach Abydos und fanden die Brücke abgebrochen, die sie noch unversehrt vorzufinden glaubten. Deswegen hauptsächlich waren sie ja zum

Hellespont gefahren. Da beschlossen die Peloponnesier unter Leotychides, nach Griechenland zurückzukehren. Die Athener aber und ihr Feldherr Xanthippos fassten den Beschluss, hierzubleiben und einen Angriff auf die Chersones zu versuchen. So segelten nun jene weg, die Athener aber setzten von Abydos hinüber auf die Chersones und begannen die Belagerung von Sestos.

Herodot schildert nun ausführlich die Belagerung und Eroberung von Sestos sowie die Hinrichtung des Artayktes, des Kommandanten von Sestos.

121. Nachdem die [Athener] dies getan hatten, fuhren sie weg nach Griechenland und führten mit sich ebenso wohl andere Schätze als auch die Taue der Brücken, um sie in ihren Tempeln zu weihen.
[*aus:* Herodot 9.114, 121]

Nachdem dies entschieden war [Konferenz von Samos], trennte sich das Heer der Griechen. Die Lakedaimonier fuhren nach Lakonien zurück, die Athener aber segelten mit den Ioniern und den Inselbewohnern nach Sestos. Der Feldherr Xanthippos begann sogleich nach der Landung, die Stadt zu belagern. Er eroberte Sestos und legte eine Besatzung hinein. Dann entließ er die Bundesgenossen und kehrte mit seinen Mitbürgern nach Athen zurück. Dieses Ende nahm der sogenannte Medische Krieg, nachdem er zwei Jahre gedauert hatte. Der Geschichtsschreiber Herodot, der – beginnend noch vor der Zeit des Trojanischen Kriegs – in neun Büchern die allgemeine Geschichte beinahe der ganzen Welt beschrieben hat, schließt sein Werk mit der Schlacht, welche die Griechen den Persern bei Mykale lieferten, sowie mit der Belagerung von Sestos.
[*aus:* Diodor 11.37]

Die persische Sichtweise

Ich habe jedenfalls von einem Meder gehört, die Perser geben nichts von dem zu, was die Griechen behaupten, sondern sagen, Dareios habe den Datis und Artaphernes gegen Naxos und Eretria entsandt und sie seien nach Einnahme dieser Orte zum König zurückgekehrt. Nur während sie bei Euboia vor Anker lagen, seien wenige Schiffe, nicht mehr als 20, gegen Attika hin verschlagen worden und da sei die Besatzung mit den dortigen Leuten handgemein geworden.

149. Später habe Xerxes auf dem Zuge gegen Griechenland die Lakedaimonier bei den Thermopylen besiegt und ihren König Leonidas getötet, dann die Stadt der Athener erobert und zerstört und alle, die nicht entkommen seien, zu Sklaven gemacht. Nachdem er dies vollbracht und den Griechen einen Tribut auferlegt habe, sei er wieder nach Asien abgezogen. Dass dies Lügen sind, leidet keinen Zweifel; weil aber anzunehmen war, dass der Großkönig die Völker im Innern zu einem Kriegszug aufbieten würde, ist es wohl möglich, dass sie verbreitet wurden, um jene vor Entmutigung zu bewahren.
[*aus:* Dion Chrysostomos, Rede 11.148–149 (Beweis, dass Troja nicht erobert wurde)]

Inwieweit Dion Chrysostomos, ein griechischer Redner des 1. Jh.s n. Chr., hier die persische Perspektive widerspiegelt, ist schwer zu bestimmen. Zunächst ist es nur die griechische Sicht der persischen Sicht.

Die Gefallenen der Perserkriege

(A) Dieser Männer Tapferkeit [–] stets [unvergänglich, › – die Götter gewähren.] | Denn sowohl als Kämpfer zu Lande [als auch auf schnellfahrenden Schiffen] verhinderten sie, | dass ganz Hella[s den Tag der] Knechtschaft [erlebte].

(B) So hatten diese stahl[harten Mut in ihrer Brust], als sie den Speer | aufpflanzten vor den Toren an[gesichts –] | die in Brand stecken [wollten] die nahe dem Meer gelegene [–] | Stadt, und brachten mit Gewalt der Perser [Heer] zum Weichen.
[*aus:* Inschriften: Epigramme auf den Perserkrieg 479, s. HGIÜ I 24]

Fragmente einer Marmorbasis vom Südhang der Akropolis in Athen.

Das Epigramm für die, die im Perserkrieg fielen und die | hier als Heroen liegen, das mit der Zeit untergegangen ist, hat Helladios der Überpriester aufschreiben lassen zur Ehre derer, die [hier] liegen, und der Stadt. Simonides | hat [es] verfasst: | »Hellas und den Megarern den Tag der Freiheit zu mehren | bemüht haben wir des Todes Anteil empfangen: | manche bei Euboia und Pelion, wo man nennt | der reinen Artemis, der Bognerin, heiligen Bezirk, | manche am Mykaleberg, manche vor Salamis | < der phoi-

nikischen Schiffe Krieg[smacht] vernichtend (?), > | manche in der Boiotischen Ebene, die es wagten | Hand anzulegen an Männer zu Pferd; | Bürger haben uns diese [gemeinsame {*oder:* megarische}] Ehrengabe um den Altar | auf dem volkreichen Markt der Nisaier gewährt.« | Bis in unsere Tage opfert die Stadt [ihnen als Heroen] einen Stier.
[Inschrift: Denkmal für die im Perserkrieg Gefallenen 479, s. HGIÜ I 25]

Kalksteinplatte von einem Kenotaph aus der Gegend von Megara.

Aber so ist es ja nicht, nein, ihr habt nicht gefehlt, Athener, als ihr den Kampf für die Freiheit und die Rettung aller übernahmt, nein, bei den Ahnen schwör' ich, die bei Marathon kämpften, und bei denen, die bei Plataiai gegen den Feind aufgestellt waren, und die zur See bei Salamis stritten und bei Artemision, und bei vielen anderen tapferen Männern, die in den öffentlichen Grabmälern liegen, Männern, die die Stadt alle gleichermaßen desselben ehrenvollen Begräbnisses gewürdigt hat, nicht bloß diejenigen, Aischines, die glücklich gewesen sind, und nicht die Sieger allein. Und mit Recht! Denn was die Pflicht tapferer Männer war, das haben alle getan; Glück aber hat jeder nur so viel gehabt, wie die Gottheit ihm zugeteilt hat.
[*aus:* Demosthenes, *Rede vom Kranz* 208]

Der Athener Redner Demosthenes verteidigt im Jahr 330 v. Chr. mit Verweis auf die Perserkriege seine (gescheiterte) Politik gegenüber Philipp II. von Makedonien gegen seinen innenpolitischen Gegner Aischines.

O Zeiten, äußerst wert der Sehnsucht und der Erinnerung! O, jene Tage uneingeschränkter Heiterkeit, die uns vor Augen gestellt werden, um gleichsam aus der Finsternis darauf zurückzublicken! Zeiten, in denen in sehr kurzem Abstand unter drei einander folgenden Königen drei Kriege aus dem Mutterleib eines einzigen Königreiches 1 900 000 Männer raubten! Ganz zu schweigen von dem damals äußerst unglücklichen Griechenland, wo die Toten sogar diese ganze Menge, vor der wir jetzt erblassen, überschritten.
[*aus:* Orosius 2.11.4–6]

Orosius übertreibt die Verlustzahlen, um zu belegen, wie düster die Zeiten vor Christi Geburt waren. Er zählt hierbei die Toten des von Dareios geführten skythischen Krieges, der Schlacht bei Marathon und des Xerxes-Feldzuges zusammen. Da diese ihm zu wenig schienen, macht er aus bloßen Teilnehmern des Zuges von 480 Gefallene.

Der Rückzug Spartas und der Aufstieg Athens

Denn als [die Athener] den Perser zurückgeschlagen hatten und nunmehr um deren Land kämpften, nahmen sie den Lakedaimoniern den Oberbefehl *(Hegemonía)* weg, indem sie die Überheblichkeit *(Hýbris)* des Pausanias als Grund vorschützten.
[*aus:* Herodot 8.3]

94. Pausanias aber, Kleombrotos' Sohn, wurde von Sparta als Feldherr der Griechen mit 20 peloponnesischen Schiffen entsandt. Mit ihm fuhren auch 30 athenische Schiffe und eine große Zahl der übrigen Verbündeten. Sie wandten sich gegen Zypern und unterwarfen einen großen Teil der Insel; später zogen sie gegen Byzantion, das die Perser besetzt hielten, und eroberten es unter seinem Kommando. 95. Schon verdross die übrigen Griechen sein herrisches Auftreten, vor allem die Ionier und diejenigen, die erst in jüngster Zeit von der Herrschaft des Großkönigs befreit worden waren. Sie gingen zu den Athenern und forderten sie auf, ihre Führer zu werden, da sie der gleichen Abstammung seien, und das mutwillige Auftreten des Pausanias nicht hinzunehmen. Die Athener gingen darauf ein und zeigten sich entschlossen, ihm nichts durchgehen zu lassen und alles andere so einzurichten, wie es ihnen am dienlichsten schien.
Inzwischen riefen die Spartaner Pausanias zur Untersuchung heim, nachdem sie allerlei in Erfahrung gebracht hatten. Großes Unrecht nämlich wurde ihm von den nach Sparta kommenden Griechen vorgeworfen, sein Auftreten erinnere mehr an einen Gewaltherrscher *(Týrannos)* als an einen Feldherrn. Seine Abberufung fiel nun in die gleiche Zeit, zu der die Bundesgenossen aus Hass gegen ihn zu den Athenern übertraten, ausgenommen die Soldaten von der Peloponnes.
Nach seiner Ankunft in Sparta wurde er wegen einzelner Vergehen gegen diesen oder jenen zur Rechenschaft gezogen, in den Hauptpunkten aber freigesprochen. Man warf ihm nämlich vor allem Zusammenarbeit mit den Persern vor, und das schien völlig erwiesen. Doch sie schickten ihn nicht mehr als Befehlshaber aus, sondern Dorkis und einige andere mit einem nicht sehr starken Heer. Diesen überließen die Bundesgenossen nicht mehr die Führung. Als sie das merkten, segelten sie ab, und andere entsandten die Lakedaimonier später nicht mehr, da sie sich sorgten, die außer Landes Gehenden würden ihnen verdorben, wie sie es ja auch an Pausanias gesehen hatten, und weil sie sich ohnehin vom Perserkrieg befreit wünschten, außerdem die Athener für die Führung geeignet hielten, zumal sie im Augenblick mit ihnen befreundet waren.

96. Die Athener übernahmen auf diese Weise die Führung über die Bundesgenossen, die sich aufgrund ihres Hasses gegen Pausanias freiwillig fügten; sie setzten fest, welche Städte Geld gegen den Barbaren geben sollten und welche Schiffe. Das Vorgeben war nämlich: Rache für erlittenes Unrecht durch Verwüstung des königlichen Landes. Damals setzten die Athener auch zum ersten Male die Behörde der »Schatzmeister von Hellas« *(Hellenotamíai)* ein, die den Tribut *(Phóros)* eintrieben – so nannte man die Geldumlage. Der erste Tribut betrug 460 Talente. Als Schatzhaus bestimmten sie Delos, und dort im Heiligtum fanden auch ihre Versammlungen statt.
[*aus:* Thukydides 1.94–96]

Als [Aristeides], mit Kimon als Feldherr zur Kriegführung ausgesandt, beobachtete, dass Pausanias und die anderen Befehlshaber der Spartaner bei den Bundesgenossen wegen ihrer Schroffheit verhasst waren, verkehrte er selber mild und gütig mit ihnen, sorgte auch dafür, dass Kimon sich im Feld freundlich und zugänglich zeigte, und entzog so unmerklich, nicht durch Waffen, Schiffe und Rosse, sondern durch Sanftmut und kluge Politik, den Lakedaimoniern die führende Stellung.
Waren die Athener nämlich schon durch die Gerechtigkeit des Aristeides und durch die Milde Kimons bei den Griechen beliebt, so wurde die Zuneigung zu ihnen noch verstärkt durch die Habsucht und Härte des Pausanias. Denn er begegnete den Führern der Bundesgenossen stets zornig und herrisch, und die Gemeinen strafte er mit Schlägen oder ließ ihnen einen eisernen Anker auf die Schultern legen und sie so einen ganzen Tag stehen. Streu zum Lager oder Futter holen oder zur Quelle gehen, um Wasser zu schöpfen, durfte niemand vor den Spartanern, sondern Knechte mit Peitschen in der Hand jagten jeden, der herankam, weg. Als hierüber Aristeides einmal sich beklagen und ihm Vorhaltungen machen wollte, zog Pausanias die Stirn in Falten, sagte, er habe keine Zeit, und hörte ihn gar nicht an. Daher traten die Führer der Griechen zu Land und zur See, besonders die Chier, Samier und Lesbier, an Aristeides heran und suchten ihn zu bereden, den Oberbefehl zu übernehmen und die Bundesgenossen an sich zu ziehen, die schon lange von den Spartanern loszukommen und sich stattdessen den Athenern anzuschließen wünschten. Als er ihnen antwortete, er erkenne wohl die Notwendigkeit und die Berechtigung dessen, was sie sagten, um sich aber darauf verlassen zu können, bedürfe es einer Tat, die es der Menge unmöglich mache, wieder umzuschwenken, so verschworen sich der Samier Uliades und der Chier Antagoras miteinander und liefen bei By-

zantion gegen die voraussegelnde Triere des Pausanias von beiden Seiten an. Als er bei diesem Anblick aufsprang und zornig drohte, er würde den Männern sehr bald zeigen, dass sie nicht sein Schiff, sondern ihr eigenes Vaterland angegriffen hätten, erwiderten sie ihm, er solle nur abziehen und dem Glück dankbar sein, das ihm bei Plataiai beigestanden habe, denn nur noch aus Scheu vor diesem verzichteten die Griechen darauf, ihm die verdiente Strafe aufzuerlegen. Endlich fielen sie ab und gingen zu den Athenern über.

Hier zeigte sich nun die Gesinnung Spartas in bewunderungswürdiger Weise. Als sie nämlich bemerkten, dass ihre Feldherren durch die Größe ihrer Machtfülle verdorben wurden, verzichteten sie freiwillig auf den Oberbefehl und entsandten keine Führer mehr für den Krieg, sondern zogen es vor, Bürger zu haben, die Maß hielten und sich in die alten Sitten fügten, als über ganz Griechenland zu herrschen.

[*aus:* Plutarch, *Aristeides* 23]

2. Auch nahm [Aristeides] an der Schlacht von Salamis teil, die noch vor seiner offiziellen Rückkehr stattfand. Ebenso war er Stratege der Athener bei Plataiai, der Schlacht, in der das persische Heer vernichtet und Mardonios getötet wurde. Außer der Bekleidung dieser hohen Stellung ist an militärischen Taten nichts von ihm überliefert, hingegen gibt es viele Zeugnisse seiner gerechten und anständigen Haltung. Vor allem ist zu erwähnen, daß wegen seiner Uneigennützigkeit die Vormacht zur See von den Lakedaimoniern an die Athener überging, obwohl mit ihm zusammen Pausanias, der Sieger über Mardonios, an der Spitze der gemeinsamen Flotte aller Griechen stand. Hatten nämlich vor dieser Zeit die Lakedaimonier zu Lande und zu Wasser die führende Rolle gespielt, so bewirkten jetzt die Maßlosigkeit des Pausanias und die Gerechtigkeit des Aristeides gleichermaßen, dass fast alle Staaten Griechenlands sich um ein Bündnis mit Athen bewarben und dieses zur Führerin im Kampf gegen die Barbaren wählten.

3. Damit aber zu deren Abwehr bei eventueller Erneuerung des Krieges Flotten gebaut und Truppen aufgestellt werden könnten, beauftragte man Aristeides, festzulegen, wieviel an Geld jede Stadt aufzubringen habe, und seinem Gutachten entsprechend kamen jährlich 460 Talente in Delos zusammen, wo man nach allgemeinem Beschluss die Bundeskasse eingerichtet hatte. Später freilich wurde alles Geld nach Athen gebracht.

[*aus:* Cornelius Nepos, *Aristeides* 2–3]

6. Ist Themistokles auch besonders groß im Krieg gewesen, so war er dies doch nicht weniger im Frieden. Da der Hafen, den Athen in Phaleron besaß, weder brauchbar noch geräumig genug war, legte man auf seinen Rat hin den dreifachen im Piräus an und umgab ihn mit Mauern, sodass diese Hafenstadt Athen an Ansehnlichkeit gleichkam, an Nützlichkeit es noch übertraf. Ebenso ließ er die Mauern von Athen unter eigener Lebensgefahr neu errichten. Die Lakedaimonier nämlich, die wegen der Barbareneinfälle eine günstige Gelegenheit dazu hatten, behaupteten, es dürfe keine Stadt außerhalb des Peloponnes Mauern besitzen, damit es keine festen Plätze gebe, die die Feinde in ihre Hand bringen könnten. Sie suchten daher die Athener am Bau zu hindern. Die Absicht, die sie damit verfolgten, war freilich eine ganz andere, als es scheinen sollte: Die Athener hatten nämlich in zwei Siegen, bei Marathon und bei Salamis, sich so großes Ansehen bei allen Völkern erworben, dass die Lakedaimonier erkennen mussten, einst würden sie mit ihnen um die Vorherrschaft kämpfen müssen. Daher war es ihre Absicht, sie nicht allzu stark werden zu lassen. Nachdem sie also vom Bau der Mauern gehört hatten, schickten sie Gesandte nach Athen, dies zu untersagen. Man unterbrach während ihrer Anwesenheit den Bau und teilte ihnen mit, es würden in dieser Sache Unterhändler abgesandt werden. Diese Gesandtschaft nun übernahm Themistokles und brach zuerst allein auf, ordnete jedoch an, dass die übrigen Mitglieder erst dann abreisen sollten, wenn die Mauern eine genügende Höhe erreicht hätten. Während dieser Zeit aber sollten alle, Sklaven und Freie, mit anpacken und keinen Platz unberücksichtigt lassen, sei er Eigentum eines Tempels, eines Privatmannes oder des Staates, sondern von überall zusammentragen, was an Material zur Errichtung einer Befestigung geeignet scheine. Und so kam es, dass die Mauern Athens aus Tempelresten und Grabsteinen bestanden.

7. Themistokles indes, als er nach Sparta gekommen war, hatte nicht die Absicht, sofort zu den dortigen Behörden zu gehen, sondern gab sich Mühe, die Sache in die Länge zu ziehen, wobei er vorschützte, er müsse erst auf seine Kollegen warten. Und gerade als die Lakedaimonier anfingen, sich zu beschweren, man setze die Arbeit in Athen trotzdem fort und er versuche wohl, sie zu täuschen, trafen die übrigen Gesandten ein. Nachdem er nun von diesen in Kenntnis gesetzt worden war, die Befestigung der Stadt sei nahezu abgeschlossen, ging er zu den Ephoren, den obersten Behörden des Staates, und gab vor, man habe sie falsch informiert. Daher sei es recht und billig, sie schickten vertrauenswürdige, vornehme Männer, denen man Glauben schenken könne, um die Sache zu untersuchen. Für die Zwischenzeit könnten sie ihn als Geisel zurückbehalten. Sein Vorschlag wurde angenommen, und man sandte drei Männer, Inhaber höchster Würden, nach

Athen. Mit ihnen zusammen aber ließ Themistokles seine Kollegen aufbrechen und befahl ihnen, die lakedaimonischen Gesandten nicht wieder aus Athen abreisen zu lassen, bis er selbst nach Hause zurückgekehrt sei.
Als sie nun seiner Berechnung nach in Athen eingetroffen sein mussten, ging er zu den Behörden und dem Ältestenrat der Lakedaimonier und bekannte dort ganz offen, die Athener hätten auf seinen Rat hin ihre Götter, die öffentlichen und die privaten, mit Mauern umgeben, damit man diese leichter vor den Feinden schützen könne. Dies stehe ihnen nach dem allgemein zwischen den Völkern geltenden Recht zu, auch hätten sie dabei nur getan, was für ganz Griechenland von Nutzen sei. Ihre Stadt liege nämlich wie ein Bollwerk den Barbaren gegenüber, und bereits zweimal hätten vor ihr die Flotten des Großkönigs Schiffbruch erlitten. Dagegen sei die Handlungsweise der Lakedaimonier ungerecht und böswillig, da sie mehr ihre eigene Herrschaft als das im Auge hätten, was für ganz Griechenland von Nutzen sei. Wenn sie daher ihre Gesandten zurückhaben wollten, die sie nach Athen geschickt hätten, so sollten sie zuerst ihn entlassen – anders würden sie diese nie mehr in ihrer Heimat empfangen können.
[*aus:* Cornelius Nepos, *Themistokles* 6–7]

Das Ende des Pausanias und des Themistokles

1. Pausanias aus Lakedaimon war eine bedeutende Persönlichkeit, aber in keiner Hinsicht lässt sich ein klares Bild von ihm zeichnen. Denn er ragte zwar durch seine guten Eigenschaften hervor, war aber zugleich tief in Laster verstrickt. […]
3. Bald darauf [nach dem ersten Rückruf] ging er aus freien Stücken wieder zu den Truppen hinaus und zeigte dort jetzt nicht nur auf unkluge, sondern auf geradezu hirnverbrannte Weise, was er eigentlich vorhabe. Denn er änderte nicht nur seine bisherigen, von den Vätern ererbten Sitten, sondern auch sein äußeres Gehabe und seine Kleidung, wobei er seine Lebensweise der des Großkönigs anpasste und medische Gewänder trug. Medische und ägyptische Leibwächter begleiteten ihn, und er speiste auf persische Art mit einem Luxus, dass es auch seinen nächsten Anhängern zu viel wurde. Wollte man ihn sprechen, so gab er keine Audienz; seine Antworten waren voller Hochmut, seine Befehle grausam. Nach Sparta zurückzukehren hatte er nicht mehr die Absicht, sondern begab sich nach Kolonai, einem Ort in der Troas, wo er Pläne fasste, die weder ihm selbst noch dem Vaterland von Nutzen sein konnten. Als die Lakedaimonier dies erfuhren, schickten sie durch Boten einen Stabbrief, auf welchem in der bei ihnen üblichen Form

geschrieben stand, man werde ihn zum Tode verurteilen, wenn er nicht zurückkehre. Auf diese Nachricht hin fuhr er nun doch nach Hause, hoffte aber, durch Geld und persönlichen Einfluss die auf ihn zukommende Gefahr abwehren zu können. Bei seiner Ankunft wurde er sofort verhaftet – denn dazu ist jeder der Ephoren einem König gegenüber ermächtigt –, und wenn er es auch fertigbrachte, wieder freigelassen zu werden, so blieb doch Verdacht an ihm haften: Nach wie vor war man der festen Überzeugung, er habe mit dem Großkönig staatsfeindliche Abmachungen getroffen.

Es gibt bei den Lakedaimoniern eine Klasse von Menschen, Heloten genannt, welche in großer Zahl die Äcker bestellen und als Sklaven gelten. Diese nun wollte Pausanias, wie man glaubte, aufwiegeln, indem er ihnen Hoffnung auf Befreiung machte. Weil es aber für eine so schwere Anschuldigung keinen festen Beweis gab, demgemäß er hätte überführt werden können, und man überdies der Meinung war, eine solche Persönlichkeit dürfe man nicht auf bloßen Verdacht hin vor Gericht zerren, beschloss man zu warten, bis sich die Dinge so weit entwickelten, dass sie keinen Zweifel mehr ließen.

4. Nun hatte Pausanias in früheren Jahren zu einem Knaben aus Argilos erotische Beziehungen unterhalten. Diesen, jetzt ein junger Mann, sandte er während der genannten Vorfälle mit einem Brief zu Artabazos. Da jenem aber der Verdacht kam, es könne in dem Schreiben auch etwas über ihn selbst stehen, und es ihm obendrein nicht geheuer war, weil niemals einer von denen zurückgekehrt war, die in ähnlicher Sache wie er gesandt worden waren, erbrach er das Schreiben und erfuhr auf diese Weise, dass er getötet werden sollte, sobald er seinen Auftrag ausgeführt hatte. Da aber in dem Brief auch Einiges stand, was die Abmachungen zwischen Pausanias und dem Großkönig betraf, übergab er ihn den Ephoren. Bemerkenswert ist an dieser Stelle das Verantwortungsbewusstsein, mit dem die Ephoren vorgingen. Denn nicht einmal auf diese Anzeige hin ließen sie sich zu einer Verhaftung des Pausanias bewegen, sondern blieben bei der Ansicht, man dürfe nicht eher Gewalt anwenden, als bis er sich selbst verriete. Daher spannten sie den Ankläger in ihre Pläne ein.

Auf Tainaron steht ein Poseidontempel, welcher bei den Griechen für unverletzbar gilt. In ihn musste der junge Mann fliehen und sich am Altar als Schutzflehender niederlassen. Daneben errichteten sie ein unterirdisches Versteck, von welchem aus man mithören konnte, wenn jemand mit dem Argilier sprach. In dieses postierten sich einige Ephoren. Sobald nun Pausanias hörte, der Argilier sei nach Tainaron geflohen, kam er erschrocken sofort dorthin und fragte jenen, was diese plötzliche Sinnesänderung zu bedeuten habe, als er ihn schutzflehend am Altar sitzen sah. Der sagte ihm auf

den Kopf zu, was er aus dem Brief wusste. Pausanias, noch mehr erschrocken, begann ihn nun zu bitten, er möge ihn doch nicht verraten und anzeigen, da er ihm so viel verdanke. Und wenn er ihm verzeihe und helfe, aus dieser schlimmen Lage herauszukommen, dann werde er ihm reichlichen Dank abstatten.
5. Die Ephoren, die dies gehört hatten, hielten es dennoch für geratener, ihn erst in Sparta zu verhaften. Sie machten sich daher auf den Weg, und auch Pausanias, der der Meinung war, er habe den Argilier besänftigt, kehrte nach Sparta zurück. Kurz aber, bevor man ihn ergreifen wollte, merkte er am Gesichtsausdruck eines der Ephoren, dass man etwas gegen ihn beabsichtige, und floh eilends, seinen Verfolgern nur um wenige Schritte voraus, in den Tempel der Athena Chalkioikos [im ehernen Tempel]. Die Ephoren verrammelten sofort die Tore des Heiligtums, sodass Pausanias ein Entrinnen nicht mehr möglich war, und deckten das Dach ab, damit er schneller zugrunde gehe. Ja, selbst die Mutter des Pausanias, die damals noch lebte, soll, hochbetagt, unter den ersten gewesen sein, die Steine zur Einmauerung ihres Sohnes herbeischleppten, nachdem sie von seinem Verbrechen gehört hatte.
Zuletzt, als er kaum noch lebte, trug man ihn heraus, und er verschied. So hat Pausanias großen militärischen Ruhm durch einen Tod in Schande besudelt. Als aber die Ansicht laut wurde, die Leiche müsse dorthin gebracht werden, wo man die Hingerichteten zu verscharren pflegte, widersprach die öffentliche Meinung, und er wurde in einiger Entfernung von dem Platz begraben, wo er gestorben war. Später jedoch grub man ihn auf Geheiß des delphischen Gottes wieder aus und bestattete ihn an der Stelle seines Todes.
[*aus:* Cornelius Nepos, *Pausanias* 1–5]

8. Dennoch entging auch [Themistokles] nicht der Missgunst seiner Mitbürger. Die gleiche Furcht nämlich, die das Urteil gegen Miltiades bewirkt hatte, vertrieb ihn mithilfe des Scherbengerichtes, und er begab sich ins Exil nach Argos. Da er aber dort wegen seiner vielen hervorragenden Eigenschaften in höchstem Ansehen lebte, schickten die Lakedaimonier Gesandte nach Athen, die ihn abwesend anklagen sollten, er habe mit dem Perserkönig gemeinsame Sache gemacht, um Griechenland zu unterwerfen. Abwesend auch wurde er deshalb wegen Hochverrats verurteilt. Als er dies hörte, wanderte er nach Kerkyra aus, denn er sah, daß er in Argos nicht mehr sicher sei. Jedoch auch dort bemerkte er bald, dass die obersten Behörden seinetwegen eine Kriegserklärung der Lakedaimonier und Athener befürchteten, und er floh deshalb zu Admetos, dem Molosserkönig, mit welchem ihn

alte Gastfreundschaft verband. Dort traf er ein, als der König gerade abwesend war, nahm eilends dessen Tochter, ein kleines Kind, mit sich und begab sich in ein Heiligtum, welches dort ganz besonders verehrt wird. Dies tat er, damit ihn der König, durch religiöse Bindung verpflichtet, nach seiner Aufnahme umso eifriger schütze, und er verließ den Tempel nicht eher, als bis ihm Admetos die Rechte bot, ihm sein Treuwort gab und ihn zu schützen versprach. Dieses Treuwort hielt er dann auch.

Als nämlich Athen und Sparta offiziell seine Auslieferung forderten, gab er den Flüchtling nicht preis, sondern ermahnte ihn, er möge selbst sehen, wie er sich weiterhelfe. Denn es sei schwierig, an einem Platz, der den Feinden so nahe liege, in Sicherheit zu leben. Er ließ ihn daher unter ausreichender militärischer Bedeckung nach Pydna bringen, wo Themistokles, von keinem erkannt, ein Schiff bestieg. Dieses nun wurde durch einen gewaltigen Sturm nach Naxos getrieben, wo damals ein athenisches Heer stand, und Themistokles war sich darüber klar, dass er werde sterben müssen, wenn man bis zur Insel gelange. In dieser Not eröffnete er dem Besitzer des Schiffes, wer er sei, und versprach ihm eine große Belohnung, wenn er ihn rette. Wirklich ergriff jenen Mitleid mit dem berühmten Mann; er blieb daher einen Tag und eine Nacht in ziemlicher Entfernung von der Insel vor Anker und erlaubte nicht, dass jemand das Schiff verlasse. Darauf fuhr er nach Ephesos und ließ dort Themistokles, der sich später für diese Tat erkenntlich zeigte, von Bord gehen.

9. Ich weiß zwar, viele haben geschrieben, dass Themistokles noch unter der Regierung des Xerxes nach Asien gegangen sei, vertraue aber am meisten den Angaben des Thukydides. Denn dieser stand ihm von allen, die geschichtliche Werke über diese Zeit hinterlassen haben, den Jahren nach am nächsten und stammte zudem aus der gleichen Stadt. Thukydides nun berichtet, er sei zu Artaxerxes gekommen und habe an diesen folgenden Brief geschrieben: »Ich, Themistokles, komme zu Dir, der ich Deinem Geschlecht von allen Griechen am meisten Böses getan habe, als es nötig war, gegen Deinen Vater zu kämpfen und mein Vaterland zu verteidigen. Mehr noch aber habe ich ihm Gutes erwiesen, als ich in Sicherheit war, er aber in Gefahr geriet. Denn als er nach der Schlacht von Salamis nach Asien zurückkehren wollte, habe ich ihn durch einen Brief benachrichtigt, es sei geplant, die Brücke, die er über den Hellespont gebaut hatte, abzubrechen, sodass er von seinen Feinden eingekreist sein werde. Durch diese Nachricht ist er aus drohender Gefahr gerettet worden. Jetzt aber bin ich zu Dir geflohen, von ganz Griechenland vertrieben, und bitte um Deine Freundschaft. Werde ich diese erlangen, so sollst Du in mir einen nicht weniger guten Freund haben, als jener in mir einen tapferen Feind kennengelernt hat. Ich

bitte Dich aber, mir zur Überlegung der Dinge, die ich mit Dir besprechen möchte, ein Jahr Zeit zu geben und mir nach dessen Verlauf eine Zusammenkunft mit Dir zu erlauben.«
10. Der König, der solche Größe der Gesinnung bewunderte und bestrebt war, diesen Mann für sich zu gewinnen, gewährte ihm die Bitte. Themistokles aber verwandte alle Zeit darauf, das Persische in Wort und Schrift zu erlernen, eine Sprache, in der er es zu solcher Vollkommenheit brachte, dass es heißt, es sei ihm leichter als den gebürtigen Persern gefallen, vor dem Großkönig die rechten Worte zu finden. Bei dieser Gelegenheit machte er ihm viele Versprechungen, jedoch hörte der König von allem am liebsten, dass er, wenn er seinem Rat folge, Griechenland unterwerfen werde. Reich beschenkt kehrte er von Artaxerxes zurück und wählte sich Magnesia zum Wohnsitz. Diese Stadt nämlich hatte ihm der Großkönig zum Geschenk gemacht mit der Bemerkung, sie werde ihm Nahrung gewähren – aus dieser Gegend gingen nämlich an Steuern jährlich 50 Talente ein –, dazu Lampsakos, von wo er den Wein, und Myus, woher er die übrigen Speisen erhalten sollte.
Zwei Denkmäler haben sich von ihm bis in die Zeit erhalten, an die wir uns selbst noch erinnern können, sein Grab nahe der Stadt, in welchem er bestattet ist, und eine Statue auf dem Forum von Magnesia. Über seinen Tod berichten die meisten Verschiedenes. Ich selbst gebe wieder Thukydides den Vorzug, der berichtet, er sei in Magnesia an einer Krankheit gestorben, jedoch andeutet, es gebe ein Gerücht, dass er freiwillig Gift genommen habe, weil er daran verzweifelte, seine Versprechungen bezüglich der Unterwerfung Griechenlands halten zu können. Auch berichtet Thukydides, seine Gebeine seien von Freunden heimlich in Attika begraben worden, denn weil er wegen Hochverrats verurteilt war, erlaubten die Gesetze eine ordnungsgemäße Bestattung nicht.
[*aus:* Cornelius Nepos, *Themistokles* 8–10]

Themistokles wurde um das Jahr 471 aus Athen verbannt, Pausanias starb etwa 467. Er soll – eine Art Demokratisierung – den spartanischen Staatssklaven, den Heloten, Freiheit und Bürgerrecht versprochen haben.

Die Demokratie entsteht

[…] Etwa 17 Jahre blieb die Verfassung nach den Perserkriegen unter der Leitung der Areopagiten bestehen, obwohl sie allmählich verfiel. Als aber die Bevölkerung wuchs, griff Ephialtes, Sohn des Sophonides, der Fürsprecher des Volkes geworden war, weil er im Ruf der Unbestechlichkeit und Verfassungstreue stand, den Rat [auf dem Areopag] an. Zunächst beseitigte er viele der Areopagiten, indem er Prozesse [gegen sie] wegen ihrer Amtsführung anstrengte; dann entwand er unter dem Archonten Konon [462/61] dem Rat alle die zusätzlichen Machtfunktionen, durch die er als Wächter der Verfassung fungierte, und verteilte einige [dieser Funktionen] an den Rat der Fünfhundert und andere an das Volk und an die Gerichte. [*aus:* Aristoteles, *Der Staat der Athener* 25]

Die weltpolitisch wichtigste Folge der Perserkriege ist die Entstehung einer Demokratie in Athen, deren Grundlagen die Reformen des Kleisthenes Ende des 6. Jahrhunderts gelegt hatten.

Leonidas siegt in Stalingrad
Beispiele nachantiker Rezeption

Der große Historiker Thukydides hielt die Perserkriege im Vergleich zu dem von ihm beschriebenen Peloponnesischen Krieg (431–404) für unbedeutend. In zwei See- und zwei Landschlachten hätten jene, dekretiert er (1.21.1), eine rasche Entscheidung gefunden. Die Nachwelt dachte aber anders. Der Peloponnesische Krieg blieb ohne Nachhall: Hier kämpften Griechen gegen Griechen und ein Bruderkrieg ließ sich nicht zum Kampf um die Freiheit (wovon auch immer) hochstilisieren. Die Perserkriege dagegen besaßen propagandistisches Potential, und die, die dies als erste erkannten, waren die Spartaner. Noch im Jahr der (verlorenen) Schlacht an den Thermopylen verwandelten sie die Niederlage in einen Sieg. »Wanderer, kommst Du nach Sparta, verkündige dorten, du habest uns hier liegen gesehn, wie das Gesetz es befahl«, war auf einer schon 480 an den Thermopylen errichteten Stele zu lesen und wurde dank Herodot zum bekanntesten Epigramm der Antike.

Athener und Spartaner teilten den Nachruhm unter sich auf. Jene reklamierten Marathon und Salamis für sich, diese die Thermopylen und Plataiai. Die Erinnerungen wurden durch Siegesmale, Gemälde, Gedenktafeln, Feste, Totenfeiern, Fackelläufe oder Freiheitsspiele (Eleutherien) am Leben erhalten. Noch im 4. Jahrhundert gab es keinen griechischen Redner, der vergaß, an die große Vergangenheit zu erinnern. Dank Herodot gelangte dann insbesondere der Mythos vom heroischen Kampf der »Dreihundert« an den Thermopylen nach Rom. Republikanische wie kaiserzeitliche Heerführer bedienten sich des spartanischen Exempels (s. S. 142). Erst in der Spätantike verblasste die Erinnerung. Im Westen Europas schwand die Kenntnis des Griechischen, Herodot überlebte nur im Byzantinischen Reich. Der einzige Leonidas, den das Mittelalter kennt, ist ein Gefolgsmann Alexanders des Großen. Erst am Übergang zur Neuzeit taucht der Spartaner Leonidas als Beispiel der Tapferkeit wieder aus dem Vergessen auf, und zwar im Freskenzyklus des Pietro Vannucci (Perugino) im Collegio del Cambio in Perugia (1497–1500). Leonidas erscheint dort in antikisierender Rüstung als Personifikation der *Fortitudo.* Anregung dafür war die Beispielsammlung *Facta et dicta memorabilia* (»Bemerkenswerte Taten und Aussprüche«) des Valerius Maximus (s. S. 159). Herodot wurde, obwohl er inzwischen in lateinischer Übersetzung vorlag, noch nicht wahrgenommen. Auf ihm fußt erst die berühmte Darstellung des Leonidas als jugendlicher Held in Jacques-Louis Davids Gemälde (entstanden von 1799–1814) *Leonidas an den Thermopylen.* Der Held, dem Beschauer frontal zugewandt, präsentiert seinen Idealkörper mitten in einem Getümmel

Jacques Louis David, *Léonidas aux Thermopyles*, Federzeichnung von 1813 zu dem Gemälde von 1814

schuhebindender, waffenschwingender oder einfach nur tänzelnder Spartiaten, von denen offensichtlich niemand den Ernst der Situation erkannt hat. Dem Maler zufolge versinnbildlichen sie das Gefühl der Vaterlandsliebe. In dieser Funktion gelangte Leonidas in alle Schul- und Geschichtsbücher, bis das 20. Jahrhundert wieder den unbeugsamen Soldaten hervorhob. Wo Angriffskriege als Verteidigung der Heimat galten, war es leicht, den Geist des Spartaners zu beschwören. Auf den Schlachtfeldern des Ersten Weltkrieges, in Frankreich und Flandern, forderten Steindenkmäler alle nur möglichen Wanderer auf, in der Heimat zu melden, was sie gar nicht gesehen hatten.
1943 lagen die Thermopylen dann in Stalingrad. Am zehnten Jahrestag der »Machtergreifung« sprach Hermann Göring mit Bezug auf die Thermopylen in einer Rundfunkrede vom »größten Heroenkampf« der deutschen Geschichte. Es galt, die Welt vor dem asiatischen Bolschewismus zu retten und dafür waren die »Dreihundert« das geeignete Modell. So spricht der Althistoriker Hermann Bengtson, Kriegstagebuchschreiber der nach Stalingrad wieder aufgestellten sechsten Armee, in seinem 1950 erschienenen Handbuch der Griechischen Geschichte von der »dunklen Wolke des persischen Despotismus«, die sich auftürme, um die »höchsten Güter im Leben der abendländischen Menschheit« zu verschlingen. Aufgabe der Griechen sei es gewesen, »den Ansturm des Ostens zu meistern«.
Dem widmete sich 1954 auch der Maler Oskar Kokoschka. Als Schenkung für die Universität Hamburg geplant, fertigte er ein großflächiges Triptychon, das auf der linken Tafel den Abschied des Leonidas in Sparta, auf der rechten die Eroberung und Zerstörung Athens und im Mittelbild das eigentliche Schlachtgeschehen zeigt. Der linke Flügel versinnbildlicht den Frieden der Heimat und steht damit konträr zum rechten, der die Schrecken des Krieges durch losgerissene Raubtiere, entmenschte Soldaten und von Spießen durchbohrte Kinder zu fassen versucht. Im Zentrum der Mitteltafel steht nicht der Held der Thermopylen, sondern ein entschlussloser Kämpfer, vom Künstler selbst »der Zaudernde« genannt, der mit diesem seinem Zögern die Sache der Freiheit verrät, für die er sich nicht zu entscheiden weiß. Dem Zweifel der Jugend abzuhelfen und sich gegen eine Bedrohung des freiheitlichen Europas durch Feinde aus dem Osten zu stemmen, ist die didaktische Absicht Kokoschkas: *Thermopylae oder Der Kampf um die Errettung des Abendlandes* nannte er sein Gemälde und interpretierte es selbst als Konflikt zwischen Zivilisation und Barbarei, die er östlich der Elbe lokalisierte.
Die »Dreihundert« überlebten auch den Kalten Krieg und retteten sich in die Bush-Ära. Der nach einer Comic-Vorlage Frank Millers vom Regisseur Zack Snyder gedrehte Film *300* gilt als Allegorie des Irakkrieges. Die von ihm transportierte Ideologie bleibt jedoch eher dunkel. Welche Gefahr aus dem Nahen Osten drohte, formulierte dagegen im Detail der amerikanische Historiker Victor David Hanson, Unterstützer von George W. Bush und entschiedener Befürworter des Irak-Krieges, in einem Gedankenspiel über die Perserkriege: Was wäre geschehen, wenn die Perser gesiegt hätten. (s. S. 256)
Gegen die Missdeutung und Verzerrung antiker Überlieferung auch und gerade durch die, die sie vermitteln sollen, wandte sich dagegen als eine der ganz wenigen Stimmen

noch unter dem Eindruck des Zweiten Weltkrieges der Schriftsteller Heinrich Böll. Für ihn hat die Humanistische Bildung, die Kokoschka in seinem Triptychon beschwört, augenscheinlich versagt. Die Verfälschung antiker Bildungsinhalte ist ihm am Beispiel des Simonides-Epigramms ein Thema, das er in dramatischen Versuchen, Kurzgeschichten und Artikeln vom Kriegsende bis in die Siebzigerjahre verfolgte. Am bekanntesten wurde die 1949/50 geschriebene Erzählung *Wanderer, kommst du nach Spa ...*, die auch seiner zweiten Buchveröffentlichung den Titel gab. Ein in den letzten Kriegstagen an die nahe Front geschickter Abiturient wird nach kurzem Einsatz schwer verwundet in sein Gymnasium zurückgebracht, das mittlerweile als Lazarett fungiert. Dass es seine alte Schule ist, erkennt er erst, als er kurz vor der (vergeblichen) Operation an der Tafel des Zeichensaals den mit eigener Hand geschriebenen Anfang des Thermopylen-Epigramms liest, mit dem er in einen, wie er inzwischen begreift, sinnlosen Tod geschickt wurde.

Rundfunkansprache Hermann Görings am 30. Januar 1943

Wir kennen ein gewaltiges, heroisches Lied von einem Kampf ohne gleichen, das hieß »Der Kampf der Nibelungen«. Auch sie standen in einer Halle aus Feuer und Brand, löschten den Durst mit eigenem Blut, aber kämpften und kämpften bis zum letzten. Ein solcher Kampf tobt heute dort, denn ein Volk, das so kämpfen kann, muss siegen.
Wenn ihr denkt, Jahrtausende sind vergangen; und vor diesen Jahrtausenden da stand in einem kleinen Engpass in Griechenland ein unendlich tapferer und kühner Mann mit 300 seiner Männer, stand Leonidas mit 300 Spartiaten – aus einem Stamm, der wegen seiner Tapferkeit und Kühnheit bekannt war. Und eine überwältigende Mehrheit griff und griff immer wieder aufs neue an [...]
Auch damals war es ein Ansturm aus dem asiatischen Osten, der sich hier, am nordischen Menschen brach. Gewaltige Mengen von Männern standen Xerxes zur Verfügung, aber die 300 Männer wichen und wankten nicht, kämpften einen aussichtslosen Kampf – aussichtslos aber nicht in seiner Bedeutung. Und dann fiel der letzte Mann. Und in diesem Engpass, da steht nun ein Satz: Wanderer, kommst du nach Sparta, so berichte, du hättest uns hier liegen sehen, wie das Gesetz es befahl. Es waren 300 Männer, meine Kameraden, Jahrtausende sind vergangen, und heute gilt dieser Kampf dort, dieses Opfer dort, so heroisch, so als Beispiel höchsten Soldatentums. Und es wird auch einmal heißen: Kommst du nach Deutschland, so berichte, du habest uns in Stalingrad liegen sehen, wie das Gesetz, das heißt, das Gesetz der Sicherheit unseres Volkes es befohlen hat. Und dieses Gesetz

Oskar Kokoschka, rechte Tafel des Triptychons *Thermopylae oder Der Kampf um die Errettung des Abendlandes,* 1954, Universität Hamburg

»Denke an die Russen in Europa, und Du wirst die Aktualität verstehen und warum es nach Hamburg bestimmt ist, wo einige Kilometer weiter weg die Tataren ihre Pferde tränken«. [Oskar Kokoschka in einem Brief vom 15.02.1954]

trägt jeder von euch in seiner Brust, das Gesetz, für Deutschland zu sterben, denn das Leben Deutschlands ist die Hoffnung aller Gesetze. Aber nicht nur ihr, nicht die jungen Soldaten in ihrem heroischen Einsatz, ihr Opfer ist verpflichtend für das ganze deutsche Volk, nicht daß es jetzt meckert, daran herumkrittelt, ob dies und jenes notwendig war, ob die Kämpfer bei Stalingrad stehen mußten oder nicht – sie mußten stehen, das Gesetz befahl es so, das Gesetz der Ehre, aber auch vor allen Dingen das Gesetz der Kriegsführung gilt ja nichts anderm wie der Rettung unseres Volkes.
[Transkribierte Tonbandaufnahme bei P. Krüger, Etzels Halle und Stalingrad: die Rede Görings vom 30.1.1943, in: J. Heinzle, A. Waldschmidt (Hg.), Die Nibelungen: ein deutscher Wahn, ein deutscher Alptraum, Frankfurt/Main 1991, 170–187]

V. D. Hanson, Kein Ruhmesblatt für die Griechen. Die Perser gewinnen bei Salamis, 480 v. Chr.

Vielleicht haben wir vergessen, was Hegel wußte: Wäre Griechenland die westlichste Provinz Persiens geworden, wären aus seinen bäuerlichen Familienbetrieben Güter des Großkönigs geworden. Die öffentlichen Gebäude der Agora wären in überdachte Basarläden umgewandelt worden, und die freien Bauern und Hopliten wären zu bezahlten Stoßtrupps neben den »Unsterblichen« des Xerxes geworden. Anstelle der griechischen Philosophie und Wissenschaft hätte es nur die offiziell geförderten Künste der Prophezeiung und Astrologie gegeben, die Anhängsel der königlichen oder religiösen Bürokratien waren und nichts mit rationalem Denken und Forschen zu tun hatten. In einem persischen Griechenland wären die Volksversammlungen bloße Marionettengremien zur besseren Beschaffung von Menschen und Geld für den Herrscher gewesen, Geschichtsschreibung hätte sich auf die offiziellen Verlautbarungen und Verfügungen des Großkönigs beschränkt, und die ernannten örtlichen Funktionsträger wären Sprachrohre des Satrapen (»Beschützer der Macht«) und der Magi gewesen.
Die Griechen mochten ihren General Themistokles später bestrafen oder in die Verbannung schicken, hätten die Perser das gleiche mit Xerxes getan, wäre er getötet und verstümmelt worden. So erging es jedenfalls dem ältesten Sohn des Pythias von Lydien, der mitten entzwei gehauen wurde; seine beiden Körperhälften wurden an den Straßenrand gelegt, so daß das königliche Heer zwischen ihnen hindurchmarschierte. Das war der Preis, den Pythias zahlen mußte, weil er es gewagt hatte, Xerxes um die Freistellung eines seiner fünf Söhne vom Militärdienst zu bitten. Entgegen den

Annahmen der neueren Forschung waren die Städte des persischen Reiches keineswegs Stadtstaaten. Wir würden heute in einer völlig anderen Tradition leben – Schriftsteller wären vom Tode bedroht, Frauen verschleiert und aus dem öffentlichen Leben verbannt, die Meinungsfreiheit wäre eingeschränkt, die Regierung läge in Händen autokratischer Großfamilien, die Universitäten wären bloße Zentren des religiösen Fanatismus, und die Gedankenpolizei wäre in unseren Wohn- und Schlafzimmern gegenwärtig –, wenn Themistokles und seine Ruderer gescheitert wären. [...]
Da die griechischen Stadtstaaten kein Reich bildeten, stritten sie über die Verteidigung des Festlandes, bis sich die Anzeichen eines persischen Angriffs verdichteten. Nachdem Xerxes im Spätsommer 480 durch Nordgriechenland marschiert war, waren jene griechischen Poleis in der Überzahl, die neutral waren oder sich eher den Persern als der hellenischen Sache verpflichtet fühlten. Und im Gegensatz zu Rom während der Invasion Hannibals war Athen im September 480 nicht nur bedroht, sondern bereits zerstört und besetzt – und die Bevölkerung Attikas evakuiert und verstreut. Die Situation war weitaus schlimmer als die in Westeuropa Mitte 1940 nach dem Sieg der Nazis über die europäischen Demokratien.
Man stelle sich ein besiegtes und überranntes Frankreich vor – ohne Verbündete, Paris bereits zerstört, der Triumphbogen und der Eiffelturm in Trümmern, die ländlichen Gebiete verlassen, die noch vorhandene freie Bevölkerung in kleinen Schiffen unterwegs nach England und zu den nordafrikanischen Kolonien –, das beschließt, sein ganzes Heil in einer zahlenmäßig unterlegenen, aber patriotisch gesonnenen französischen Flotte im Hafen von Toulon zu suchen. Und dann stelle man sich vor, die französischen Patrioten und ihre Schiffe hätten gewonnen! Um es etwas auszuschmücken: Sie hätten die Schiffe der Nazis vernichtet, Hitler zu einem schmachvollen Rückzug nach Berlin gezwungen und in wenigen Monaten einen heroischen Widerstand auf dem besetzten französischen Festland organisiert, wo die französische Infanterie eine vielfach größere Nazi-Armee geschlagen hätte, deren Reste über den Rhein geflüchtet wären.
Aber angenommen, die Perserkriege waren die letzte Chance der östlichen Despotien, der entstehenden Kultur des Westens den Garaus zu machen, war Salamis dann wirklich das entscheidende Ereignis im jahrzehntelangen Widerstand der Griechen gegen Dareios und Xerxes? [...]
Es gibt ein Nachspiel zu Salamis, das nur allzu häufig vergessen wird. Der Sieg der Griechen hat wahrscheinlich den Westen gerettet, weil er verhinderte, daß das Griechentum nach nur zweihundert Jahren Poliskultur unterging. Aber was noch bedeutsamer ist: Der Sieg war der Katalysator für

eine grundlegende Erneuerung der athenischen Demokratie. Wie Aristoteles mehr als hundertfünfzig Jahre später in seinem Werk Politeia feststellte, übernahm eine ehemals durchschnittliche griechische Polis, die gerade das Experiment durchgeführt hatte, auch den armen Athenern das Wahlrecht zu geben, plötzlich die kulturelle Führung in Griechenland. [...]
Wie immer wir die Stärken oder Gefahren der heutigen westlichen Kultur einschätzen – Demokratie von Konsumenten, Ausweitung von Rechten, Abbau von Verantwortlichkeiten der Bürger –, diese flexible, dynamische Tradition ist jedenfalls dem Sieg des Themistokles bei Salamis geschuldet. Ende September 480 retten Themistokles und seine armen Athener nicht nur Griechenland und die aufkeimende westliche Zivilisation vor den Persern, sondern stellen auch die Weichen neu: für einen egalitär ausgerichteten, rastlosen und sich ständig verändernden Westen, der sich zu einer Gesellschaft entwickelte, die mehr oder weniger noch heute die unsrige ist.
[*in:* R. Cowley, Was wäre gewesen, wenn? Wendepunkte der Weltgeschichte, München 2002, S. 32–33, 36–37, 48, 51]

Der diskrete Charme des Spartanischen
Wie Zack Snyder und sein Film *300* die Thermopylenschlacht als Kitschpostkarte verfilmt und die Geschichte umdefiniert

300 barbarische Selbstmordkrieger aus einem totalitären Stadtstaat in Griechenland kämpfen gegen die Armee einer zahlenmäßig wie technisch überlegenen, aber ein wenig verweichlichten Zivilisation aus dem Osten – so oder so ähnlich ist ungefähr der Plot von »300«, Zack Snyders scheppernder Animationsspielfilm nach Frank Millers gleichnamigem Comic. Der Film ist vieles in allem: Martialische Schlachtplatte, verkappter Schwulensoftporno und Futter für Nerds, Kulturpessimisten und frustrierte Altphilologen gleichermaßen. Kurz: Hollywood am Rande des Nervenzusammenbruchs. Kein Wunder, dass sich jetzt auch die Iraner so richtig aufregen. [...]

Ein »Propagandawerk zur Verunglimpfung des iranischen Volkes und der ›persischen Kultur‹« sei 300, behauptete die Regierung in Teheran, und warf dem Westen vor, mit diesem angeblich von der Bush-Regierung finanzierten Film »psychologische Kriegsführung« zu betreiben, und die Kriegsstimmung in Amerika anzuheizen. Auf Teherans DVD-Schwarzmarkt sind Raubkopien von 300 zwar derzeit ein Hit. Doch mit der Begründung, Zack

Snyders Film sei »untrennbar mit den konzertierten Bemühungen in bestimmten westlichen Interessenkreisen verbunden, die iranische Nation zu dämonisieren«, hat Teheran nun bei den Vereinten Nationen Protest eingelegt [...].

Der Perserkrieg endete mit Athens Sieg bei der Seeschlacht von Salamis; die Thermopylenschlacht aber begründete den Mythos des Spartanertums, und ist bis heute eine Metapher für positiv verstandene Disziplin und Opferbereitschaft. Schon der griechische Dichter Simonides feierte sie im 5. Jahrhundert v. Chr., Friedrich Schiller übersetzte sein berühmtes Epigramm ins Deutsche: Wanderer, kommst du nach Sparta, verkündige dorten, du habest uns hier liegen gesehn, wie das Gesetz es befahl. Formuliert wurden damit der soldatische Ehrenkodex und die Vollendung männlichen Daseins in Kampf und Tod. 150 Jahre später schrieb der Kommentar des »Völkischen Beobachter« am 18. April 1945 über die Oder-Offensive der Roten Armee: »Hier kämpft Europa in einer Front mit allen seinen großen Geistern der Vergangenheit. Hier steht das antike Griechenland wieder bei den Thermopylen und bei Salamis in seinem Entscheidungskampf gegen den persischen Osten ...«. Noch in den 50er Jahren setzte Oskar Kokoschka in einem großformatigen Triptychon, das die Hamburger Universität ziert, die persischen Horden mit den russischen Bolschewisten gleich und verlegte den Kampf um die Errettung des Okzidents in einen westdeutschen Hörsaal.

Für die Nachwelt steht die Schlacht für das sinnvolle Sterben, den siegreichen Tod, den Kampf für die Freiheit Griechenlands gegen die anstürmenden Barbaren aus dem Osten. Es ist exakt diese Geschichte, die US-Regisseur Zack Snyder, bekannt durch den Horrorfilm »Dawn of the Dead«, nun erzählt, dabei ganz konzentriert auf die spartanische Seite. Beginnend mit Persiens Gesandten, über Spartas Weigerung zu Konzessionen, innerspartanischen Disputen steuert alles auf die Schlacht zu, die eine gute Stunde des Films einnimmt, breit, in leuchtenden Farben und plastischen Effekten ausgemalt wie ein barockes Schlachtengemälde, ergänzt um einen Epilog, der die Verbindung zur Gegenwart herstellt, sozusagen die Moral von der Geschichte ausbreitet.

Aber nicht erst hier, während der Moralpredigt, fangen die Probleme an. Dramaturgisch gibt es von Anfang an ein offenkundiges Dilemma: Jeder halbwegs gebildete Zuschauer kennt die Fakten, weiß von Anfang an, wie es ausgeht, ist sich bewusst, dass alle Figuren die eingeführt und in bombastischer, reichlich unsubtiler Bildsprache zu Helden stilisiert werden, todgeweiht sind. Das ist nicht spannend und nicht schön, es distanziert, erst recht weil man sich instinktiv der allzu platten Parteinahme des Films widersetzt, sich den aufoktroyierten Haltungen widersetzt.

Cover des Comics *300* (Hardcover-Ausgabe der Serie *300*, Ausgaben 1 bis 5, 1999, Autor: Frank Miller), Vorlage zum Film *300* (2006, Regie: Zack Snyder)

Die Vorlage für 300 bildet zudem beileibe nicht allein Herodot, sondern vor allem die gleichnamige Graphic Novel, die von Frank Miller stammt, einem der bekanntesten und einflussreichsten Comic-Autoren der Welt, und die wiederum angeblich vom Kino inspiriert wurde: von Rudolph Matés The 300 Spartans. [… Snyder] simplifiziert die nicht sehr subtilen Botschaften Millers noch weiter. Das gilt nicht allein für den eigentlichen Plot und die ebenso schlichten wie platten Dialoge, »Spartans prepare for Glory«, pathetischer Scheiß wie »no place for weakness only the hard and the strong«, der nur selten den sprichwörtlich »lakonischen« Spartanercharme entfaltet: »Unsere Pfeile werden den Himmel verdunkeln.« – »Dann kämpfen wir im Schatten.« Es gilt auch fürs Ästhetische, für Stil und Look des Ganzen: Keine Sekunde lässt 300 vergessen, dass die Darsteller im Studio vor blauer Leinwand agierten, alle Hintergründe und Statisten per Computer eingefügt wurden. So billig wie auf einer Kitschpostkarte sehen die Kulissen aus. Und auch die weitgehend unbekannten Darsteller mussten ihre Körper nachkolorieren und um virtuelle Muskelpakete erweitern lassen. Nun bleibt

ihnen die Ausdruckskraft von Pornodarstellern. Ihr blutleeres Spiel wirkt tatsächlich so starr wie das von Plastikfiguren, und jedes Wort ihrer Sätze fällt wie ein nasser Sack zu Boden: »Das! Ist!! Sparta!!!«.
[Ausschnitte aus einer Besprechung des Films von Rüdiger Suchsland in *Telepolis*, Onlinemagazin des Heise Zeitschriften Verlags (4. April 2007)]

Chronologie

547	Fall von Sardes; persische Eroberung des Lyderreiches
508/507	Phylenreform des Aristokraten Kleisthenes
502/501	Die 10 Strategen werden (Einer pro Phyle) jährlich vom Gesamtvolk gewählt
499	(oder 500) Beginn des Ionischen Aufstandes
498	Einnahme von Sardes
497	Rückeroberung von Zypern
494	Eroberung Milets
493	Archontat des Themistokles
493	Piräus wird zum Kriegshafen
492	Zug des Mardonios
490	Seeinvasion des Datis und Artaphernes, Eroberung von Eretria, Schlacht bei Marathon (September)
489	Paros-Expedition des Miltiades
487	Ostrakismos des Hipparchos
487/86	Archontat wird Losamt
486	Xerxes wird Großkönig
485	Rückeroberung Ägyptens durch die Perser
484	Geburt Herodots (?)
482	Beginn der athenischen Seerüstung
481	Gründung des Hellenischen Bundes
480	Kämpfe an den Thermopylen, Seeschlacht von Artemision, Eroberung von Athen, Schlacht bei Salamis (September)
479	Schlacht bei Plataiai (Anfang August), Schlacht bei Mykale (Mitte August), Abfall der Ionier
479/78	Eroberung von Sestos; Ende des Herodoteischen Werkes
479/78	Mauerbau in Athen
478/77	Gründung des Delisch-Attischen Seebundes
472	*Die Perser* des Aischylos werden aufgeführt
462	Verfassungsreform des Ephialtes
449	Friede des Kallias (?)
444	Gründung der panhellenischen Kolonie Thurioi
386	Der Königsfriede
334	Alexander der Große beginnt seinen Perserfeldzug
330	Brand von Persepolis, Ende des Perserreiches

Die Perserkönige

Kyros II., der Große	559–530
Kambyses	530–522
Dareios I., der Große	522–486
Xerxes I.	486–465/64
Artaxerxes I.	465/64–425
Xerxes II.	425–424
Dareios II	424–404
Artaxerxes II.	404–359/58
Artaxer III. Ochos	359/58–338
Arses	338–336
Dareios III. Kodomannos	336–330
Alexander d. Große	330–323

Glossar

Achaimeniden: Persische Königsdynastie
Agora: Marktplatz
Alkmeoniden: Attisches Adelsgeschlecht (Stammvater: Alkmaion oder Alkmeon)
Amphiktyonie: Verband von Staaten zum Schutze eines Heiligtums
Arché: Herrschaft, Reich
Archon: Oberbeamter – In Athen gab es neun jährlich wechselnde Archonten.
Areiopag: Staatsgerichtshof, der aus ehemaligen Archonten gebildet wurde
Atthidograph: Verfasser einer Atthis
Atthis: Geschichtswerk über Athen
Boulé: Rat der 500 in Athen, vorberatende Behörde für die Volksversammlung
Bouleuten: Mitglieder der Boulé, jährlich gewählt, später gelost
Demos: Gesamtheit der Bürger; Volk als Gegensatz zur Aristokratie; beschlussfassende Mehrheit in der Volksversammlung; Verwaltungseinheit in Attika
Drachme: Währungseinheit – 1 Drachme = 6 Obolen, 6000 Drachmen = 1 Talent
Ekklesia: Volksversammlung
Epheben: Junge Männer, die ab dem 18. Lebensjahr eine zweijährige staatliche Ausbildung absolvierten
Ephoren: Die fünf höchsten, jährlich gewählten Beamten Spartas
Epitome: Auszug (aus einem Geschichtswerk)
Eponym: »Namengebend« – Das attische Jahr wurde nach dem eponymen Archonten benannt.
Hegemon: Herrscher, Führer, Gebieter
Hellenotamiai: Zehn athenische Beamte, die die Tribute der Bündner verwalteten
Heloten: Von den Spartanern unterworfene Bewohner Lakoniens und Messeniens
Hopliten: Schwerbewaffnete Fußsoldaten
Isonomie: »Rechtsgleichheit«; Synonym für Demokratie
Lakedaimonier: Offizielle Bezeichnung für Spartaner und Perioiken

Logograph: Begriff für die »Geschichtsschreiber« vor Herodot
Medismos: Parteinahme für die Perser
Nauarchos: Flottenführer
Obole: Währungseinheit – 6 Obolen = 1 Drachme
Ostrakismos: Scherbengericht, durch das ein attischer Bürger zu zehn Jahren Verbannung ohne Ehr- und Vermögensverlust verurteilt werden konnte
Panionion: Zentralheiligtum des Ionischen Bundes
Peisistratiden: Söhne bzw. Anhänger des Tyrannen Peisistratos
Pentekontaetie: »50 Jahre«; die Zeit zwischen den Perserkriegen (480/79) und dem Peloponnesischen Krieg (431–404)
Perioiken: Umwohner Spartas
Phoros, -oi: Beitrag der Bundesmitglieder im Ersten Attischen Seebund
Phyle: »Stamm«; in Athen seit 508/507 eine von zehn Unterabteilungen der Bürgerschaft, die im Krieg je eine militärische Einheit stellten und je 50 Bouleuten in den Rat entsandten
Polemarch(os): Oberster Heerführer in Athen
Polis, -leis: Stadt(staat)
Prytanen: Geschäftsführende Mitglieder der Boulé – für jeweils ein Zehntel des Jahres je 50 Bouleuten aus einer der zehn Phylen
Prytanie: Amtsdauer der Prytanen (35/36 Tage)
Psephisma, -ta: Beschluss (der Volksversammlung)
Satrap: Statthalter des (persischen) Großkönigs
Stele: Säule, Pfeiler
Stoa: Säulenhalle
Strategos, -oi: Feldherr; einer der zehn obersten, jährlich gewählten Beamten Athens
Symmachos, -oi: Verbündete, Mitglieder einer Symmachie (Kampfgemeinschaft)
Talent: Währungseinheit – 1 Talent = 6000 Drachmen
Theten: Seit der Reform Solons die vierte Vermögensklasse
Triere: Dreiruderer

Verzeichnis der Eigennamen (Auswahl)

Quellen und Übersetzungen

Aischines (Attischer Redner, 4. Jh. v. Chr.): Aischines' und Demosthenes' Reden gegen und für Ktesiphon vom Kranze, übers. v. A. Westermann, Berlin 1908.

Aischylos (Attischer Dramatiker, 5. Jh. v. Chr.): Aischylos, Die Perser, übers. v. J. G. Droysen, in: W. H. Friedrich (Hg.), Griechische Tragiker, Regensburg 1967, S. 7–40.

Akestodoros (Griechischer Historiker, 3. Jh. v. Chr.): s. Fragmente der Historiker

Ammianus Marcellinus (Römischer Historiker, 4. Jh. n. Chr.): Ammianus Marcellinus, Das römische Reich vor dem Untergang, übers. v. O. Veh, Zürich 1974.

Andokides (Attischer Redner, 5./4. Jh. v. Chr.): Andokides, übers. u. erläut. v. A. G. Becker, Quedlinburg/Leipzig 1832.

Androtion (Attischer Historiker, 4. Jh. v. Chr.): s. Fragmente der Historiker

Aphthonios von Antiochia (Griechischer Sophist, 4. Jh. n. Chr.): Aphthonios, Progymnasmata, übers. v. W. Will, in: Bibliothek der Griechischen Literatur 82, Stuttgart 2017, S. 140–141.

Apollodoros (Attischer Redner, 4. Jh. v. Chr.): Antiphon, Apollodoros. Gegen die Stiefmutter und Apollodoros, Gegen Neaira (Demosthenes 59), eingel., hg. u. übers. v. K. Brodersen, Darmstadt 2004.

Anthologia Graeca, Bd. I–IV, übers. v. H. Beckby, München 1957/58.

Die Griechische Anthologie, Bd. I–III, übers. v. D. Ebener, Berlin/Weimar 1981.

Aristoteles (Griechischer Philosoph, 4. Jh. v. Chr.): Aristoteles, Staat der Athener, übers. u. erläut. v. M. Chambers, Berlin 1990.

Aristophanes (Attischer Komödiendichter, 5./4. Jh. v. Chr.): Aristophanes, Sämtliche Komödien, übers. v. L. Seeger, Zürich/Stuttgart 1968.

Aristophanes, Lysistrata, übers. v. W. Schadewaldt, in: Griechisches Theater, Frankfurt/M. 1964, S. 403–482.

Charon von Lampsakos (Griechischer Historiker, 5. Jh. v. Chr.): s. Fragmente der Historiker

Choirilos (Griechischer Dichter, 5. Jh. v. Chr.): G. L. Huxley, Choirilos of Samos, GRBS 10, 1969, S. 12–29.

(Marcus Tullius) Cicero (Römischer Staatsmann, 1. Jh. v. Chr.): Cicero, Gespräche in Tusculum, eingel. u. übers. v. K. Büchner, München 1984.

Cicero, Vom pflichtgemäßen Handeln, übers., eingel. u. erläut. v. K. Atzert, München o. J.

Cicero, Staatstheoretische Schriften, übers. v. K. Ziegler, Berlin [3]1984.

Demosthenes (Attischer Redner, 4. Jh. v. Chr.): Demosthenes, Rede vom Kranz, übers. v. F. Jacobs, bearbeitet v. M. Müller, München o. J.

Diodor (Sizilischer Historiker, 1. Jh. v. Chr.): Diodoros, Historische Bibliothek, übers. v. J. F. Wurm, Wiesbaden 2014 (bearbeitete Fassung).

Dion Chrysostomos (Griechischer Redner, 1. Jh. v. Chr.): Dion Chrysostomos aus Prusa, übers. v. K. Kraut, Ulm 1901.

Dionysios von Halikarnassos (Griechischer Schriftsteller, 1. Jh. v. Chr.): On Thucydides, übers. v. St. Usher, in: Dionysius of Halicarnassus, Critical Essays I, London 1974, S. 462–633.

Diyllos von Athen (Attischer Historiker, 4./3. Jh. v. Chr.): s. Fragmente der Historiker

Ephoros (Griechischer Universalhistoriker, 4. Jh. v. Chr.): Ephoros von Kyme, Timaios von Taureion, übers. u. komm. v. B. u. J.-G. Gauger, Stuttgart 2015.

Eusebios von Kaisareia (Spätantiker Theologe und Historiker, 3./4. Jh. n. Chr.): Eusebius Werke, 5. Bd., Die Chronik, übers. u. komm. v. J. Karst, Leipzig 1911.

Die Fragmente der griechischen Historiker, hg. v. F. Jacoby, Bd. I–V, Leiden 1954 ff. (= FGrHist) Übers. s. Brill's New Jacoby (s. auch die zweisprachige Ausgabe der Fragmenta Historicorum Graecorum, hg. v. K. Müller, Bände 1–5.1, Paris 1841–1873).

Die frühen römischen Historiker, Bd. I. Von Fabius Pictor bis Cn. Gellius, hg., übers. u. komm. v. H. Beck u. U. Walter, Darmstadt 2001 (=FRH).

(Sextus Iulius) Frontinus (Römischer Senator, 1. Jh. v. Chr.): Frontin, Kriegslisten, übers. v. G. Bendz, Darmstadt [3]1987.

(Aulus) Gellius (Römischer Schriftsteller, 2. Jh. v. Chr.): Aulus Gellius, Die attischen Nächte, übers. v. F. Weiss, 2 Bände, Darmstadt 1981.

Herodot, Neun Bücher zur Geschichte, übers. v. Ch. Bähr, Wiesbaden [4]2014 (bearbeitete Fassung).

Inschriften: R. Schmitt, Die altpersischen Inschriften der Achaimeniden, Wiesbaden 2009 (= Schmitt).

Historische griechische Inschriften in Übersetzungen v. K. Brodersen, W. Günther u. H. H. Schmitt, Bd. 1, Die archaische und klassische Zeit, Darmstadt 1992 (= HGIÜ).

Griechische Inschriften als Zeugnisse des privaten und öffentlichen Lebens, hg. v. G. Pfohl, München o.J. (= Pfohl).
Isokrates (Attischer Publizist, 5./4. Jh. v. Chr.): Des Isokrates Panegyrikos, übers. v. Th. Flathe, Berlin o.J.
(Marcus Iunianus) Iustinus (Verfasser einer lateinischen Epitome, 2.–4. Jh. n. Chr.?): s. Pompeius Trogus
(Flavius) Josephus (Jüdischer Historiker, 1. Jh. n. Chr.): Des Flavius Josephus kleinere Schriften, übers. v. H. Clementz, Halle a. d. Saale o.J.
Ktesias von Knidos (Griechischer Historiker, 5./4. Jh. v. Chr.): Die Persika des Ktesias von Knidos, hg. v. F. W. König, Graz 1972.
Kallimachos von Kyrene (Hellenistischer Dichter und Philologe, 3. Jh. v. Chr.): Kallimachos von Kyrene, Werke, hg. u. übers. v. M. Asper, Darmstadt 2004.
Lollius Bassus (Kleinasiatischer Epigrammatiker, 1. Jh. v. Chr.): s. Anthologia Graeca
(Marcus Annaeus) Lucanus (Römischer Dichter, 1. Jh. n. Chr.): Lucan, Der Bürgerkrieg, übers. v. D. Ebener, Berlin/Weimar 1978.
Lukianos von Samosata (Griechischer Satiriker, 2. Jh. n. Chr.): Lukian. Werke in 3 Bänden, übers. v. Chr. M. Wieland, Berlin/Weimar 1974.
Lyrik: Griechische Lyrik, übers. v. D. Ebener, Berlin/Weimar 1980. s. auch Anthologia Graeca
(Titus) Lucretius Carus (Römischer Dichter, 1. Jh. v. Chr.): Titus Lucretius Carus, Welt aus Atomen, übers. u. hg. v. K. Büchner, Stuttgart 1994.
Lykurgos (Attischer Redner, 4. Jh. v. Chr.): Lykurg, Rede gegen Leokrates, hg., eingel. u. übers. v. J. Engels, Darmstadt 2008.
Lysanias von Mallos (Lokalhistoriker, nicht datierbar): s. Fragmente der Historiker
Lysias (Attischer Redner, 4. Jh. v. Chr.): Die erhaltenen Reden des Lysias, übers. u. erläut. v. F. Baur, Stuttgart ²1868.
Markellinos (Spätantiker Biograph, 5. Jh. n. Chr.): Markellinos, Leben des Thukydides, übers., eingel. u. erläut. v. W. Will, in: Bibliothek der Griechischen Literatur 82, Stuttgart 2017, S. 117–137.
Marmor Parium (Steininschrift mit Chronologie, 3. Jh. v. Chr.): s. Fragmente der Historiker
(Cornelius) Nepos (Römischer Biograph, 1. Jh. v. Chr.): Cornelius Nepos, hg. v. G. Wirth, Amsterdam 1994.
Nikolaos von Damaskus (Griechischer Historiker, 1. Jh. v. Chr.): Fragmente der Historiker. Nikolaos von Damaskus, übers., eingel. u. erl. v. T. Shahin, Stuttgart 2018.

(Paulus) Orosius (Spätantiker Historiker, 4./5. Jh. n. Chr.): Orosius, Die antike Weltgeschichte in christlicher Sicht, übers. u. erläut. v. A. Lippold, Zürich/München 1986.
Pausanias (Griechischer Reiseschriftsteller, 2. Jh. n. Chr.): Pausanias, Reisen in Griechenland, übers. u. komm. v. E. Meyer, Zürich/München [3]1986–1989.
Phanodemos (Attischer Historiker, 4. Jh. v. Chr.): s. Fragmente der Historiker
Philochoros (Griechischer Historiker; 4./3. Jh. v. Chr.): s. Fragmente der Historiker
Pindaros (Griechischer Dichter, 6./5. Jh. v. Chr.): Pindar. Siegesgesänge und Fragmente, hg. u. übers. v. O. Werner, München o. J.
Platon (Griechischer Philosoph, 5./4. Jh. v. Chr.): Platon, Gorgias, übers. v. F. Schleiermacher, Hamburg 1957.
(Gaius) Plinius Secundus (Römischer Gelehrter, 1. Jh. n. Chr.): Die Naturgeschichte des C. Secundus Plinius, übers. v. G. C. Wittstein, Wiesbaden 2007.
Plutarch von Chaironeia (Griechischer Biograph, 1./2. Jh. n. Chr.): Plutarch, Lebensbeschreibungen, übers. v. J. F. Kaltwasser, München 1964 (bearbeitete Fassung).
Plutarch, Über die Bezähmung des Zorns, übers. v. Ch. F. Bähr, Stuttgart 1835.
Plutarch, Lakonische Denksprüche, übers. v. Ch. F. Bähr, Stuttgart 1829.
Plutarch, Über die Böswilligkeit Herodots, übers. v. C. Fr. Schnitzer, Stuttgart 1860.
Plutarch, Die Verbannung, übers. v. H. Reichardt, Stuttgart 1856.
Plutarch, Ob die Athener im Kriege oder in der Weisheit berühmter waren, übers. v. Ch. F. Bähr, Stuttgart 1831.
Polyainos (Römischer Schriftsteller, 2. Jh. n. Chr.): Polyäns Kriegslisten, übers. v. W. H. Blume, Stuttgart 1833.
Polybios (Griechischer Historiker, 2. Jh. v. Chr.): Polybios, Geschichte, zwei Bände, eingel. u. übers. v. H. Drexler, Zürich/Stuttgart 1961–1963.
Pompeius Trogus (Römischer Universalhistoriker, 1. Jh. v. Chr.): Pompeius Trogus, Weltgeschichte von den Anfängen bis Augustus im Auszug des Justin, eingel., übers. u. erläut. von O. Seel, Zürich/München 1972.
(Lucius Annaeus) Seneca (Römischer Philosoph, 1. Jh. n. Chr.): L. Annaeus Seneca, An Lucilius, Briefe über Ethik, übers., eingel. u. m. Anm. verseh. v. M. Rosenbach, Darmstadt 1980–1987.
Simonides von Keos (Griechischer Dichter, 6./5. Jh. v. Chr.): Simonides, Bakchylides, hg. u. übers. v. O. Werner, München 1969.

Strabon (Griechischer Geograph, 1. Jh. v./1. Jh. n. Chr.): Strabo, Geographica, übers. u. m. Anmerkung v. A. Forbiger, Wiesbaden 2005.
Suda (Byzantinisches Lexikon, 10. Jh. n. Chr.): s. Suda online
Theaitetos Scholastikos (Griechischer Epigrammatiker, 6. Jh. n. Chr.): s. Anthologia Graeca
Theopomp von Chios (Griechischer Historiker, 4. Jh. v. Chr.): Theopomp von Chios, übers., eingel. u. komm. v. B. Gauger und J.-D. Gauger, Stuttgart 2010.
Thukydides (Attischer Historiker, 5./4. Jh. v. Chr.): Thukydides, Der Peloponnesische Krieg, übers. u. hg. v. H. Vretska u. W. Rinner, Stuttgart 2000.
Timotheos von Milet (Griechischer Dichter, 5./4. Jh. v. Chr.): s. Griechische Lyrik
Valerius Maximus (Römischer Schriftsteller, 1. Jh. n. Chr.): Valerius Maximus, Sammlung merkwürdiger Reden und Taten, übers. v. D. F. Hoffmann, Stuttgart 1828/29.

Literatur

A. Albertz, Exemplarisches Heldentum, München 2006.
R. Bichler, Herodots Welt, Berlin 1999.
R. Bichler, R. Rollinger, Herodot, Hildesheim 2000.
H. Bengtson, Griechische Geschichte, München [5]1977.
B. Bleckmann, Herodot und die Epoche der Perserkriege, Köln 2007.
W. Blösel, Themistokles bei Herodot, Stuttgart 2004.
G. Busolt, Griechische Geschichte bis zur Schlacht bei Chaeroneia. II. Die ältere attische Geschichte und die Perserkriege, Gotha 1895.
W. Ekschmitt, Der Aufstieg Athens. Die Zeit der Perserkriege, München 1978
J. Fischer, Die Perserkriege, Darmstadt 2013.
P. Funke, Athen in klassischer Zeit, München 2007.
H.-J. Gehrke, Marathon (490 v. Chr.) als Mythos. In: G. Krumeich, S. Brandt (Hgg.): Schlachtenmythen. Ereignis – Erzählung – Erinnerung. Köln, Weimar, Wien 2003, S. 19–32.
H. R. Goette, Th. M. Weber, Marathon, Mainz 2004.
J. Heinrichs, Ionien nach Salamis. Die kleinasiatischen Griechen in Politik und politischer Reflexion des Mutterlands, Bonn 1989.
K.-J. Hölkeskamp, Marathon. Vom Monument zum Mythos, in: Gab es das Griechische Wunder? Hg. v. D. Papenfuß u. a., Mainz 2000, S. 329–353.
M. Jung, Marathon und Plataiai. Zwei Perserschlachten als ›lieux de mémoire‹ im antiken Griechenland, Göttingen 2006.
P. Kehne, Leonidas oder die Suche nach dem ersten politischen nationalen Helden Europas, in: Strzelczyk, J., Die Helden in der Geschichte und der Historiographie, Poznań 1997, S. 21–47.
W. Kierdorf, Erlebnis und Darstellung der Perserkriege. Studien zu Simonides, Pindar, Aischylos und den attischen Rednern, Göttingen 1966.
G. A. Lehmann, Der Ostrakismos-Entscheid in Athen: Von Kleisthenes zur Ära des Themistokles, ZPE 41, 1981, S. 85–99.
S. Link, Das Paros-Abenteuer des Miltiades, Klio 82, 2000, S. 40–53.
C. Meier, Athen, München 1995.
M. Meier, Die Thermopylen – Wanderer kommst Du nach Spa(rta), in: Die Griechische Welt. Erinnerungsorte der Antike, hg. v. E. Stein-Hölkeskamp u. K.-J. Hölkeskamp, München 2010, S. 98–113.

K. Meister, Die griechische Geschichtsschreibung, Stuttgart 1990.
O. Murray, Das frühe Griechenland, München 1998.
J. Papastavrou, Themistokles, Darmstadt 1978
St. Rebenich, Leonidas und die Thermopylen, in: A. Luther, M. Meier, L. Thommen (Hgg.), Das frühe Sparta, München 2006, S. 193–216.
R. Rollinger, Herennius Dexippus und die Tradition der Perserkriege im Imperium Romanum, HZ 308, 2019, S. 297–331.
K. Ruffing, Salamis – Die größte Seeschlacht der Alten Welt, Gymnasium 110, 2003, S. 1–32.
S. Schmidt-Hofner, Das Klassische Griechenland, München 2016.
R. Schulze, Die Perserkriege, Berlin 2017.
P. Siewert, Der Eid von Plataiai, München 1972.
R. H. W. Stichel, Die ›Schlangensäule‹ im Hippodrom von Istanbul, Istanbuler Mitteilungen 47, 1997, S. 315–348.
H. Strasburger, Herodot und das perikleische Athen, Historia 4, 1955, S. 574–608.
G. Walser, Hellas und Iran, Darmstadt 1984.
U. Walter, Herodot und die Ursachen des Ionischen Aufstandes, in: Historia 42, 1993, S. 257–278.
U. Walter, Herodot und Thukydides – die Entstehung der Geschichtsschreibung, in: Die griechische Welt, S. 400–417.
K.-W. Welwei, Das klassische Athen, Darmstadt 1999.
K.-W. Welwei, Sparta, Stuttgart 2004.
J. Wiesehöfer, Das antike Persien, München [4]2009.
J. Wiesehöfer, Das frühe Persien. Geschichte eines antiken Weltreichs, München 1999.
M. Zahrnt, Der Mardonioszug des Jahres 492 v. Chr. und seine historische Einordnung, Chiron 22,1992, S. 237–279.
M. Zahrnt, Marathon – Das Schlachtfeld als ›Erinnerungsort‹, einst und jetzt, in: Die Griechische Welt. Erinnerungsorte der Antike, hg. v. E. Stein-Hölkeskamp u. K.-J. Hölkeskamp, München 2010, S. 114–127.

Bildnachweis

S. 12 Porträtbüste des Herodot, röm. Kopie eines griech. Originals des 4. Jh.s v. Chr., Archäologisches Nationalmuseum Neapel, © akg-images

S. 28 Ausschnitt aus der Behistun-Inschrift des Dareios, 6./5. Jh. v. Chr., Bisutun/Iran, © Science Photo Library / akg-images

S. 62 Der Helm des Miltiades, ca. 490 v. Chr., Olympia Museum, @ akg-images / Bruno Barbier

S. 69 Grabhügel von Marathon, »Soros« für die 192 gefallenen Athener, @ akg-images / De Agostini Picture Lib. / G. Dagli Orti

S. 104 Relief des Xerxes am Eingang des Palastes von Persepolis, @ Wikimedia Commos, User: Gun Powder Ma

S. 129 Die Schlangensäule von Delphi, von Konstantin dem Großen im Hippodrom von Konstantinopel aufgestellt, heute Istanbul, @ Wikimedia Commons, User: Jbribeiro1

S. 133 Die sog. Leonidas-Büste, ca. 480 v. Chr., Archäologisches Museum Sparta, akg-images / De Agostini Picture Lib. / G. Dagli Orti

S. 173 Ziegelrelief mit persischen Bogenschützen aus dem Palst des Dareios in Susa, um 515 v. Chr., Louvre Museum Paris, @ akg-images / Erich Lessing

S. 178 Porträtbüste des Themistokles, röm. Kopie eines griech. Originals, ca. 460 v. Chr., @ akg-images / Werner Forman

S. 189 Athenische Triere, sog. Lenormant-Relief, 4. Jh. v. Chr. Akropolismuseum Athen, @ akg-images / Nimatallah

S. 217 Hopliten beim Anlegen der Rüstung, rotfigurige Vasenmalerei, 5. Jh. v. Chr., Wien Kunsthistorisches Museum, @ akg-images / Erich Lessing

S. 252 Jacques Louis David, *Léonidas aux Thermopyles,* Federzeichnung von 1813 zu dem Gemälde von 1814, © akg-images

S. 255 Oskar Kokoschka, rechte Tafel des Triptychons *Thermopylae oder Der Kampf um die Errettung des Abendlandes*, 1954, © Universität Hamburg, Foto: Karin Plessing/Reinhard Scheiblich, Hamburg

S. 260 Cover des Comics *300* (Hardcover-Ausgabe der Serie *300*, Ausgaben 1 bis 5, Dark Horse Comics 1999, Autor: Frank Miller), Vorlage zum Film *300* (USA 2006, Regie: Zack Snyder), © picture-alliance

Dank

Herrn Lothar Wekel danke ich für die Aufnahme des Buches in sein Verlagsprogramm, Herrn Stefan Gücklhorn für die sorgfältige Betreuung des Manuskriptes und dem Verlag Heinz Heise, Hannover, für die Genehmigung zum Abdruck der Filmrezension.

FSC
www.fsc.org
MIX
Papier aus verantwortungsvollen Quellen
FSC® C083411

Bibliografische Information der Deutschen Nationalbibliothek
Die Deutsche Nationalbibliothek verzeichnet diese Publikation in der Deutschen Nationalbibliografie; detaillierte bibliografische Daten sind im Internet über http://dnb.d-nb.de abrufbar.

Lektorat: Stefan Gücklhorn
Covergestaltung: Anja Carrà, Weimar
Bildnachweis: Schlachtszene der Seeschlacht von Salamis, Aquarell von Peter Connolly, © akg-images / Peter Connolly
Karte: Peter Palm, Berlin
Satz und Bearbeitung: SATZstudio Josef Pieper, Bedburg-Hau
Der Titel wurde in der Baskerville & der Rotis Semi Sans gesetzt.
Gesamtherstellung: CPI books GmbH, Leck – Germany

ISBN: 978-3-7374-1123-3

Mehr über Ideen, Autoren und Programm des Verlags finden Sie auf www.verlagshausroemerweg.de und in Ihrer Buchhandlung.

Die Perserkriege 500 – 478 v. Chr.